Theodor Ludwig

Die deutschen Reichsstände und der Ausbruch der Revolutionskriege

Theodor Ludwig

Die deutschen Reichsstände und der Ausbruch der Revolutionskriege

ISBN/EAN: 9783743302259

Hergestellt in Europa, USA, Kanada, Australien, Japan

Cover: Foto ©ninafisch / pixelio.de

Manufactured and distributed by brebook publishing software
(www.brebook.com)

Theodor Ludwig

Die deutschen Reichsstände und der Ausbruch der Revolutionskriege

Die

deutschen Reichsstände im Elsaß

und der

Ausbruch der Revolutionskriege.

Von

Dr. Theodor Ludwig,

Privatdocent an der Universität Straßburg i. E.

———

Straßburg
Verlag von Karl J. Trübner
1898.

Vorwort.

Der Anteil, welchen die besonderen Streitigkeiten einer Anzahl im Elsaß begüterter deutscher Reichsstände mit Frankreich an dem Ausbruch der Revolutionskriege hatten, ist von jeher wohl hervorgehoben, aber keineswegs immer übereinstimmend beurteilt worden. Ich glaube nicht, daß der Konflikt bei der Vorbereitung der großen Katastrophe in Wirklichkeit eine so wichtige Rolle gespielt hat, als ihm in diesen Erörterungen hin und wieder zugeschrieben wurde. Aber bei dem großen Interesse, welches das gewaltige Problem immer einflößen wird, ist es nicht nur gestattet, sondern selbst wünschenswert, daß auch dessen untergeordnetere Phasen in möglichst helles Licht gerückt werden, in eine kräftigere Beleuchtung, als naturgemäß im Zusammenhang der allgemeinen Darstellungen auf sie entfallen konnte. Und eine derartige Spezialuntersuchung, welche bloß den bescheidenen Zweck verfolgt, einen einzigen Faden aus dem komplizierten Gewebe herauszulösen, gewinnt in diesem Fall noch ihren besonderen Reiz, weil sie uns zugleich in die Bedingungen näheren Einblick verschafft, auf welchen noch vor hundert Jahren der nationale — keineswegs in politischer Gesinnung irgendwie hervortretende — Zusammenhang großer Teile des Elsaß mit dem Deutschtum beruhte, und durch deren unvermeidliche Aufhebung erst der Prozeß einer innigeren Verschmelzung mit Frankreich eingeleitet wurde.

Irre ich nun nicht, so liegt die Verschiedenheit der bisherigen Auffassung unserer Frage unter anderem auch daran, daß die ganze Lage dieser Stände vor dem Ausbruch der Revolution noch keine genauere Untersuchung erfahren hat, obwohl dies der einzige Weg ist, zu einer richtigen Würdigung ihrer Interessen und damit ihrer Handlungsweise selbst zu gelangen.

Es war leicht, für meine Untersuchung diesen Ausgangspunkt zu finden; schwieriger erwies es sich, der hiermit gestellten Aufgabe ge-

recht zu werden, da bis jetzt die wichtigste Vorarbeit dazu, eine um=
fassende Geschichte der französischen Verwaltung im Elsaß, fehlt.
Wäre es mir früher bekannt geworden, daß sich inzwischen Pfister in
Nancy diesem Stoff zugewendet hat, so hätte ich vielleicht Bedenken
getragen, fast gleichzeitig auch meinerseits eine notwendig sehr viel un=
vollkommenere Gelegenheitsbearbeitung desselben zu versuchen. Denn
nur um eine ziemlich grobe Skizze einerseits des französischen Regiments,
andererseits der Verhältnisse der Stände konnte es sich für meine Zwecke
handeln, welche die Kenntnis dieser Dinge ja nicht um ihrer selbst
willen, sondern nur als wichtiges Mittel zum Verständnis anderer
Vorgänge fordern. Es ist durchaus nicht das fehlende Werk selbst,
sondern nur Vorstudien zu demselben, was ich in der einen Hälfte
dieser Blätter vorlege.

Wenn das Unternehmen in diesem eng begrenzten Umfang einiger=
maßen gelungen sein sollte, so ist dies nicht zum kleinen Teil der
älteren einheimischen Geschichtsschreibung beizumessen. Dank dem regen
Anteil an historischen Dingen, welcher längst im Elsaß geherrscht
hat, und von dem in den langen Bänderreihen der Revue d'Alsace
und der Revue catholique d'Alsace manche gelungene Arbeit ein
glückliches Zeugnis ablegt, besitzen wir eine überaus reichhaltige Folge
einzelner Studien, die zwar nur selten gerade auf mein eigenes Ziel
gerichtet, aber doch meistens geeignet waren, mich demselben näher
zu bringen. Außerdem habe ich auch die bis jetzt merkwürdiger Weise
noch niemals systematisch verwertete Sammlung der Ordonnanzen und
der Urteile des Hohen Rates regelmäßig und mit größtem Nutzen
herangezogen, da insbesondere die Jurisdiktion des Conseil souverain
eine ganz unversiegbare Quelle für die Erkenntnis sowohl der Ten=
denzen der französischen Regierung als der wirklichen, nicht immer
mit den Ordonnanzen völlig im Einklang befindlichen Zustände der
Landschaft selbst darstellt.

Dies war das gedruckte Material, welches in willkommener Weise
die allgemeinen Anschauungen ergänzte und individualisierte, welche sich
mir gleichzeitig aus dem Studium der Akten ergeben hatten.

Habe ich die letzteren schon für die ersten, vorbereitenden Kapitel
in erheblichem Umfang herangezogen, so beruht die Darstellung der
eigentlichen Verwickelung selbst vorwiegend auf ungedruckten Quellen.

Einer unter ihnen muß ich hier ihrer besonderen Wichtigkeit halber ausdrücklich gedenken. Einige Zeit nach dem Abschluß des ersten Bandes der von der Badischen Historischen Kommission herausgegebenen politischen Korrespondenz Karl Friedrichs stieß man unter inzwischen neu geordneten Beständen des ehemals fürstlich=bruchsalischen Archives auf den umfassenden Briefwechsel Bischof Augusts von Speyer. Diese Papiere, welche mir der näher berechtigte Finder, Herr Archivrat Dr. K. Obser in Karlsruhe, unter liebenswürdiger Zustimmung des Direktors, Herrn Geh. Rat Dr. Fr. v. Weech, mit dankenswerter Freundlichkeit alsbald zur Verwertung überließ, führen in ausgezeichneter Weise in den Gang des ganzen Streites ein und gestatten uns, jede Abwandlung desselben bis in ihre feinsten Nüancen zu verfolgen.

Neben ihnen möchte ich unter den gedruckten Quellen für diese Kapitel ebenfalls eine bestimmte Kategorie noch mit einem Worte wenigstens erwähnen. Die Elsässer Angelegenheit hat eine umfängliche publizistische Litteratur hervorgerufen; nichts weniger als durchweg ge= haltvoll und lehrreich, hat mir doch wenigstens ein Teil dieser bisher mit ganz wenigen Ausnahmen völlig unbeachteten Schriften nicht un= wichtige Gesichtspunkte dargeboten.

Natürlich treten wir hiermit überall selbst auf den Standpunkt dieser kleinen Fürsten; aber eben dies ist, ich wiederhole es, die Ab= sicht der vorliegenden Studie: sie will die Streitfrage nicht so sehr als ein Moment der allgemeinen Politik, sondern vorzüglich isoliert, für sich erörtern und muß darum vor allem die Handlungsweise der unmittelbar Beteiligten selbst klar zu legen suchen.

Von den neuen Resultaten, welche sich mir ergaben, erscheint besonders eine Wahrnehmung merkwürdig. Während man bis jetzt den Anfang der Verwickelung an den Ausbruch der Revolution knüpfte, stellt sich nun heraus, daß dieselbe so alt ist, wie die Reformversuche des ancien Regime selbst: sobald der französische Feudalstaat die erste Erschütterung erlitt, erhob sich auch der Elsässer Streit von neuem.

Das für die Arbeit verwendete ungedruckte Material befindet sich auf den Bezirksarchiven zu Straßburg und Colmar, auf dem badischen General=Landes=Archiv zu Karlsruhe und dem Thomas=Archiv zu Straßburg; ich bitte die Vorstände dieser Behörden, die Herren Professor Dr. Wiegand, Archivrat Dr. Pfannenschmid, Geh. Rat

Dr. Fr. v. Weech und Direktor Dr. Erichſon, für die Erlaubnis zur
Benützung der ihnen unterſtellten Beſtände und die freundlichſte Erleichterung meiner Studien auch an dieſer Stelle meinen aufrichtigen
Dank anzunehmen. Ebenſo bin ich den Herren Profeſſor Dr. Breßlau
und Dr. Varrentrapp für mehrere liebenswürdige Mitteilungen ſehr verpflichtet. Herrn Dr. P. Darmſtädter in Straßburg ſchulde ich
für einige gelegentliche Nachforſchungen in den Archives Nationales
zu Paris, Herrn Bibliothekar Dr. Marckwald von der Univerſitäts-
und Landesbibliothek für litterariſche Auskünfte Dank; nicht minder
auch dem Vorſtand der Stadtbibliothek, Herrn Juſtizrat Blumſtein.

Endlich habe ich noch ausdrücklich der großen Freundlichkeit
dankend zu erwähnen, mit welcher mir Herr Dr. A. Overmann vom
Bezirksarchiv Straßburg die Ergebniſſe ſeiner demnächſt erſcheinenden
Unterſuchung über die Abtretung des Elſaß an Frankreich mitzuteilen
die Güte hatte. Die Kenntnis derſelben blieb naturgemäß nicht ohne
ſtarken Einfluß auf die Formulierung meiner eigenen Anſicht über
dieſen Vorgang, mit welcher die ganze Unterſuchung unvermeidlich eröffnet werden mußte; ich fühlte mich dadurch verpflichtet, mir ſelbſt
an dieſer Stelle die ſtrengſte Beſchränkung aufzuerlegen und habe
deswegen nur ein einziges Moment, die Auffaſſung Colberts, näher
behandelt, welchem Herr Dr. A. Overmann ſeine Aufmerkſamkeit damals noch nicht zugewendet hatte.

Hinſichtlich der äußeren Verhältniſſe, unter welchen die Arbeit
entſtand, habe ich noch zu erwähnen, daß dieſelbe in kürzerer Faſſung
der Philoſophiſchen Fakultät der Kaiſer Wilhelms-Univerſität als
Habilitationsſchrift zur Erlangung der Venia legendi vorgelegt worden iſt.

Straßburg i. E., 22. Juli 1898.

Theodor Ludwig.

Erklärung einiger häufig gebrauchten Abkürzungen.

R O A = recueil des édits .... du conseil souverain d'Alsace, ordonnances
.... concernant cette province .... par M. de Boug. 2 Bbe.
Colmar 1775; gewöhnlich furz als recueil des ordonnances d'Alsace
bezeichnet.

P E P V = Geschichte und Abhandlungen ober Protokoll der Elfassischen Provinzialversammlung Im Jahr 1787. Straßburg 1788.

P C K F = Politische Correspondenz Karl Friedrichs von Baden 1783—1806.
Herausgeg. von der Babischen Histor. Kommission. Bearb. von
B. Erdmannsdörffer und K. Obser. 4 Bde. Heidelberg 1888 ff.

B A U E = Bezirks-Archiv des Unterelsaß zu Straßburg.

B A O E = Bezirks-Archiv des Oberelsaß zu Colmar.

G L A K = Großh. Babisches General-Landes-Archiv zu Karlsruhe.

St. B. Str. = Stadtbibliothek Straßburg.

Ganz allgemein wurden ferner die jeweils benützten Werke in den Anmerkungen
in abgekürzter Form zitiert; die genauen Titel derselben finden sich in dem am
Schluß des Buches angefügten Litteraturverzeichnis.

Inhaltsverzeichnis.

Seite.

Vorwort.

Erklärung einiger häufig gebrauchten Abkürzungen.

Erstes Kapitel: Begründung und Ausbau der französischen
Herrschaft im Elsaß 1648—1787. . . . .   1—31

Der Westphälische Friede 1—10. Vom Westphälischen Frieden
bis zum holländischen Krieg 10—12. Der Friede von Nymwegen 12.
Die Reunionen 12—13. Der Friede von Ryswick 13—15. Die
Friedensschlüsse von Rastatt, Baden und Wien 16. Völkerrechtliches
Endergebnis 16. Gegensatz der thatsächlichen Entwickelung 16—17.
Die Nordgrenze des Elsaß 17—18. Neue Ziele der französischen
Politik 18. Die freiwillige Unterwerfung der elsässischen Reichsstände
im allgemeinen; rechtliche Natur derselben 18—21. Aufzählung der
einzelnen Stände 21—22. Individuelles Verhalten derselben bei
den Verhandlungen 22—27. Stellung des deutschen Reiches zu
diesen Vorgängen 27—29. Nachgiebigkeit Frankreichs 29. Thatsäch-
liches Schlußergebnis 29—31.

Zweites Kapitel: Ein Blick auf die französische Verwaltung
im Elsaß . . . .   31—44

Allgemeiner Charakter des Verhältnisses zwischen König, Ständen
und Rittern 31—32. Abriß der Organisation der königlichen Verwaltung 32—33. Zweige derselben: die Gesetzgebung 33—34; die
Justiz 33—35; das Steuerwesen 35—39; das Militärwesen 39—40;
die Verwaltung im engeren Sinn 40—41; die Kirchenhoheit 41—44.

Drittes Kapitel: Reichsstände und Ritter am Vorabend der
Revolution . . . .   44—97

Thatsächliche und rechtliche Verschiedenheiten der Zustände in den
einzelnen Herrschaften 44—46. Wesentliche Gleichartigkeit und allgemeine Einteilung der herrschaftlichen Befugnisse 46—48. I. Die persönliche Rechtsstellung der Reichsfürsten und Ritter 48—50. II. Landes-
und gerichtsherrliche Rechte der Fürsten und Ritter 50—81. 1. Ehrenrechte 50—51. 2. Justizhoheit 51—61. Grundsätze für die Ausübung
der herrschaftlichen Jurisdiktion 51—52. Organisation und Kompetenz
der gewöhnlichen Gerichte 52—53. Die Gerichte zweiter Instanz
53—56. Die der herrschaftlichen Rechtsprechung entzogenen Fälle
56—57. Ernennung und Entlassung der Richter; Ämterverkauf 57—60.
Ämterkumulation 60—61. 3. Allgemeine Verwaltung 61—63.
4. Verwaltung der herrschaftlichen Einkünfte 63—64. 5. Kirchliche
Rechte 64—65. 6. Rechte gegenüber den Gemeinden 65—67.
7. Einkünfte 67—81. A. Bußen und Strafgelder 68. B. Regalien
68—71. Fundgerechtigkeit 68—69. Eisen- und Salzregal 69. Jagd
und Fischerei 69—70. Judenregal 70. Bannrechte 70—71. C. Steuern
71—77. Direkte Steuern: Beet, Justizgelder, Fräuleinsteuer 71—73.

Seite.

Indirekte Steuern: Ohmgeld, Accise, Pfundzoll, Lots et Ventes   44—97
73—75. Gerichtsabgaben: Atzgelder, Wasserfall, Rauchhühner, Abzug 75—77. D. Fronen 77—81. Fixierung derselben durch den
König 77—80. Art der Ableitung 80—81. III. Die Leibesherrschaft 82—88. Allgemeinster Charakter der südwestdeutschen Agrar-
verfassung 82—83. Unterschied der Entwickelung im Ober- und
Unterelsaß 83. Die Leibeigenschaft im Unterelsaß, Leibbeet 84.
Todfall 84—86. Aufhebung der Leibeigenschaft durch Ludwig XIV.
86—88. IV. Die Grundherrschaft 88—93. Allgemeine Natur derselben 88. Herrschaftlicher Eigenbesitz 89. Herrschaftliches Obereigen-
tum: Emphyteuse und Erblehen 89—90. Die Reallasten: der
Zehnte 90—91; Zinsen und Gülten 91. Die Dinghöfe 91—92.
Mangelnder herrschaftlicher Eigenbetrieb 93. Allgemeiner Überblick
über die Lage von Unterthanen 93—94, und Ständen unter französischer Herrschaft 94—97.

Viertes Kapitel: Die letzten Reformen der alten Monarchie.   97—121
Allgemeiner Überblick ihres Verlaufes 97—99. Die Errichtung der
Provinzial-, Distrikts- und Gemeindeversammlungen im Elsaß,
ihre Organisation und Aufgaben 99—101. Allgemeine Bedenken der
Stände: Unmöglichkeit ihrer Vertretung 101—102; Gefahren der
Distriktseinteilung 102—104. Der Streit über die Municipalitäten
104—111. Allgemeine Vorschrift des Reglements und vorläufige
Entscheidung des Intendanten 104. Ursprüngliche Ansicht der Provinzialversammlung 104—105. Eigenmächtiges Verfahren der Zwischenkommission 105—106. Protest von Speyer und Darmstadt 106—111.
Der Angriff auf die Steuerfreiheit der Fürsten 111—115. Beginnende publizistische Erörterung des Streites 115. Die Justizreform
115—121. Allgemeine Grundsätze des Edikts vom Mai 1788 115—116.
Erneuter Protest von Speyer und Darmstadt 116—118. Haltung
des Hohen Rats 118. Nachgiebigkeit des Königs 118—121.

Fünftes Kapitel: Die Verhandlungen Frankreichs mit den
Ständen von der Berufung der Reichsstände bis zum
Scheitern der Verwendung Leopolds II.   121—157
Die Wahlen zu den Etats generaux 121—122. Die Augustdekrete
und die darauf folgenden Gesetze 122—125. Erweiterung des
Kreises der Geschädigten 126. Erste Versuche zur Verständigung
unter denselben 126—127. Klagen am französischen Hof 127—128.
Die Haltung des Königs und der Nationalversammlung 128—129.
Differenz unter den geschädigten Fürsten über die Anrufung des
Reiches; August von Speyer 129—130. Vorgehen des Kardinals
Rohan 130, und Bischof Augusts 130—131. Die Beschwerden am
Reichstag zu Regensburg 131—133. Die publizistische Litteratur über
die Elsässersache 133—140. Allgemeines 133. Populäre Schriften
133—134, und wissenschaftliche Deduktionen deutscher Richtung.
Die Ansichten Stupfels 134—139. Schriften im französischen Sinn.
Kühl 139. Politische Forderungen der Geschädigten bei den Kreisen
und am Reichstag 140—141. Lähmung des Reiches durch den Tod

Seite.

Josephs II. 141. Ursprüngliche Abneigung der Nationalversamm- 121—157
lung gegen die Berücksichtigung der Beschwerden 141—142. Langsamer
Umschwung; der Beschluß vom 28. April 1790 142—144. Die
Instruktion Ternants 141—145. Vorverhandlungen unter den
Ständen über seine Aufnahme 115. Verlauf seiner Mission 145—147.
Motive der verschiedenen Haltung der Stände 147—148. Speyer
und Darmstadt wenden sich an das Kurkolleg 148—149. Das kur-
fürstliche Kollegialschreiben an Leopold II. 149—150. Haltung des
Kaisers 150—151. Sein Schreiben an Ludwig XVI. 151—152.
Das Dekret vom 28. Oktober 1790 152—153. Erneute Anknüpfung
von Verhandlungen mit den geschädigten Fürsten durch Montmorin
und deren Verlauf 153—155. Die Antwort Ludwigs XVI. auf die
Verwendung Leopolds II. 155—157.

Sechstes Kapitel: Die Elsässersache am Reichstag und die
Kriegserklärung. . . . . 157—183
   Programm Bischof Augusts 157. Vergebliche Versuche, die deutschen
Großmächte zu interessieren 158—159. Enger Zusammenschluß der
geistlichen Stände 159—161. Das kaiserliche Kommissionsdekret 161.
Die fünf Mainzer Fragen 161—163. Die hannöversche Note vom
20. Mai 1791. 163—164. Die Vermittelungspläne Kochs 164—166.
Die Abstimmung im Fürstenrat zu Regensburg 166—168. Das
Reichsgutachten vom 6. August 1791 168—170. Stellung Leopolds II.
zu demselben 170. Der Ausgang der Entschädigungspläne: Verlauf
der Verhandlung mit Zweibrücken 170—176; mit Württemberg 176;
mit Salm und Löwenstein 176—177. Die allgemeine Haltung der
Legislative; der Beginn des Konfliktes wegen der Emigranten
177—178. Rühls Bericht vom 13. Dezember 1791 178—179. Die
Bestätigung des Reichsgutachtens durch Leopold II. und das zweite
Schreiben des Kaisers an Ludwig XVI. 179. Der Bericht Kochs
vom 1. Februar 1792 180—182. Letzte Debatten in der Legislative
182. Die Kriegserklärung 182.

Siebentes Kapitel: Der Einfluß der Elsässersache auf den
Ausbruch der Revolutionskriege. . . . . 183—198
   Differenzen der allgemeinen Auffassung: die Ansicht von Sybel,
Rankel und Sorel 183—185. Unterscheidung der formal juristischen
und politischen Betrachtungsweise 185. Die Rechtsfrage 185—187.
Die realen Interessen beider Parteien 187—189. Konsequenzen der-
selben für die französische Politik 189—190. Die Stellung der welt-
lichen deutschen Stände zu dem Entschädigungsprojekt 190—193.
Gründe seines Mißlingens 193. Die besondere Lage der Geistlichen
193—194. Charakter des Streites im Herbst 1791 194—195. Das
Verhältnis der Elsässersache zur Emigrantenfrage 195—196. Endurteil über den ganzen Konflikt 196—198.

Beilagen. . . . . 198—206
Verzeichnis der gedruckten und ungedruckten Quellen. . . 206—216

Erstes Kapitel.

Begründung und Ausbau der französischen Herrschaft im Elsaß.
1648—1787.

Die Verwickelungen zwischen den deutschen Reichsständen im Elsaß und dem revolutionären Frankreich, deren Verlauf uns in dieser Unter= suchung beschäftigen wird, lassen sich aus den ihnen unmittelbar zu Grunde liegenden Vorgängen nicht vollständig begreifen. Daß es nicht bloß ein gewöhnlicher Streit um Rechte und Einkünfte war, der damals zwischen jenen beiden Parteien zum Ausbruch gekommen ist, darüber besteht ja kein Zweifel; aber auch der weite und allgemeine Gegensatz, welcher sich dabei zwischen dem rationalistischen revolutionären Staatsrecht und den konservativen Anschauungen deutlicher enthüllte, stellt noch nicht den ganzen Inhalt jener Entzweinng dar. In ihr handelt es sich vielmehr, wie Sorel mit schönem und treffendem Ausdruck sagte, um eines der klassischen Probleme in der Politik des alten Staaten= systems,[1]) welches nur in diesem Augenblick, ohne etwas von seinem alten Wesen eingebüßt zu haben, unter dem Reiz der Antriebe des Tages in eine neue Phase seiner Entwickelung eintrat. Wir vermögen keinen Schritt der handelnden Personen in derselben richtig zu ver= stehen, wenn wir uns nicht zuvor mit dem Ursprung der ganzen Frage und der ersten Lösung, welche sie gefunden hatte, näher beschäftigen; denn beide Teile haben damals schon die Stellungen eingenommen, von welchen aus wir sie hernach ihren Strauß ausfechten sehen.

So bekannt die Kontroversen über die Paragraphen 72 bis 93 des Vertrags von Münster auch sind, in welchen die territoriale Satis= faktion der Krone Frankreich geregelt wurde, wir müssen dennoch unsere

---

[1]) A. Sorel, l'Europe et la révolution française, II, 77.

Erörterung mit ihnen beginnen.[1]) Ihr Inhalt konzentriert sich in der Frage, ob der zuerst von den Juristen und Diplomaten Ludwigs XIV. aufgestellte Satz, daß im Jahr 1648 ganz Elsaß, das Wort im gewöhnlichen geographischen Sinn verstanden, an Frankreich abgetreten wurde, richtig ist oder nicht.

Fast die gesamte französische Geschichtschreibung von den beiden Jesuiten P. Laguille[2]) und Bougeant[3]) an hat diese Frage bejaht, noch zuletzt hat Legrelle[4]) in spitzfindigster Beweisführung die nämliche These zu erhärten versucht.

Ebenso entschieden ist von einem großen Teil der Deutschen das Gegenteil behauptet worden. Was schon Kirchner[5]) und Marcks[6]) in knappen Zügen hingestellt hatten, hat ganz neuerdings Jacob[7]) in ausführlicher Darstellung als unbestreitbare Wahrheit darzuthun versucht: die Abtretung beschränkt sich einzig und allein auf den österreichischen Besitz im Elsaß, welcher seinerseits wiederum in bestimmt bezeichneten Herrschaften und dem Landvogteirecht bestand.

So ganz entgegengesetzt nun diese beiden Ansichten auch sind, sie haben doch das Eine gemeinsam, daß sie den Vertrag, jede in ihrem Sinn, für klar und unzweideutig halten. Gerade dies aber bestreitet eine dritte, vermittelnde Gruppe, als deren Wortführer in Deutschland Erdmannsdörffer[8]) gelten kann und welcher auf französischer Seite R. Reuß,[9]) wiewohl nicht ohne erhebliche Schwankungen, zuneigt. Diese Betrachtungsweise sieht in dem Abkommen nur ein absichtlich unklar gehaltenes Kompromiß, welches dem momentanen Gleichgewicht

---

[1]) Zur größeren Bequemlichkeit gebe ich den Text der drei wichtigsten Paragraphen in Beilage 1 nach der neuesten Ausgabe des Vertrags von H. Vast, les grands traités du règne de Louis XIV, wieder. Es ist dabei zu beachten, daß Vast von der bisher üblichen Nummerierung der einzelnen Artikel abweicht; ich habe dieselbe jedoch wiederhergestellt und seine Zählung in Klammern gesetzt.

[2]) Laguille, histoire de la province d'Alsace.

[3]) Bougeant, histoire des guerres et des négociations qui précédèrent le traité de Westphalie; histoire du traité de Westphalie. Zusammen 6 Bde. Paris 1751.

[4]) Legrelle, Louis XIV et Strasbourg. 4e éd.

[5]) Kirchner, Elsaß im Jahre 1648.

[6]) Göttinger gelehrte Anzeigen 1885, 114 ff.

[7]) Jacob, K., Die Erwerbung des Elsaß durch Frankreich.

[8]) Erdmannsdörffer, Deutsche Geschichte I, 39 ff.

[9]) Reuss, l'Alsace au 17e siècle, I, 162 ff.

der Kräfte entsprang und lediglich dazu dienen sollte, jeder Partei ihre Ansprüche vorzubehalten; es verbirgt sich dahinter ebenso gut der feste Vorsatz der Franzosen, die ganze Landschaft in ihren Besitz zu bringen, wie die Hoffnung der Kaiserlichen, sie zuletzt doch unversehrt behaupten zu können.[1]

Ich verzichte darauf, die in diesem Streit vorgebrachten Argumente hier zu wiederholen, und will statt dessen den Versuch machen, mit Hilfe einiger bis dahin nur gelegentlich gestreifter Aktenstücke anderer Art selbst einen Beitrag zur Lösung des großen Rätsels zu liefern.

Ebenso wichtig mindestens als die neuerdings so eingehend analysierten Hoffnungen und Hintergedanken der Parteien vor dem Abschluß des Vertrags ist nämlich doch offenbar ihr Urteil über die vollendete Thatsache und die aus ihr entsprungenen Folgen.

Von kaiserlicher Seite ist bisher nichts Derartiges bekannt geworden;[2] um so mehr Gewicht dürfen wir dagegen den an Mazarin und Ludwig XIV. gerichteten Denkschriften jenes Colbert de Croissy beimessen, welcher, der würdige Bruder des großen Ministers, der erste thatkräftige Vertreter der französischen Verwaltung im Elsaß gewesen ist und zugleich der Politik seines Staates den Weg zu den Reunionen gewiesen hat.[3]

Dieser berufenste Interpret beginnt nun eine seiner Auseinandersetzungen mit der einfachen Bemerkung, daß der König einen der be-

---

[1] Ich habe mich hier begnügt, diejenigen Autoren ausdrücklich zu erwähnen, bei welchen sich die eine oder andere Auffassung am entschiedensten ausgeprägt findet. Eine nahezu vollständige Bibliographie dieser zahlreichen Litteratur giebt Jacob, 286 ff.

[2] Die Umtriebe Lisolas zu Anfang der fünfziger Jahre gehören nicht hierher, da sie unzweideutig auf den Umsturz des Friedens durch Verletzung der von niemanden je angefochtenen Abtretung von Breisach gerichtet waren. Vgl. Pribram, Lisola 65 ff., und darnach Reuss, l'Alsace 185 ff.

[3] Vgl. über Colberts Thätigkeit im Elsaß, Reuss, l'Alsace I, 199. Ich benütze hier zwei Denkschriften desselben: 1) Memoire concernant l'établissement de la chambre souveraine d'Alsace . . . dressé par ordre de monsieur de Colbert de Croissy, intendant et président d'Alsace en 1661. Diese Denkschrift ist jedoch unzweifelhaft spätestens bereits 1657 eingereicht worden, da das tgl. Edikt über die Einsetzung des Conseil souverain, für dessen Organisation Colbert Ratschläge erteilt, schon im September 1657 ergangen ist. Kopie, Kais. Universitätsu. Landesbibl. zu Straßburg, Elf. Hschr. Nro. 408. 2) das von Pfister in der Revue d'Alsace N. S. IX, 196 ff. publizierte Memoire von 1663.

trächtlichsten Teile des Elsaß durch den Frieden von Münster erhalten habe.[1]) Einen Teil nur also, nicht das Ganze! Und dieser damals erworbene Strich deckt sich für Colbert vollständig und unbedingt mit dem österreichischen Besitz im Elsaß. Mehrmals spricht er „von der Weise, auf welche alle dem König durch den Friedensvertrag abgetretenen Lande vom Hause Österreich erworben wurden";[2]) andererseits schließt er die Aufzählung der unterelsässischen Stände mit der Erklärung, daß sich dieselben ihre Reichsunmittelbarkeit durch den Vertrag von Münster erhalten hätten,[3]) ohne auch nur ein Wort über irgend welche Be= ziehungen zwischen ihnen und dem König hinzuzufügen. Zu diesen all= gemeinen Sätzen gesellen sich dann Erörterungen einzelner Fälle, welchen allen die nämliche Anschauung zu Grunde liegt. Die Schilderung der Verhältnisse im Weilerthal giebt zu dem Vermerk Anlaß, daß der König über die dem Domkapitel Straßburg gehörige Prevotei Kestenholz gar keine Jurisdiktion habe.[4]) Noch viel schlagender aber sind die Folgerungen aus Colberts Darstellung der kirchlichen Organi= sation in dem neu erworbenen Gebiet. „Alle abgetretenen Länder" — man beachte wohl, daß der Intendant selbst diese beschränkende Wendung braucht und nicht etwa die Provinz oder das Elsaß sagt — „sind in vier Bistümer eingeteilt, nämlich Basel, Besançon, Straß= burg und Constanz".[5]) Hieraus ergiebt sich sogleich unwiderleglich, daß die Abtretung nach Norden nicht über den Selzbach hinaus ge= reicht haben kann, weil dort die Diözese Speyer beginnt. An anderer Stelle heißt es darauf weiter, daß nur wenige Orte in dem Gebiet

---

[1]) „l'Alsace dont S. M. a acquis incommutablement une des plus consi= dérables parties par le traité conclu et signé à Munster", Rev. d'Als. N. S. IX, 203.

[2]) „après avoir exposé .... de quelle sorte tous les pays cedés au Roy, par le traité de paix, ont été acquis à la Maison d' Autriche", Hschr. Nr. 408, fol. 7b; vgl. 4b.

[3]) „qui se sont conservé leur immediateté par le traité conclu à Munster", Hschr. Nr. 408; fol. 4a.

[4]) „le val de Villé est divisé en deux parties. La première appartenante au Grand Chapitre de Strasbourg appellé le Ban-Comte ou Prevosté de Chastenois, sur laquelle le Roy n'a aucune jurisdiction", Hschr. Nr. 408, fol. 142a.

[5]) „tous lesdits pays cedés sont partagés en quatre dioceses, sçavoir Basle, Besançon, Strasbourg et Constance". Hschr. Nr. 408, fol. 8b.

des Königs zu Besançon, Konstanz und Straßburg gehörten;[1] hier=
aus folgt, daß der Kreis der Abtretung noch enger zu ziehen ist:
wenn der größte Teil der Diözese Straßburg nicht darin inbegriffen
war, so ließ sie offenbar im wesentlichen das Unterelsaß unberührt
und war somit auf das Oberelsaß, d. h. den österreichischen Besitz
beschränkt. Zu demselben Resultat gelangt man mit Hilfe der von
Colbert aufgestellten Liste der in den abgetretenen Ländern befindlichen
Benefizien; alle, welche der Souveränität des Königs vollständig
unterworfen sind, liegen samt und sonders im österreichischen Anteil.[2]
Besonders lehrreich ist bei dieser Gelegenheit die Auseinandersetzung
des Intendanten über die Stellung der Abtei Hugshoffen.[3] Diese
befindet sich zwar innerhalb des königlichen Souveränitätsbezirkes, ist
aber gleichwohl dem König um deswillen nicht unterthänig, weil sie
der Abtei Andlau im Unterelsaß inkorporiert ist, die Äbtissin aber
ist Reichsfürstin. So kann Colbert seine Auffassung in die Worte
zusammenfassen, daß nicht allein dieselben Rechte, welche das Haus
Österreich hatte, dem König abgetreten, sondern daß diese Länder
außerdem gänzlich vom Reich abgelöst wurden.[4]

Was war nun aber österreichischer Besitz und österreichisches
Recht? Colbert beschreibt zunächst die unmittelbare Territorial=
herrschaft der Habsburger, auf deren einzelne Bestandteile wir hier nicht
einzugehen haben. Darauf folgt die Aufzählung der Vasallen.
Hierbei aber bereitet uns der Intendant eine Überraschung, indem er
an der Spitze dieser Dynasten den Herrn von Rappoltstein nennt;
mit zahlreichen Belegstücken wird die Landsässigkeit dieses angesehenen

---

[1] „quant aux autres diocèses [außer Basel] comme il y a peu de lieux
dans les dependances du roy qui en soient", Rev. d'Als. N. S. IX. 205 ff.

[2] Vgl. die übereinstimmende Aufstellung in der Denkschrift Hschr. Nr. 408,
fol. 39b ff. und in dem Memoire vom Juni 1663, Rev. d'Als. N. S. IX., 205 ff.

[3] „ l'abbaye d'Hugshoffen, quoique située dans la souveraineté du roy
n'est pas réputée telle, ayant été unie et incorporée depuis plusieurs années
par les archidnes d'Autriche à l'abbaye d'Andlau, située dans la basse
Alsace ... l'abesse de cette abbaye porte la qualité de princesse d'empire".
Rev. d'Als. N. S. IX, 210.

[4] „non seulement les memes droits qu'avoit la maison d'Autriche ont
esté cedés a Sa Majesté, mais de plus ces pays sont entièrement detachés
de l'Empire par le traitté fait à Munster. Hschr. Nr. 408, fol. 179a.

Hauses unwiderleglich bewiesen.[1]) Weiter hat Österreich die Ver=
fügung über eine erhebliche Anzahl von Pfründen selbst außerhalb des
habsburgischen Territoriums, wie in Rufach, der Hauptstadt der bischöflich
straßburgischen Oberen Mundat. Endlich übt der Erzherzog ein Pro=
tektionsrecht über die Klöster Murbach und Lüders.[2]) Die Wirkung
dieser Abhängigkeit von Österreich ist zunächst die Teilnahme der
davon Ergriffenen an den österreichischen Landtagen zu Ensisheim
und sodann ihre Steuerpflichtigkeit im Umfang der dort festgesetzten
Leistungen.[3])

Der zweite Hauptbestandteil der österreichischen Herrschaft im
Elsaß ist die Landvogtei. Colbert beschreibt deren Befugnisse fast
ganz im Einklang mit der seither aufgestellten deutschen Auffassung,[4])
nirgends ist von einer Souveränität des Landvogts über die Städte selbst
in diesem Augenblick die Rede; höchstens darin geht der Intendant
etwas weiter, daß er ein Protektionsrecht des Königs über einige
Klöster, darunter Münster i. G.,[5]) aus dem Landvogteirecht ableitet
und wegen des Laubengerichts in Hagenau eine wirkliche Jurisdiktion
Frankreichs über die Dekapolis beansprucht.[6])

Ebenso wichtig, wie dasjenige, was Colbert uns hier ausdrücklich
sagt, ist ein anderer Punkt, worüber er schweigt. Mit keinem Wort
ist in diesen Denkschriften von Folgen die Rede, welche sich etwa aus
der Abtretung der Landgrafschaft im Unterelsaß herleiten sollten; der
Intendant hat offenbar die rechtliche Leerheit dieses Titels völlig klar
durchschaut.

Ich glaube, daß die Ausführungen Colberts keinen Zweifel übrig
lassen, wie die französische Regierung selbst über ihre Rechte im Elsaß
und folglich über den ungezwungenen Rechtssinn des Westphälischen
Friedens um 1660 gedacht hat. Sie betrachtete sich, um es kurz

---

[1]) Vgl. Hschr. Nr. 408, fol. 50a ff; Rev. d'Als. N. S. IX, 310 ff.

[2]) S. M. a le droit de protection sur les dites abbayes [Murbach und
Luders] comme landgrave de la Haute- et Basse-Alsace: la 1ere obligée de
contribuer à chaque tenue des Estats la 20e partie de ce que le corps de
noblesse accorde, et la 2e le (!) 40e." Rev. d'Als. N. S. IX, 211.

[3]) Vgl. über diese Abgaben Rev. d'Als. N. S. IX, 318 ff.

[4]) Hschr. Nr. 408, fol. 151a ff.

[5]) Vgl. Rev. d'Als. N. S. IX, 205 ff.

[6]) Vgl. Rev. d'Als. N. S. IX, 317.

zu sagen, ausschließlich als Rechtsnachfolgerin der Habsburger, deren
Befugnisse aber allerdings weiter reichten, als bisher angenommen
wurde. [1]) Soweit ich sehe, ist diese Sachlage, welche prinzipiell der
Auffassung von Marcks und Jacob in dieser Beziehung entspricht, bis=
her allein von Chr. Pfister, wiewohl nicht in ausführlicherer Unter=
suchung, richtig erkannt worden. [2])

Es ist somit nach meiner Auffassung durch den Westphälischen
Frieden im Elsaß der folgende Rechtszustand begründet worden.
Frankreich erhielt vor allem den ganzen österreichischen Territorial=
besitz mit Rappoltstein, die Rechte auf Murbach und in der Oberen
Mundat, vielleicht auch gegenüber Münster; ferner den landgräflichen
Titel im Unterelsaß, welcher inhaltslos war; endlich das Landvogtei=
recht, welches in bestimmten einzelnen Befugnissen gegenüber den
Zehnstädten, aber nicht in der Herrschaft über die Städte selbst be=
stand, und womit ferner der Besitz der 40 Reichsdörfer und der einen

---

[1]) Herr Dr. A. Overmann in Straßburg hat die außerordentliche Güte ge=
habt, mir mitzuteilen, daß nach seinen eingehenden, demnächst zu publizierenden
Studien die Angaben Colberts im ganzen richtig sind. Mit Rücksicht auf diese
Forschungen glaubte ich mich einer eigenen Untersuchung hier enthalten zu
müssen. Indes bin ich doch in der Lage, einen von mir in anderem Zusammenhang
aufgefundenen Beweis für die wichtigste von Colberts Angaben, die Abtretung
von Rappoltstein, anzuführen. Als die später eingehend zu schildernden Verhand=
lungen zwischen Zweibrücken und Frankreich nach dem Ausbruch der Revolution
im Gange waren, faßte ein ergebener und vollkommen eingeweihter Anhänger des
pfälzischen Hauses, der Diplomat Pfeffel, seine Ansicht über die Rechtslage von
Rappoltstein in einem ganz vertraulichen Aktenstück in folgenden durchaus klaren
Sätzen zusammen:

„nous savons que les comtes de Ribeaupierre se rangèrent volontairement sous la suprémacie du landgraviat de la haute Alsace et qu'à
l'époque de la paix de Westphalie ils [les comtes de Ribeaupierre] portoient
depuis longtems l'empreinte du vasselage et du landsassiat autrichien.

Nous savons aussi que par cette raison ils ne furent point nommés dans
l'article Teneatur ni dans aucun autre passage du traité de Westphalie et
qu'englobés dans le sort commun à tous les vassaux de la haute Alsace ils
passèrent conjointement avec eux sous la souveraineté du Roy et de la
couronne de France."

Enfin nous n'ignorons pas que ce comté fut transporté à la Ser. Maison
Palatine par un bienfait de Louis XIV." Akten B A O E. E. Rappoltstein.
Extradition München. 1888. III. 21. Notte (!) touchant l'acquisition du comté
de Horbourg.

[2]) Vgl. Rev. d'Als. N. S. IX, 196 ff; l'Alsace sous la domination française
6 ff, bes. 7, n. 3.

Hälfte des heiligen Forstes bei Hagenau verbunden war. Dagegen blieb der ganze übrige Teil des Eljaß, soweit derselbe reichsunmittelbar war, in diesem Verhältnis. Um diese Thatsache über alle Zweifel zu erheben, wurden diese Stände im Paragraphen 87 namentlich, wie= wohl nicht vollständig, aufgeführt. Es stimmt durchaus zu unserer Auffassung, daß die Herrschaft Rappoltstein in der Liste fehlt: dieser Dynast war eben thatsächlich nicht reichsunmittelbar, sondern öster= reichischer Landsasse und daher mit dem übrigen Besitz der Erzherzöge abgetreten. Die Klausel ita tamen aber wurde, wie Jacob zuerst richtig gesehen, jedoch nicht scharf genug hervorgehoben hat, vorwiegend deswegen eingefügt, weil die Cession nicht, wie zuerst beabsichtigt, als Reichslehen, sondern zu Souveränität erfolgte und Frankreich somit allerdings thatsächlich nicht in der nämlichen Lage wie Österreich war, mit dessen Rechten es sich doch begnügen sollte.[1]

Entsprach nun aber dieses Ergebnis den Zielen der französischen Politik?

Im Gegensatz zu Jacob verneine ich diese Frage. Aus dem ganzen Verlauf der Verhandlungen ebensowohl, wie aus der For= mulierung der Friedensartikel und nicht am wenigsten aus der Haltung, welche Servien gegen die auf unzweideutige Anerkennung der Reichsunmittelbarkeit der elsässischen Stände gerichteten Bemühungen noch im letzten Augenblick einnahm, ergiebt sich deutlich, daß das ursprüngliche Ziel der Franzosen ein anderes, höheres als die Erwerbung bloß des österreichischen Besitzes im Elsaß war, und daß sie, als sich dasselbe schließlich doch als unerreichbar erwies, zum mindesten alles thun wollten, um sich den Weg für einen zweiten Anlauf offen zu halten. Und die nämlichen Gedanken spricht Colbert unumwunden aus. Findet man auch nirgends eine Spur davon bei ihm, daß sich Frankreich um 1660 an der Ausübung von Rechten verhindert fühlte, welche es im guten Glauben 1648 erworben zu haben meinte, so fehlt es doch in jenen Denkschriften keineswegs an sehr deutlichen Wegweisern für die Zukunft. Ganz allgemein rät der Intendant, bei der Errichtung des Conseil souverain dessen Bezirk nur mit vagen Wendungen zu bezeichnen, um bei Gelegenheit die Interessen des

---

[1] Vgl. Jacob, 199, 300.

Königs zu fördern.[1]) Wie er sich das genauer denkt, spricht er bei der Landvogtei aus. Hier steht bereits der Hinweis darauf, daß der König doch die Souveränität über die Städte beanspruchen könne, weil die Bestimmung, daß er sich mit den Rechten Österreichs be= gnügen solle, durch die Schlußklausel ita tamen aufgehoben werde:[2]) wir lesen da gleichsam den Entwurf zu der Deduktion, welche zwei Jahrzehnte später die Reunionskammer zu Breisach im Namen Lud= wigs XIV. für Recht erklärte. Abwarten, Zeit und Umstände benützen, um den vorläufig gewonnenen Erfolg zu vervollständigen, bis zu dem günstigen Augenblick aber sich nichts vergeben, so lautet die Parole der französischen Staatsmänner in dieser Zeit.

Solche Pläne aber sind doch streng von der Wirklichkeit zu unterscheiden. Die Fassung des Vertrags war aller Wahrscheinlichkeit nach darauf berechnet, ihnen dereinst Vorschub zu leisten; man wird in diesem Sinn das Instrument wohl mit Erdmannsdörffer zweideutig nennen müssen. Allein die Wirkung dieser Unklarheiten konnte und sollte doch erst in der Zukunft eintreten; der Vertrag aber mußte sofort eine unmittelbare Entscheidung bringen und hat sie auch that= sächlich gebracht. Diese aber bestand auch nach der Auffassung der maßgebenden französischen Politiker lediglich in der Erwerbung der österreichischen Teile des Elsaß in dem von Colbert festgestellten Um= fang durch den König.

Hat nun so der Friede von Münster in den Berechnungen der her=

---

[1]) „sans aucune specification particulière: ainsy l'on conservera les inte-
resses de Sa Majesté que l'on pourra étendre selon l'occasion qui s'en pre-
sentera", Hschr. Nr. 408, fol. 183 a.

[2]) „on pourra voir [aus dem Frieden von Münster] que non seulement la
pretention sur les dittes villes imperialles [b. h. die Dekapolis] et tout ce qui
en depend, mais meme la souveraineté en toutes sortes de jurisdictions luy
a esté cedée, lesquels (!) veritablement semble estre revocquées par un
articles suivant (!), qui porte que le roy se contentera des memes droits
qu'avoit la maison d'Autriche; mais la fin de cette article causé en termes,
ensorte que toute fois que (!) pour (!) cette declaration on n'entend rien
deroger au droit du souverain domaine deja cy dessus accordé, semble rendre
au roy ce qui luy est osté par le commencement du dit article. Ainsy l'on
pourroit dans une conjecture de temps plus favorables que cellecy, faire voir
que le roy est fondé en droit d'obliger les dittes villes a reconnaitre sa souveraineté; cependant il n'y a point de donte, qu'au moins il a les memes
droits que l'Empereur." Hschr. Nr. 408, fol. 176 a.

vorragendsten Diplomaten Frankreichs nur eine Ruhepause in der Verschiebung der Reichsgrenze nach Osten dargestellt, so wurde eine solche Auffassung offenbar vielleicht noch mehr als durch das persön= liche Naturell dieser Männer auch durch die einfache Erwägung der Sachlage selbst hervorgerufen. Ganz abgesehen von dem Landvogtei= recht, dessen Ausübung unmittelbar Verwickelungen herbeiführen mußte, erschien die französische Herrschaft ohne Straßburg und den Vogesen= paß von Zabern stets unvollkommen und unsicher; die natürliche Tendenz der rasch zur Höhe der europäischen Vormacht aufstrebenden Monarchie Ludwigs XIV. konnte kaum eine andere sein, als die Unter= werfung der ganzen Landschaft, in welche sie durch den Westphälischen Frieden doch eben nur erst einen Fuß gesetzt hatte.

Noch war indes diese Zeit nicht herangekommen. In den unmittelbar auf den Frieden folgenden Jahren hat Frankreich unbe= streitbar keinerlei Schritte gethan, welche einen Anspruch auf eine über die Grenzen der früher geschilderten Abtretungen hinausreichende, die ganze Landschaft erfassende Souveränität erkennen ließen.[1] Die Ver= handlungen über seinen Eintritt in den Kreistag zu Worms, über die gemeinsame Verteidigung des Elsaß mit den Reichsständen gegen die lothringischen Truppen, der Anschluß des Herrn von Rappoltstein an den König, andererseits die engen Beziehungen der elsässischen Stände zum Reich, ihre Beteiligung an der Aufbringung der Gelder zur Abdankung der schwedischen Armee, die Ausübung von Souveränitäts= akten im Elsaß durch Kaiser Ferdinand III. und Leopold I. zeigen vielmehr die Dinge genau in derjenigen Verfassung, in welcher wir sie nach den Denkschriften Colberts zu finden erwarten müssen: Frank= reich hält sich innerhalb des österreichischen Besitzes, die Stände fühlen sich und handeln als Bestandteile des Reiches. Den wichtigsten Beweis[2] aber für die Richtigkeit dieser Auffassung liefert die Einsetzung des Conseil souverain[3] im Jahr 1657. Ausdrücklich bezeichnen die

---

[1] Vgl. für diese Zeit besonders Mossmann, la France en Alsace, Rev. hist. 51, 53. Reuß, l'Alsace I, 175 ff; statuts et privilèges de la Noblesse de la basse Alsace, 1713; im allgemeinen noch Strobel, V, 1 ff.

[2] R O A I, 1 ff.

[3] Der höchste Gerichtshof des Elsaß wird von den verschiedenen Autoren abwechselnd cour souveraine, conseil souverain oder conseil supérieur genannt. Ich wende überall den Titel conseil souverain an, welcher ihm sowohl in der

offenen königlichen Briefe, ganz wie es Colbert geraten hatte, denselben als Nachfolger der alten österreichischen Regierung zu Ensisheim und umschreiben seinen Wirkungskreis durch die wörtliche Wiedergabe der im Friedensinstrument für die Abtretung gebrauchten Wendungen; weder das eine noch das andere ist mit der Annahme zu vereinigen, daß der König schon in diesem Augenblick eine Jurisdiktion über ganz Elsaß auch nur im Prinzip beansprucht hätte, es zeigt nur, daß er sich innerhalb der österreichischen Rechtssphäre hielt, allerdings aber den schon erworbenen Titeln in keiner Weise durch eine genaue Ter= ritorialbestimmung präjudizieren wollte.

Nur an einem einzigen Punkte erhoben sich schon zu dieser Zeit Streitigkeiten. Sobald Frankreich das Landvogteirecht geltend zu machen begann, trat die Antinomie dieser Festsetzung zutage, welche in dem verschiedenen staatsrechtlichen Charakter des französischen und deutschen Reiches begründet war. Mit demselben Recht verlangten die Franzosen von den Städten die Annahme des vom König er= nannten Landvogts, weil sie dazu nach Sinn und Wortlaut des Friedens befugt waren, und ward andererseits von den Städten diese Annahme verweigert, weil einem französischen Beamten schwören so viel hieß, wie dem König selbst schwören und damit die Reichs= unmittelbarkeit aufgeben. Aber gerade der Verlauf dieses Miß= verständnisses zeigt wieder, wie wenig noch von einer thatsächlichen oder auch nur theoretischen, prätendierten Souveränität Frankreichs über das ganze Elsaß bis zum Ausbruch des holländischen Krieges gesprochen werden kann. Der König willigte in eine schiedsgerichtliche Entscheidung des Streites ein, über welche sich die Verhandlungen zu Regensburg bis zum Jahre 1672 hinzogen, wo der Spruch im Sinne der Auffassung der Städte und des Reiches gefällt, Frankreich jedes Recht an die Dekapolis selbst abgesprochen wurde.[1])

Einsetzungsurkunde von 1657 als auch in den Lettres patentes von 1679, wodurch seine vorübergehende Unterordnung unter das Parlament von Metz wieder aufge= hoben wurde, gleichmäßig beigelegt worden ist, und den auch de Boug auf dem Titel seiner Sammlung der im Elsaß gültigen Ordonnanzen braucht. Die deutsche Be= zeichnung lautete amtlich „Hoher Rath des Elsaß".

[1]) Vgl. Auerbach, la question d'Alsace. Annales de l'Est III; Reuss, l'Alsace I, 204 ff; [Stupfel], archives d'Alsace, 27 ff, 348 ff.

Jetzt erst, nach dem Beginn des holländischen Krieges, vollzieht sich die durchgreifende Wendung der französischen Politik. Was bis dahin nur Wunsch und vorsichtiger Versuch gewesen war, wird in diesem Augenblick zur vollendeten That. Im Sommer 1673 wird zunächst die Dekapolis unterworfen, das Recht Frankreichs an den Städten selbst hergestellt. Dann beginnt zuerst seit dem Jahr 1675, nach der siegreichen Abwehr des deutschen Einfalles, die Jurisdiktion des Conseil souverain die Grenzen des altösterreichischen Besitzes zu überschreiten und das ganze Land zu ergreifen. [1] Endlich bei den Friedensverhandlungen zu Nymwegen wird der letzte Schritt zurück- gelegt. Die französischen Gesandten behaupten, daß im Westphälischen Frieden ganz Elsaß an den König gekommen sei, die Vertreter des Kaisers halten an der Reichsunmittelbarkeit des damals nicht öster- reichischen Teiles von Elsaß fest. Zuletzt erzwingen die Franzosen die Unterzeichnung eines Vertrages, dessen zweiter Artikel die einfache Fortdauer der Stipulationen von Münster festsetzt. Damit wurde unzweifelhaft mit vollem Bewußtsein beider Parteien eine von jeder derselben im entgegengesetzten Sinne gedeutete Bestimmung getroffen: es ist der Punkt, von dem an es eine verschiedene amtliche deutsche und französische Interpretation des Westphälischen Friedens giebt. Nicht aber wurde durch diesen Traktat das Elsaß an Frankreich abgetreten; die Kaiserlichen sorgten durch einen Protest dafür, daß der Sinn, welchen Kaiser und Reich mit dem Westphälischen und folglich auch mit dem neuen Nymweger Frieden verbanden, in feierlicher Form authentisch festgehalten wurde. [2]

Was nun im Elsaß erfolgt, ist nichts anderes als die praktische Konsequenz der in Nymwegen geschaffenen Situation. Politisch be- deutet dieselbe das unbedingte Übergewicht Frankreichs in Europa, rechtlich in Bezug auf unsere Frage die formelle Proklamierung der französischen Ansprüche. Das Entscheidende war, daß so Macht und Prätension zusammentrafen; das Kind dieser Kombination waren die Reunionen.

---

[1] Es genügt, hierfür auf die seitdem rasch wachsende Zahl der Edikte u. s. w. in der Sammlung der Ordonnanzen des Elsaß zu verweisen.

[2] Das Friedensinstrument bei Dumont VII[1], 376 ff; die Protestation l. c. 382; [Stupfel], archives d'Alsace 231 ff.

Soweit die Kammer in Breisach daran beteiligt war — und deren Wirksamkeit erfaßte die ganze Landschaft bis Landau —, wurden dieselben in zwei Akten vollzogen. Das erste Urteil vom 22. März 1680 stellte die Ämter zwischen Selzbach und Queich unter die Souveränität des Königs, die zweite Sentenz vom 9. August dehnte das erste Erkenntnis auf sämtliche Reichsstände im Ober= und Unter= elsaß aus. Die Begründung, welche der Generaladvokat Favier vor= brachte, entsprach ganz der vorhergehenden Entwickelung der französischen Politik, indem sie die von Frankreich in Nymwegen nachträglich auf= gestellte Interpretation des Westphälischen Friedens als dessen unzweifel= haften und ursprünglichen, durch den späteren Vertrag lediglich be= kräftigten Sinn hinstellte und nun teils aus der Lehensabhängigkeit, teils aus der Beteiligung an dem Landtag von 1625 von Fall zu Fall den juristischen Beweis der Abhängigkeit von der Landgrafschaft oder Landvogtei zu erbringen suchte, den Paragraphen teneatur aber mit seiner Garantie der Reichsunmittelbarkeit der Stände als der all= gemeinen Regel des Vertrags widersprechend und überdies durch die Klausel ita tamen in sich selbst aufgehoben, beiseite schob.[1]

Nach der Ausführung dieser Urteile, deren Abschluß die Weg= nahme von Straßburg bildete, war zwar der französische Besitzstand von Belfort bis Landau unzweifelhaft hergestellt; eine internationale Rechtsgültigkeit aber konnte dieses Faktum vorerst nicht beanspruchen. Der Regensburger Stillstand hob diesen Mangel nicht auf, sondern konstatierte denselben eben durch seinen Charakter als Waffenstillstand lediglich in aller Form; überdies aber wurden seine Stipulationen durch den Ausbruch des Orleansschen Krieges an sich hinfällig.

Erst der Friede von Ryßwick versuchte hier definitive Fest= setzungen zu treffen. Wie weit blieben nun aber diese hinter der An= sicht zurück, welche Ludwig XIV. in Nymwegen aufgestellt hatte! Es ist entschieden unrichtig, daß das Reich sich in Ryßwick seine Auf= fassung nur stillschweigend vorbehalten, bloß eine ausdrückliche Cession vermieden habe;[2] gerade im Gegenteil gelang es den Deutschen, ihre Theorie in mehreren Punkten ausdrücklich zu formulieren. Allerdings

---

[1] Den Text beider Sentenzen vgl. R O A I, 83 und 92.
[2] So noch Erdmannsdörffer, deutsche Geschichte II, 84, und ganz kürzlich auch Reuss, l'Alsace I, 264; vgl. auch Ranke, französische Geschichte, S. W. XI, 65.

begründete der vierte Artikel, welcher die Restitution aller außerhalb
des Elsaß gelegenen oder in einer von den französischen Gesandten
aufgestellten Liste enthaltenen Reunionen verfügte, eine Interpretations=
schwierigkeit[1]); man hat gerade daraus die stillschweigende Abtretung der
im Elsaß selbst gelegenen Reunionen, das heißt eben der Reichsstände,
schließen wollen. Allein diese Folgerung ist falsch. Einmal führt
nämlich jenes französische Verzeichnis thatsächlich elsässische Gebiete an,
nämlich Maursmünster[2]) und einen Teil von Hanau=Lichtenberg;[3])
diese Herrschaften sind also nach dem Artikel 4 selbst wieder in ihren
früheren Stand eingesetzt. Sodann reichte wenigstens nach der deutschen
Auffassung das Elsaß nur bis zum Selzbach oder höchstens bis zur
Lauter; die zwischen diesem und der Queich gelegenen Herrschaften wären
somit ebenfalls durch den Artikel 4 selbst wiederhergestellt. Endlich
aber muß man beachten, daß jener Paragraph das Wort imprimis
enthält; es heißt nicht schlechtweg „es sollen restituiert werden", sondern
„vor allen Dingen sollen restituiert werden", womit offenbar noch auf
eine nachfolgende Bestimmung über weitere Restitutionen vorbereitet
wird. Und diese findet sich alsbald in den folgenden Artikeln. Hier
wird der König zur Wiederherstellung von Speyer,[4]) Kurpfalz,[5])
Zweibrücken,[6]) Lützelstein,[7]) des Deutschordens,[8]) von Baden,[9]) der
Grafen von Nassau, Hanau, Leiningen „und aller anderen Stände·

---

[1]) Dumont VII², 421 ff. Art. IV: Restituantur imprimis.... quaevis tam
durante bello.... quam unionum nomine occupata loca et iura, quae extra
Alsatiam sita aut in indice reunionum a legatione gallica exhibita expressa
sunt....

[2]) Maursmünster war als Lehen der Metzer Bischöfe vom Parlament von
Metz reuniert worden. Vgl. Sigrist, Marmoutier, Rev. cath. d'Als. IV, 564.

[3]) So erklärte wenigstens später Loyson. Vgl. l'Als. féod., Rev. d'Als. N.
S. I., 153.

[4]) Instr. pac. Rysw. art. VI.

[5]) Instr. pac. Rysw. art. VIII.

[6]) Instr. pac. Rysw. art. IX: „ita ut omnia sub quocunque titulo a Corona
Galliae hactenus.... praetensa occupata et reunita pleno iure.... redeant".

[7]) Instr. pac. Rysw. art. X: „Quantum ad principatum Veldenziae et
quae sub nomine dicti principatus aut Lautereensis defunctus princeps
Leopoldus Ludovicus Comes Palatinus Rheni possederat, restituentur iuxta
§. quartum et indicem a legatione Gallica exhibitum"....

[8]) Instr. pac. Rysw. art. XI.

[9]) Instr. pac. Rysw. art. XIV, nach Art. IV und V.

des h. römiſchen Reiches, welche nach dem vierten Artikel dieſes Ver=
trages oder ſonſt reſtituiert werden ſollen", [1]) verpflichtet. So enthält
alſo der Vertrag einmal beſtimmte Feſtſetzungen über die Herſtellung
der Reichsunmittelbarkeit genau benannter Stände und weiter eine all=
gemeine Stipulation, welche in dieſem Zuſammenhang nur die deutſche
Auslegung des Weſtphäliſchen Friedens darſtellen kann. Dem ent=
ſpricht genau, daß die Konzeſſion, welche das Reich gegenüber ſeiner
bisherigen Doktrin macht, ausdrücklich ausgeſprochen wird, indem
Artikel 16 in aller Form die Abtretung von Straßburg verfügt.
Beides zuſammengehalten, kann kein Zweifel daran beſtehen, daß der
Friede von Ryßwick Frankreich die völkerrechtliche Anerkennung des
von ihm im Jahr 1680/81 einſeitig hergeſtellten Beſitzes nur in
einem einzigen Punkte, nämlich für Straßburg, verſchaffte, im übrigen
aber denſelben ganz im Gegenteil teils ausdrücklich vernichtete, teils
mindeſtens ſeine rechtliche Anfechtung konſtatierte.

So, wie wir den Vertrag eben interpretierten, haben denſelben
in der That auch die franzöſiſchen Beamten damals und ſpäter ver=
ſtanden. Der Intendant von Elſaß ſelbſt, Herr de la Houſſaye, er=
klärte in einer dem Kanzler Voiſin für die Utrechter Friedens=
verhandlungen eingereichten Denkſchrift, daß dem Grafen von Hanau
die Plenarreſtitution unmöglich hätte verweigert werden können, wenn
er ſich auf den Frieden von Ryßwick berufen haben würde; und der
Chef der franzöſiſchen Magiſtratur fand an dieſer Anſchauung nichts
auszuſetzen. [2]) Und genau ſo äußerte ſich mehr als zwei Menſchenalter
ſpäter der berufenſte Vertreter der königlichen Rechte in der Provinz,
der Generaladvokat Loyſon, indem auch er von den unterelſäſſiſchen
Ständen ſpricht, welche hätten reſtituiert werden müſſen. [3])

Wir werden ſogleich ſehen, wie wenig die thatſächliche Ent=
wickelung der Dinge dem eben feſtgeſtellten rechtlichen Inhalt des

---

[1]) Inſtr. pac. Rysw. art. XV: Restituantur eodem modo principes et
comites Nassovienses, Hanovienses et Leiningenses omnesque caeteri sacri
romani imperii status, qui per articulum quartum huius tractatus aliosve
restituendi veniunt". Vgl. art. V: „expresse non nominati pro omissis non
habeantur".

[2]) [Bachmann], Betrachtungen über die dermaligen Verhältniſſe im Elſaß...
Von einem Pfälziſchen Patrioten. Frankf. 1791, S. XXVII, 203, 217.

[3]) Rev. d'Als. N. S. I, 44 ff.

Ryßwicker Friedens entsprach. Verfolgen wir indes zunächst den Fort=
gang der Beziehungen Frankreichs zum Reich. Die beiden nächsten
Friedensschlüsse von Rastatt und Baden haben bloß eine einzige
spezielle Bestimmung über das Elsaß zugunsten Frankreichs getroffen,
nämlich die fortdauernde „Einräumung" der Festung Landau, im
übrigen wurden die Stipulationen von Münster, Nymwegen und
Ryßwick neu bekräftigt und die Ausführung des letztgenannten Ver=
trages festgesetzt. Da nun dieser, wie wir sahen, Frankreich ent=
schieden ungünstig war, hat es auch durch die neue Pazifikation keine
Anerkennung seiner Rechte auf ganz Elsaß von seiten des Reiches er=
langt. Ebensowenig war dies im letzten der großen Traktate vor
dem Ausbruch der Revolution, im Wiener Frieden von 1738, der
Fall.[1]

Somit ist das rechtliche Ergebnis das folgende. Die Krone
Frankreich hat nicht durchzusetzen vermocht, daß die von ihr in Nym=
wegen als Sinn des Westphälischen Friedens behauptete Abtretung
der ganzen Landschaft Elsaß von Belfort bis zur Queich von seiten
des deutschen Reiches eine rechtsgültige, völkerrechtliche Anerkennung
erhalten hätte; umgekehrt entschied vielmehr der letzte Vertrag, welcher
selbständige materielle Festsetzungen enthielt, teils ausdrücklich, teils
in einer allgemeinen Wendung für die von den deutschen Reichsständen
verfochtene Ansicht. Es war somit zu Ende des achtzehnten Jahr=
hunderts, beim Ausbruch der Revolution, im Elsaß nichts weiter
förmlich an Frankreich abgetreten, als was oben von uns als Inhalt
des Westphälischen Friedens festgestellt wurde, und darüber hinaus
noch Straßburg und Landau. Die Politik Ludwigs XIV. hatte hier
formell mit einem Mißerfolg geendigt.

Mit diesem Resultat steht nun allerdings der faktische Verlauf
in einem für Frankreich höchst günstigen Widerspruch; thatsächlich ist
allbekanntermaßen die französische Herrschaft im Elsaß doch fast ganz
in dem 1680 hergestellten Umfang aufrechterhalten worden. Die Er=
klärung dieser Erscheinung liegt in dem einfachen Umstand, daß der

---

[1] [Stupfel] archives d'Alsace 51 ff., 374 ff; Friedensvertrag von Rastatt,
Dumont VIII, 415 ff. Art. XII, cfr. Art. III; Friedensvertrag von Baden l. c.
436 ff. ebenfalls Art. XII und III; über Landau vgl. Art XIV; Friedensvertrag
von Wien, Wenck, codex I, 88 ff. Art. III, XIII.

Friede von Ryßwick ebenſowenig wie ſeine Erneuerung von Raſtatt und Baden zur wirklichen Ausführung gekommen iſt. Nur zu einem ganz kleinen Teil haben die Franzoſen benſelben erfüllt; die beiden kurpfälziſchen Oberämter Bergzabern und Germersheim, letzteres mit Ausnahme von Selz und Hagenbach, alſo der öſtliche, an den Rhein anſtoßende Teil des Landſtriches zwiſchen Lauter und Queich, ſind thatſächlich reſtituiert und fortan mit allen franzöſiſchen Souveränitäts-anſprüchen verſchont worden.[1]) Sonſt aber unterblieb überall im Elſaß der Vollzug der Traktate und der vor 1697 hergeſtellte Zu-ſtand dauerte ungeſtört weiter.

Die rechtliche Unbeſtimmtheit desſelben zeigte ſich am ſchlagendſten in der Frage der Nordgrenze Frankreichs im Elſaß.[2]) Niemand ver-mochte ohne weiteres deren Lauf anzugeben, ſie ſcheint nicht auf auch nur zwei Karten übereinſtimmend eingetragen zu ſein.[3]) Die Fran-zoſen ſelbſt fühlten ſich hier unſicher. Der Intendant de la Houſſaye meinte in der Denkſchrift von 1713, daß Frankreich ſich wohl mit der Lauterlinie, welche der Selz näher liegt als der Queich, begnügen könnte.[4]) Der Herzog von Richelieu empfieng als Geſandter in Wien im Jahr 1725 die Inſtruktion, dieſe Angelegenheit ausweichend zu behandeln, weil es ſchwierig ſei, ſich mit dem Reich über die franzöſiſche Souveränität im Elſaß und ihre Grenzen auf Grundlage des Weſtphäliſchen Friedens zu verſtändigen, „da derſelbe mehrere Verlegenheit erregende Ausnahmen enthalte.“[5]) Und zuletzt ward noch im Wiener Frieden von 1738 ein Kongreß zur Beilegung des Streites in Ausſicht genommen.[6]) Derſelbe iſt zwar nie zuſammen-getreten und die franzöſiſche Souveränität iſt ſchließlich, wie wir ſogleich ſehen werden, auch zwiſchen Selz und Queich zur Geltung gelangt; aber ſtets, ſo lange die alte Monarchie dauerte, ward dieſer

---

[1]) Nach Loyson, Rev. d'Als. N. S. I, 145 ff.
[2]) Vgl. für die franzöſiſche Auffaſſung dieſer Frage z. B. Pfeffel, commentarii de limite Galliae, 142 ff, wonach die Queich die Nordgrenze des Elſaß ſein ſoll. Den entgegengeſetzten Standpunkt vertritt z. B. [Bachmann], Betrachtungen.
[3]) Reuss, l'Alsace I, 512, n. 3.
[4]) [Bachmann], Betrachtungen XVII, 217.
[5]) Rec. des instructions I. Autriche, 224 ff; „parcequ'ils contiennent plusieurs exceptions embarrassantes“.
[6]) Friedensvertrag Art. XIV, Wenk, codex I, 114; vgl. Art. XVI, l. c. 116.

Landstrich als etwas Besonderes betrachtet und als die „Bestrittenen
Ämter" (Terres, bailliages contestées) vom Unterelsaß unterschieden,
eine Distinktion, welche nicht lediglich die Bedeutung einer historischen
Reminiscenz hatte, sondern wichtige staatsrechtliche Folgen einschloß.[1])
Die französische Verwaltung hätte sich mit dieser Sachlage be=
gnügen können; die Thätigkeit, welche sie von 1675 bis 1697 be=
reits entwickelt hatte, zeigt, wie wenig sie durch dieselbe praktisch ge=
hindert und beschränkt wurde. Von einem allgemeineren Standpunkt
aus betrachtet, konnte jedoch ein so unsicheres Verhältnis, welches
bei jeder Verwickelung in der gefährlichsten Weise erschüttert werden
mußte, der französischen Monarchie nicht genügen; sie konnte eine
rechtliche Begründung desselben auf die Dauer nicht entbehren. Nach=
dem sie nun auf dem direkten Weg der völkerrechtlichen Vereinbarung
mit dem Reich, wie wir gesehen haben, nicht zu diesem Ziel gelangt
war, schlug sie ohne Zögern einen Seitenpfad ein. An die Stelle
der unerreichbar gebliebenen Zustimmung des Reiches sollte diejenige
aller einzelnen Beteiligten treten. Auch der französische Hof hat
unmöglich verkennen können, daß dies nur ein höchst zweifelhaftes
Auskunftsmittel war. Denn der Wille aller Einzelparteien vermochte
an sich nicht den selbständigen Willen des Reiches zu ersetzen, und
er war ferner rechtlich gar nicht fähig, sich in der Weise zu äußern,
welche Frankreich verlangte, da die Anerkennung der französischen
Oberhoheit sich offenbar als Entfremdung von Reichslehen qualifizierte,
wozu kein Stand befugt war. Das Bedürfnis nach irgend einer recht=
lichen Rekognition seiner Stellung ließ jedoch den König über diese
unheilbaren Mängel hinwegsehen.

Wie verhielten sich nun die Stände zu dieser Wendung der
französischen Politik? Sie mußten sich bald überzeugen, daß die
Bestimmungen des Ryßwicker Friedens nicht in Kraft treten würden;
vergeblich forderte der sieggekrönte Markgraf Ludwig Wilhelm im
Jahr 1700 in Versailles die Restitution seines Ämtchens Beinheim,
umsonst verhandelten einundzwanzig Jahre später wieder Baden, Pfalz

---

[1]) Vgl. z. B. Pfister, Rev. d'Als. N. S. IX, 203, n. 1; Krug-Basse, 10, 11,
n. 1. Nach dem Vertrag von Marly, 1729, Febr. 15 bewahrte der König nur
„une sorte de souveraineté platonique" über das Gebiet zwischen Lauter und.
Queich, Legrelle, Louis XIV et Strasbourg, 697, n. 4.

und Speyer mit dem französischen Hofe.[1]) Dadurch aber wurde ihre Lage eine höchst ungünstige, man kann sagen, unerträgliche, wehr= los sahen sie sich allen großen und kleinen Angriffen einer feind= seligen Regierung preisgegeben; der König besaß in der Lähmung der Thätigkeit ihrer Beamten, in der Verkürzung ihrer Einkünfte[2]) Zwangsmittel von unwiderstehlicher Wirksamkeit. Unter der Wucht derselben beugten sie sich und giengen zum weitaus größeren Teil auf seine Bestrebungen ein.

Das Ergebnis, zu welchem in allen Fällen der vom König ausgeübte Druck einerseits und die notgedrungene Nachgiebigkeit der Stände andererseits führte, war die Ausfertigung offener Briefe durch den König und die Annahme derselben auf seiten der Stände. Natür= lich giengen diesem Akt überall Verhandlungen zwischen dem Hof und dem zur Unterwerfung geneigten Dynasten voraus; aber während dieselben meist mit dem einfachen Erlaß der Lettres patentes ihren Abschluß fanden, ist es doch in einigen Fällen auch außerdem zur förmlichen Zusammenfassung ihres Resultates in feierlicher Vertrags= form gekommen. Dadurch entstanden innerhalb der Stände, welche sich den Wünschen Frankreichs fügten, zwei Gruppen; aber obwohl die einen, diejenigen, welche förmliche Verträge abschlossen, unzweifel= haft dadurch sich in gesicherterer, gänzlich unzweideutiger Rechtsstellung befanden, ist doch ihre Lage untereinander an sich durchaus die gleiche.

Die Bedeutung der offenen Briefe war darnach die eines Kom= promisses. Die französische Verwaltung hatte zwar nach dem Jahr 1675 den bestehenden Rechtszustand im Elsaß nicht durchweg in Frage gestellt, griff aber doch die Gerechtsame der bisherigen Landesherren an den verschiedensten Punkten an. Sie that dies zum Teil aus dem natürlichen Antrieb jedes erobernden Staates, sich das gewonnene Land zu assimilieren; aber sie übte damit auch, wie bereits berührt, einen sehr starken Zwang auf die ihr noch widerstrebenden Herren aus. Da es ihr nun nicht gelang, vom Reich die förmliche Ab= tretung des Elsaß zu erreichen, so wurde für den König das zweite der eben erwähnten Momente das wichtigere. Die Anerkennung seiner

---

[1]) Akten G L A K. Baden. Gen. Ausland. Belnheim. 603.
[2]) Vgl. die Denkschrift an den Bischof von Speyer vom Jahr 1770, Akten G L A K. Bruchsal. Generalia. 1662.

2*

Souveränität durch die alten Herren erſchien ihm wertvoll genug, um ſie mit dem Opfer des Verzichts auf weitere Veränderung des geltenden Rechtes zu erkaufen.

Eben dies war es aber, was die Herren wünſchten, Sicherheit ihres hergebrachten Beſitzſtandes. Dafür, daß ihnen dieſer durch eine ausführliche Aufzählung in den offenen Briefen gewährleiſtet wurde, brachten ſie ihrerſeits das Opfer der Anerkennung der franzöſiſchen Souveränität. Dieſer Schritt war in der That formell ein frei= williger; mochte Frankreich ihre Beſitzungen auch noch ſo unbedingt beherrſchen, einen Rechtstitel beſaß es nicht, und die Notwendigkeit, einen ſolchen zu erwerben, war es eben, was der formellen, an dem ſchon beſtehenden Zuſtand nichts ändernden Handlung der Stände gleichwohl den Charakter einer wertvollen Konzeſſion von ihrer Seite gab.[1]

Dies iſt von der franzöſiſchen Regierung und ihren Beamten offen zugegeben worden. Im Eingang der zweiten Lettres patentes, welche der Biſchof von Straßburg zur Beſtätigung ſeiner Rechte im Jahr 1723 erwirkte, ſpricht der König rückhaltlos von ſolchen Herren der Provinz, welche ehemals völlig ſouverän waren und ſich ihm frei= willig unterwarfen.[2] Ebenſo erklärte de la Houſſaye in dem früher erwähnten Mémoire, daß der Graf von Hanau freiwillig den dem König angenehmen Schritt gethan und die franzöſiſche Hoheit aner= kannt habe.[3]

Es iſt alſo kein Zweifel daran möglich, daß die Unterwerfung der elſäſſiſchen Stände ſtets ein zweiſeitiges internationales Rechts= geſchäft, einen wirklichen Vertrag darſtellt, auch wenn ſie bloß durch einfache Ausfertigung und Annahme von offenen Briefen erfolgt iſt. Die Stände erkennen die Souveränität Frankreichs an, der König

---

[1] Vgl. für dieſe Auffaſſung der Lettres Patentes [Bachmann] Betrachtungen 231 ff; [Stupfel], questions d'état IV, 179—267.

[2] „le roi désirant traiter favorablement ceux des seigneurs de cette province qui possédant en pleine souveraineté les bailliages, terres et seigneuries de leurs domaines, s'étoient volontairement soumis à son obéis= sance, voulut bien leur laisser une partie des droits régaliens".... R O A L, 590.

[3] [Bachmann], Betrachtungen XXVII, 203: „la démarche agréable an roi".

verpflichtet sich zur Respektierung ihrer Rechte; das zweite war, wie Loyson sagt, die unverbrüchliche Bedingung des ersten.[1]

Im Gegensatz zu den so verfahrenden Ständen vermied eine kleine Minorität jede förmliche Anerkennung der französischen Ober= hoheit. Daß ihnen dies möglich war, lag vorwiegend wohl an ihrer geringen Bedeutung. Sie genossen infolge dessen den Triumph, sich vollständig auf dem Boden des Westphälischen Friedens zu bewegen, waren aber dafür jeden Augenblick der französischen Verwaltung preis= gegeben.

Welches waren nun, so ist hier jetzt der Ort zu fragen, diese elsässischen Stände, von denen bisher als Gesamtheit zu reden war, und welchen Entschluß hat jeder einzelne von ihnen in dieser Krise ergriffen?

Das Friedensinstrument von Münster zählt die Reichsunmittel= baren nicht vollständig auf, welche im Jahr 1648 außer Österreich im Elsaß existierten; überdies ist hier vielleicht der Selzbach, höchstens aber die Lauter als Nordgrenze angesehen, während wir die Land= schaft bis zur Queich betrachten müssen. Da ergiebt sich nun für das Jahr 1648 die folgende Liste.[2]

Von geistlichen Ständen begegnen wir den Bischöfen von Basel, Straßburg und Speyer, dem Domkapitel Straßburg, den Abteien Murbach, Lüders (welche bald vereinigt wurden), Münster im Gre= gorienthal und Anblau, endlich dem Deutschherrenorden.

Weltliche Fürsten sind die Grafen von Horburg, Hanau=Lichten= berg, der Herr von Fleckenstein, der Markgraf von Baden=Baden als Besitzer von Beinheim, der Graf von Leiningen=Westerburg als Herr von Oberbronn, Kurpfalz für Selz mit Hagenbach, der Herzog von Pfalz=Zweibrücken=Kleeburg für Kleeburg und Guttenberg und Pfalz= Zweibrücken=Birkenfeld für Bischweiler.[3] Zweifelhaft ist die Stellung

---

[1] Die Stände unterwarfen sich „sous la condition rigoureuse de conserver la jouissance de leurs anciens revenus et d'être maintenus dans l'exercice de leur supériorité territoriale dans tous les points qui seraient compatibles avec la souveraineté de S. M." Rev. d'Als. N. S. I, 44 ff.

[2] Vgl. hierfür durchgängig Die alten Territorien des Elsaß 1648, statist. Mitteil. XXVII.

[3] Die klarste Uebersicht über die außerordentlich komplizierte Verteilung der pfälzischen Besitzungen unter die verschiedenen Linien bietet [Bachmann], Betrach= tungen, 84 ff.

von Lützelstein und Dagsburg. Obwohl sie historisch zum Westrich gehörten, ist doch der Pfalzgraf von Lützelstein im Westphälischen Frieden unter den Reichsunmittelbaren im Elsaß genannt und das zweite Reunionsurteil erfaßte sowohl sein Gebiet als auch Dagsburg mit; beide Grafschaften bildeten fortan einen Bestandteil der Provinz Elsaß. Ich betrachte darum für meine Zwecke auch die Linie Pfalz= Veldenz, welcher 1648 Lützelstein gehörte, und die Grafen von Leiningen=Dagsburg als elsässische Stände.[1]

An Reichsstädten lagen im Elsaß außer Straßburg noch von den Gliedern des Zehnstädtebundes Colmar, Türkheim, Münster, Kaysersberg, Rosheim, Oberehnheim, Schlettstadt, Hagenau, sodann außerhalb desselben nördlich der Selz Weißenburg und nördlich der Lauter Landau.

Endlich beschließt die im Unterelsaß zerstreute Reichsritterschaft die Reihe der Reichsunmittelbaren. Unmittelbar nach dem Frieden, im Jahre 1651, gaben sich diese bis dahin nur in einem lockeren Verein unter einem Direktorium societätsmäßig organisierten Herren[2] eine feste Ritterordnung und traten darauf der rechtsrheinischen Ritter= schaft als besonderer Bezirk bei. Seitdem bestand das Korpus der unterelsässischen Reichsritterschaft als geschlossene Körperschaft von 32 Familien. Nur die in der Matrikel von 1651 verzeichneten Ge= schlechter und Güter galten als ihr zugehörig; andererseits konnten ihr letztere aber auch nicht entzogen werden, sondern behielten stets, wie auch der Besitzer wechseln mochte, ihren ritterlichen Charakter und infolge dessen, worauf es dem Adel am meisten ankam, die Beitrags= pflicht zu den Rittersteuern.[3] Das Gesamtgebiet dieser kleinen Dynasten umfaßte zwischen achtzig und hundert Dörfer.[4]

Von diesen Ständen kam nun für die Verhandlungen, welche

---

[1] Selbstverständlich denke ich hier, wenn ich von Reichsstandschaft spreche, nur an den Personalstand des Territorialherrn, nicht an die Lehensqualität des Territoriums. Dagsburg war z. B. bischöflich straßburgisches Lehen, was aber hier nicht in Betracht kommt.

[2] Vgl. für die Anfänge einer Organisation der elsässischen Reichsritterschaft den Aufsatz von A. Overmann, Zeitschr. f. Gesch. d. Oberrheins N. F. XI.

[3] Statuts et privilèges de la noblesse franche, Straßburg 1713.

[4] Schöpflin, Alsatia illustrata II, 684, §. 530: 90 Orte ohne die Schlösser; Heitz, l'Als. en 1789: 84 Dörfer.

uns hier beschäftigen, zunächst Straßburg nicht mehr in Betracht, da diese Stadt 1697 förmlich an Frankreich abgetreten war; faktisch ist die Unterwerfung der Hauptstadt des Elsaß bekanntlich in einer sehr ähnlichen Form erfolgt, indem auch ihr durch die Kapitulation vom 30. September 1681 die Erhaltung des alten Rechtszustandes verbrieft ward. [1]

Ferner ist auch von den Zehnstädten nicht mehr die Rede; Landau war vom Reich förmlich Frankreich überlassen, die übrigen waren dem König seit 1673 so unbedingt unterworfen, daß er ihnen gegenüber keines weiteren Rechtstitels bedurfte.

Es bleibt weiter der Bischof von Basel praktisch außer Rechnung, weil er kein eigentliches Territorium besaß.

Endlich scheidet noch die Herrschaft Fleckenstein aus, da dieselbe größtenteils im Jahre 1720 nach dem Aussterben des alten Hauses dem König heimfiel und dann als königliches Lehen an den Prinzen Rohan-Soubise kam, wodurch sich die Anerkennung der französischen Souveränität von selbst vollzog. [2]

Aber auch unter den Herrschaften, welche Objekt der Unterwerfungsabmachungen wurden, erfuhren mehrere noch eine nicht unerhebliche Veränderung ihrer Lage. Nacheinander erloschen in einem Teil der weltlichen fürstlichen Gebiete die einheimischen Dynastengeschlechter, worauf durch Erbgang solche Häuser an ihre Stelle traten, welche zugleich im deutschen Reich selbst eigene reichsständische Lande besaßen. Dies war der Fall mit Hanau-Lichtenberg, welches 1736 mit Hessen-Darmstadt vereinigt wurde; [3] 1748 trat ferner die herzogliche Linie von Württemberg die Erbschaft von Horburg-Reichenweier an; [4] Auch in Oberbronn war die dort residierende und nach dem Amt benannte Speziallinie des Hauses Leiningen-Westerburg schon 1665 ausgestorben, worauf die Herrschaft unter ziemlich verwickelten Umständen im ersten Drittel des achtzehnten

---

[1] R O A I, 106.

[2] Die alten Territorien des Elsaß 1648, S. 148.

[3] Vgl. l. c. S. 136.

[4] Vertrag von 1748, R O A II, 314, lett. pat. von 1748, Juni 5.

Jahrhunderts ſchließlich an die Fürſten Hohenlohe-Bartenſtein und
das ſchwediſche Grafenhaus der Lewenhaupt gelangte.[1])

Auf die entgegengeſetzte Weiſe ſtellte ſich bei den zahlreichen Beſitzungen der pfälziſchen Linien das nämliche Ergebnis her. Hier
wanderte der vorwiegend elſäſſiſche Zweig des Hauſes, die Pfalzgrafen
von Birkenfeld-Biſchweiler, nach dem 1731 erfolgten Erlöſchen der
herzoglichen Linie Zweibrücken-Kleeburg nach Zweibrücken aus; und
da ſie bereits im Jahre 1694 die Veldenzer Vettern beerbt hatten
und ſpäter, im Jahr 1766, auch noch Selz mit Hagenbach von der
Kurlinie erkauften, ſo waren ſchließlich auch die ſämtlichen altpfälziſchen
Herrſchaften im Elſaß, zu welchen die Birkenfelder ſelbſt, wie wir
ſehen werden, 1673 noch Rappoltſtein hinzuerworben hatten, in den
Händen einer jetzt außerhalb der Provinz reſidierenden Familie.[2])
Ebenſo geſtaltete ſich die Entwickelung bei Dagsburg, welches 1774
nach dem Ausſterben der Falkenburger Linie ganz an das Haus
Leiningen-Dagsburg-Hartenburg kam, deſſen Reſidenz ſchon ſeit 1613
Dürkheim a/H in der heutigen Rheinpfalz war.[3])

Keine Veränderung ſeiner Lage erlitt von den weltlichen fürſtlichen Herrſchaften ſomit bloß das einzige Beinheim, inſofern deſſen
Inhaber auch ſchon 1648 außerhalb der Provinz reſidierten; immerhin aber wechſelte doch auch hier die beſitzende Familie, indem das
Amt 1771 mit der ganzen baden-badiſchen Erbſchaft an Karl Friedrich
von Baden-Durlach fiel.

Dieſe Vorgänge waren für die Entwickelung der ganzen Angelegenheit von erheblicher Bedeutung. Sie boten zwar wohl dem
König Gelegenheit zur Ausübung eines verſtärkten Druckes, aber ſie
ſteigerten andrerſeits auch die Widerſtandskraft der einzelnen Territorien, indem dieſelben ſo eben im Moment ihrer Trennung vom
Reich durch die Perſon ihrer neuen Herren wieder in innigere Verbindung mit demſelben geſetzt wurden. Vor allem aber war es dieſer

---

[1]) Die alten Territorien des Elſaß 1648, S. 153; Brinkmeier, Leiningen, II,
1!2 ff.

[2]) Die beſte Ueberſicht über die Genealogie des pfälziſchen Geſamthauſes
bietet Lehmann, Geſchichte des Herzogthums Zweibrücken, Tafel I; vgl. auch die
Spezialtafeln. Die Angabe, daß das ältere Haus Zweibrücken-Kleeburg erſt 1734
erloſchen ſei (Territorien des Elſaß 1648, 159 u. a.), beruht auf einem Verſehen.

[3]) Vgl. Eſſer, Dagsburg I, 97 ff.

Umstand, welcher bei dem Ausbruch der revolutionären Irrungen folgenreich wurde.

Fassen wir hier aber bloß die Unterwerfung der einzelnen Herren ins Auge. In drei Fällen ist sie durch förmlichen Vertrag erfolgt. Der Kardinal von Hutten, Bischof von Speyer, erkannte in dieser Form im Jahr 1752 die Souveränität des Königs[1]) über seine sechs auf dem rechten Queichufer belegenen Ämter an, nämlich Ober= und Nieder=Lauterburg, Altenstadt, St. Rémy, Dahn und Madenburg;[2]) vier Jahre später empfing er die offenen Briefe über die Bestätigung seiner Rechte.[3]) Der Herzog von Württemberg hatte denselben Schritt für Horburg und Reichenweier schon 1748 vollzogen; die Lettres patentes ergingen jedoch erst nach zwanzig Jahren.[4]) Das Haus Birkenfeld=Zweibrücken endlich regulierte die Verhältnisse seiner Be= sitzungen in drei Verträgen von 1768 für Selz=Hagenbach, 1780 für Lützelstein, Guttemberg und Bischweiler und 1787 für Kleeburg;[5]) offene Briefe erhielt es jedoch nur über den zweiten Vertrag,[6]) während die Registrierung der im Jahr 1774 für Selz ausgestellten Lettres patentes unterblieb und für Kleeburg die Revolution deren Ausfertigung zuvorkam.

Einfache Lettres patentes erwirkte im Gegensatz zu diesen Häusern zunächst die unterelsässische Ritterschaft in den Jahren 1680,

---

[1]) Nach Loyson, Rev. d'Als. N. S. I, 61. Es ist mir indes unmöglich gewesen, den Vertrag selbst oder die etwa über seinen Abschluß erwachsenen Akten unter den Bruchsaler Beständen des General=Landes=Archives zu Karlsruhe aufzu= finden. Jedoch begegnen in anderen Akten mehrfach Andeutungen von einer der= artigen Transaktion.

[2]) Die Ämter aufgezählt in den Lett. pat. 1756, Juni, R O A II, 470.

[3]) 1756, Juni; R O A II, 470 ff.

[4]) Lett. pat. 1748, Juni 8, R O A II, 314; Lett. pat. 1768, Juni, l. c. II, 808. Vgl. Reuß, Staatskanzley 24, 292 ff; Rev. d'Als. N. S. I, 158, wo Loyson sagt: Württemberg habe sich unterworfen „en faisant marcher de front la sou= vernineté du Roi et la conservation des droits de la S. M. de Württemberg".

[5]) Loyson, Rev. d'Als. N. S. I, 145 ff, vgl. Reuß, Staatskanzley, 24, 292 ff. — Noch 1781 gieng die Berufung vom Amt Kleeburg an das Oberamt Bergzabern und von da an das zweibrückische Oberappellationsgericht, nicht an den Conseil souverain. Bachmann, zweibrückisches Staatsrecht, 269.

[6]) Dieselben sind nicht gedruckt. Lett. pat. 1780, Juni, B A O E. Hoher Rath des Elsaß. Enregt. Protocolle. Abteil. I. Bd. 14, S. 257 ff; Kopie B A U E. 3025.

1681, 1683 und dann wieder 1779;[1]) ſodann der Biſchof von Straßburg 1682, 1723 und 1780;[2]) das Stift Andlau 1686;[3]) Hanau=Lichtenberg 1701;[4]) endlich das Stift Murbach, inzwiſchen ſäkulariſiert und nach Gebweiler verlegt, 1780.[5])

Man ſieht, es waren die im Elſaß reſidierenden Stände, zu welchen im Jahr 1701 eben auch noch Hanau=Lichteuberg gehörte, die ſich mit einfachen offenen Briefen begnügten, während die im Reich angeſeſſene Gruppe die Unterwerfung in Vertragsform vollzog.

Nur fünf Stände blieben ſchließlich übrig, welche jede Trans= aktion unterließen, nämlich das Stift Münſter, der Deutſchorden, Dagsburg, der Markgraf von Baden für Beinheim[6]) und die Leiningen ſowie ihre Erben, die Hohenlohe, in Oberbronn.

Dies war alſo das Verhalten der zunächſt nach der deutſchen Auffaſſung des Weſtphäliſchen Friedens reichsunmittelbar gebliebenen Stände im Elſaß. Von ihnen weg haben wir endlich unſere Auf= merkſamkeit noch einen Moment auf ein Gebiet zu richten, welches ſicher ſchon 1648 mitabgetreten worden war, die Herrſchaft Rappolt= ſtein. Dort ſuccedierte nach dem am 28. Juli 1673 erfolgten Tod des letzten Herrn von Rappoltſtein deſſen Schwiegerſohn, der Pfalzgraf Chriſtian II. von Biſchweiler=Birkenfeld, und zwar kraft einer direkten oberlehensherrlichen Entſcheidung König Ludwigs XIV., welchem

---

[1]) Priviléges et statuts, 1713; Lettres Patentes du roi confirmant les priviléges de la Noblesse de la Basse-Alsace en 1779.

[2]) R O A I, 117; 590. Die Lettres Patentes von 1780 (vgl. Reuß, Staats= kanzlei 24, 293 ff) habe ich nicht eingeſehen. — Es findet ſich mehrfach die Angabe, der Biſchof von Straßburg habe ſich ſchon im Jahr 1663 dem König unterworfen (vgl. Kirchner, Elſaß 1648, S. 31; die alten Territorien des Elſaß 1648, S. 16; Loyson, Rev. d'Als. N. S. I, 53 hat 1665); da es mir jedoch nicht möglich war, in den Akten irgend eine Beſtätigung dieſes Vorganges zu entdecken, welcher ſchon im vorigen Jahrhundert anſcheinend nur ſehr unbeſtimmt überliefert war — Loyſon ſagt ausdrücklich „les actes n'en ont jamais été rendus publics" —, ſo glaubte ich von dieſer angeblichen früheren Anerkennung der franzöſiſchen Souveränität durch den Biſchof von Straßburg ganz abſehen zu ſollen.

[3]) R O A I, 158.

[4]) R O A I, 316.

[5]) Ungedruckt, B A O E. Hoher Rat des Elſaß. Enregt. Protocolle. Abteil. I. Bd. 22. 2. Teil (mod. Zählung), S. 167 ff. Auszug bei Gatrio, Murbach, II, 690.

[6]) Dagsburg und Baden nennt Loyſon auch ausdrücklich. Rev. d'Als. N. S. I, 157, 172.

Christian seinerseits alsbald persönlich den Vasalleneid leistete.[1] Aber das Andenken an die frühere Landsässigkeit der Rappoltsteiner, welche ihre Erben, die Pfälzer, stets geflissentlich in Abrede zu stellen suchten,[2] muß doch sehr schnell erloschen sein. Der Sohn dieses ersten Er=werbers, Pfalzgraf Christian III., empfing zwar 1699 ebenfalls noch von König Ludwig XIV. die Investitur mit der Herrschaft;[3] aber als er im Jahr 1712 offene Briefe für Rappoltstein erwirkte, heißt es überraschenderweise, obwohl das Investiturrecht darin festgehalten war, doch gleich zu Eingang derselben, daß seine Vorfahren die Herrschaft mit Souveränität besessen hätten.[4] Dieser Vorgang kann sich entweder durch die Benützung einer pfälzischen Denkschrift in der französischen Kanzlei erklären oder auf der einfachen Anwendung des sonst für Lettres patentes dieser Art gebräuchlichen Formulars be=ruhen;[5] auf jeden Fall aber, ob nun eine Täuschung oder eine Nachlässigkeit der französischen Beamten vorliegt, wurde Rappoltstein seitdem vom Hof nicht anders als die wirklich reichsständischen Terri=torien behandelt und ihm noch im Jahr 1780 umfassende offene Briefe bewilligt.[6] Infolge dessen haben auch wir uns im weiteren mit der Herrschaft zu beschäftigen, und dies um so mehr, als sie eben auch einen Bestandteil des Birkenfeld=Zweibrückenschen Gesamtbesitzes im Elsaß ausmacht.

Wie gestaltete sich nun aber das Verhältnis derjenigen Stände, welche sich Frankreich unterworfen hatten, zum deutschen Reich? Die

---

[1] Reuss, l'Alsace I, 501. Auch hier führen die alten Territorien des Elsaß 1648, S. 16, 64 einen besonderen Unterwerfungsvertrag vom Jahr 1665 an, welcher mir gleichfalls nicht näher bekannt geworden ist und von welchem ich daher ebenso, wie bei dem Bischof von Straßburg absehe.

[2] Bgl. z. B. Radius, de origine comitum Rappoltsteinensium 68 ff. Ebenso zahlreiche Denkschriften bei den Alten B A O E, E.

[3] Bachmann, zweibrückisches Staatsrecht, 31.

[4] R O A I, 404.

[5] Wie wenig genau es die französischen Beamten bei der Ausstellung dieser Urkunden im einzelnen nahmen, zeigt z. B. der Umstand, daß den Herren von Rappoltstein durch die Lettres Patentes von 1780 das bereits längst abgekommene, gar nicht mehr zur Bestätigung eingegebene Recht auf Bannmühlen ohne weiteres unverlangt nach dem allgemeinen Schema mitbekräftigt wurde. B A O E, E, Extradition München. 1888. III. 19 g.

[6] Ungedruckt. B A O E. Hoher Rath des Elsaß. Enregt. Protocolle. Abteil. I. Bd. 22. 2. Teil (mod. Zählung), S. 160 ff.

Stellung desſelben ergab ſich aus der Theorie, welche es früher ver=
treten und zuletzt in Ryßwick wenigſtens teilweiſe zu rechtlicher An=
erkennung gebracht hatte, von ſelbſt: es konnte, außer ſtande, die
Ausführung der letzten Friedensſchlüſſe von Frankreich zu erzwingen,
die Stände lediglich gewähren laſſen. So verfuhr Franz I., als der
Kardinal von Hutten ihm Anzeige von ſeinen Verhandlungen mit
Frankreich machte; er erwiderte, daß das Reich davon niemals
amtliche Kenntnis nehmen könne, ſondern den Vorfall einfach ignorieren
müſſe, da es ſonſt zur Einſprache gezwungen wäre.[1]

Demgemäß fuhr man auf deutſcher Seite fort, die elſäſſiſchen
Stände als Reichsglieder zu betrachten, und zwar auch diejenigen,
welche ſich ſelbſt nicht mehr als ſolche anſahen. Charakteriſtiſch tritt
letzteres bei Murbach zu Tage. Im Jahr 1714 ſtimmte die Abtei
noch ſelbſt in Regensburg mit; dann zog ſie ſich zurück, aber das
Reich behandelte ſie auch weiter als Stand: 1727 und 1751 wurde
die Murbachiſche Stimme aufgerufen, 1732 und 1759 das Kloſter
zu Römermonaten veranlagt und ihm 1740 das pfälziſche Reichs=
vikariat angezeigt, worüber man im Stift ärgerlich frug „was geht
dies die Abteien an"?[2] Die Stände aber, welche auch im Reich be=
gütert waren, empfingen nach wie vor ihre Lehen unzertrennt, die
elſäſſiſchen ſowohl, als die im Reich gelegenen, allein vom Kaiſer.
So belehnte Karl VI. am 10. Juni 1723 den Kardinal Rohan mit
dem geſamten Bistum Straßburg.[3] Den neuen Biſchof von Speyer,
Kardinal von Schönborn, hatte der Conſeil ſouverain zu Colmar am
2. Mai 1719 bereits dazu verurteilt, dem König die Lehenshuldigung
zu leiſten; aber der Prälat bewirkte die Evokation der Sache an den
Staatsrat, wo ſie liegen blieb, und empfing dann doch am 6. Oktober
1721 die Belehnung mit allen Rechten der Kirchen von Speyer und
Weißenburg von Karl VI. mit der ausdrücklichen Erklärung, daß ſie
allein vom Reich zu Lehen rührten.[4] Hanau=Lichtenberg endlich hatte

---

[1] Denkſchrift des Biſchofs Auguſt an den franzöſiſchen Hof vom Jahr 1789,
Reuß, deutſche Staatskanzley 25, 162 ff. beſ. 164.
[2] Gatrio, Murbach II, 466.
[3] Fischer, le conseil de la régence de l'évêché de Strasbourg, 20.
[4] Akten G L A K. Baden. Gen. Ausland. Beinheim 612, Bericht Roche=
brune's von 1774, Oktober 2; Bruchſal. Gen. 1366, Inſtruktion für die ſpeyriſchen
Geſandten Graf Stadion und Diel, b. b. 1720, November 16, Nr. 8; Lehenbrief Karls VI.

schon 1716 wenigstens ein kaiserliches Indult auf unbestimmte Zeit wegen seiner elsässischen Lehen erhalten. [1])

Frankreich that nichts, was dem Reich seine Rolle des still= schweigenden Übersehens unmöglich gemacht hätte. Ausdrücklich nahm es von den Ständen keine Lehenshuldigung in Anspruch. [2]) Als das Weißenburger Kapitel im Jahr 1770 dem neuen Bischof von Speyer, August von Limburg=Styrum, am französischen Hofe das Recht be= stritt, Besitz zu ergreifen, bevor er dem König gehuldigt habe, wurde seine Klage dort mit der Begründung abgewiesen, daß der Bischof die Belehnung mit Weißenburg und Speyer zusammen vom Kaiser empfange, also die fünfzig Jahre zuvor von dem Kardinal Schönborn verfochtene Ansicht trotz der inzwischen geschehenen Anerkennung der französischen Souveränität als durchaus korrekt gebilligt. [3]) Nur dann verlangte die französische Regierung regelmäßig die Huldigung, wenn es sich um Rechte handelte, welche erst der König selbst einem Stand beigelegt hatte; diese Huldigung bezog sich aber niemals mit auf das ganze Territorium. [4])

Ganz unberührt von dieser politischen Veränderung blieb die territoriale Organisation der katholischen Kirche im Elsaß. Die alten Bistumsgrenzen bestanden unverrückt fort, so daß, wie ehedem hier vier Bischöfe, nämlich die Inhaber der Stühle von Basel, Straßburg, Metz und Speyer, sowie der Erzbischof von Besançon ihre Jurisdiktion ausübten; auch die Metropolitanrechte von Mainz auf Straßburg und Speyer blieben im Elsaß unangefochten, das genaue Seiten= stück zu der stillschweigend zugelassenen Fortdauer der kaiserlichen Lehens= hoheit über die Territorien.

In der eben geschilderten Entwickelung liegt die Erklärung für das bunte Bild, welches uns eine Karte des Elsaß vom Ende des achtzehnten Jahrhunderts zeigt. [5]) Wir sehen da nur einige ganz ver=

---

[1]) Reuß, Staatskanzley 26, 42 ff, 84, C.
[2]) Vgl. Alten G L A K. Baden. Gen. Ausland. Beinheim. 612.
[3]) (Stupfel), questions d'état 83.
[4]) (Stupfel), considérations 31. Vgl. Lettres patentes für Hanau 1731, Sep= tember, R O A II, 80; 1717, Februar, l. c. I, 490, Art. IX; dagegen 1721, Sep= tember, l. c. I, 560; für Württemberg 1768, Juni, l. c. II, 811, Art. XX.
[5]) Vgl. Kirchner, Elsaß i. J. 1789, Karte; Heitz, l'Alsace en 1789.

schwindende Splitter der Provinz unter der direkten Verwaltung des
Königs, nämlich allein die drei Städte Ensisheim, Hüningen, Neu-Breisach,
und dazu Fort Louis, bis auf die erste samt und sonders militärische
Neugründungen Ludwigs XIV. und darum in bürgerlicher Hinsicht von
höchst untergeordneter Bedeutung. Straßburg und die zehn ehemaligen
Reichsstädte haben ihre autonome Verwaltung unter der Aufsicht des
königlichen Prätors. Von den übrigen alten Herrschaften befindet sich
mehr als die Hälfte des 1648 abgetretenen österreichischen Besitzes in
den Händen der Erben des Kardinals Mazarin, der Rest desselben ist
unter verschiedene französische Familien verteilt; außerdem gehört auch
im Unterelsaß der größere Teil der Herrschaft Fleckenstein, wie schon
erwähnt, den Rohan-Soubise, Reichshofen und Niederbronn der
Straßburger Familie v. Dietrich, während noch andere Besitzungen
durch Transaktionen verschiedener Art an andere Adlige gekommen
sind. Im Gemenge mit diesen Herrschaften, welche rechtlich durchaus
als Seigneurien im französischen Sinn anzusehen sind, lagen endlich
die Territorien unserer Reichsstände. Die eine Gruppe derselben
residierte im Elsaß und besaß ihre Herrschaften ausschließlich oder
weit überwiegend in dieser Landschaft. Hierher gehörten alle Geistlichen mit Ausnahme von Speyer und des deutschen Ordens, also
der Bischof und das Domkapitel von Straßburg, die drei Stifter
Murbach-Lüders, jetzt das Ritterstift Gebweiler, Münster und Anblau,
und von Weltlichen die Reichsritter im Unterelsaß. Dagegen saßen
der Bischof von Speyer, das Haupt des Deutschordens und alle
weltlichen Fürsten, letztere infolge der früher erwähnten Erbfälle, im
Auslande, ihre Herrschaften erscheinen als Annexe deutscher Territorien;
die Herzöge von Württemberg und Zweibrücken, der Landgraf von
Hessen-Darmstadt, der Fürst von Leiningen-Hartenburg, der Markgraf
von Baden und der Prinz von Hohenlohe sahen sich in der eigen-
tümlichen Doppelstellung souveräner Reichsfürsten und Inhaber von
Bestandteilen des französischen Staatsgebietes. Welches nun ihre
Lage in letzterer Eigenschaft war, wie sich die französische Regierung
gegenüber ihren alten Berechtigungen verhielt, wird uns zunächst
beschäftigen müssen.

Zweites Kapitel.

Ein Blick auf die französische Verwaltung im Elsaß.

Wenn wir unter Revolution überhaupt die Umbildung des alten Staates im Sinne des Liberalismus verstehen, so hat diese Bewegung im Elsaß, wie in ganz Frankreich, nicht erst mit der Berufung der Reichsstände, sondern schon zwei Jahre früher begonnen. Wir werden uns die Maßregeln Ludwigs XVI., welche zu dieser Auffassung be= rechtigen, noch genauer zu vergegenwärtigen haben; einstweilen erinnern wir uns ihrer nur, um den spätesten Termin zu bestimmen, bis zu welchem sich die alte Landesverfassung in unerschütterter Geltung auf= recht erhielt: es ist der Zustand zu Anfang des Jahres 1787, welchen wir unserer Schilderung zu Grunde legen.

Wie äußerte sich nun damals vor allen Dingen die Souveränität des Königs?

Publizistisch wird dieselbe gern mit der früheren Obergewalt von Kaiser und Reich in Parallele gesetzt. Doch wie unvergleichlich sind beide in Wirklichkeit! Während der Kaiser nur den kleinsten Landes= herren in Ausnahmefällen einmal Beschränkungen aufzuerlegen ver= mag, regelt der König mit der vollen Autorität staatlicher Ober= gewalt bald durch seine Verwaltung, bald durch sein Gericht, oft durch seine persönliche arbiträre Entscheidung die verschiedensten und wichtigsten Interessen unserer Herren.

Wollte man darum die Folgen, welche die ausdrückliche oder stillschweigende Anerkennung der französischen Oberherrlichkeit mit sich brachte, annähernd richtig durch ein kurzes Schlagwort charakterisieren, so müßte man von einer Mediatisierung dieser Dynasten reden und dabei das Wort fast genau in dem technischen Sinne gebrauchen, welchen es durch die Ereignisse des Jahres 1806 erhalten hat. Es

find in der That ungefähr die nämlichen Rechte, welche die Rhein=
bundsakte Napoleons unter dem Namen der hohen Souveränitätsrechte
den neuen Landesherren des deutschen Südwestens zuwies, und welche
Ludwig XIV. und seine Nachfolger im Elsaß in den Gebieten der
deutschen Stände und Reichsritter an sich nahmen.[1]

Die oberste Leitung der elsässischen Geschäfte hatte, wie in allen
französischen Grenzprovinzen, der Staatssekretär des Krieges.[2] Im
Lande selbst begegnen wir denselben höchsten Beamten, wie im übrigen
Frankreich, dem vornehmen, aber fast nur auf militärische Dinge be=
schränkten Gouverneur, dem Intendanten, welcher als „intendant de
justice, de police et de finance, commissaire départi du roi"
der wahre Herr der Provinz ist, und dem obersten Gericht, hier nicht
Parlament, sondern Conseil souverain genannt. Einzig die Organisation
der Unterbehörden weist eine den meisten altfranzösischen Gebieten
fremde, bemerkenswerte formale Eigentümlichkeit auf.

Die Generalität Straßburg zerfällt nämlich zwar in Sub=
delegationen, aber diese sind nicht in Elektionen eingeteilt; der unterste
königliche Verwaltungsbezirk im Elsaß ist vielmehr das Departement
und der ihm vorgesetzte Beamte führt den Titel „bailli de département". Zu den Pays d'etat gehört das Elsaß gleichwohl trotz=
dem nicht, da hier ja keine Provinzialstände existieren; seiner
inneren Natur nach ist es vielmehr dennoch Pays d'election.
Ein solches Departement, welches viel kleiner als eine Elektion
zu sein pflegt, umfaßt gewöhnlich mehrere herrschaftliche Ämter.
Subdelegierte sowohl als Baillis de Departement besorgen ihre

---

[1] Es klingt fast wie eine merkwürdige Vorahnung, daß der badische Minister
Freiherr W. von Edelsheim den im Elsaß bestehenden Zustand 1788 als einen
„Typus" bezeichnete, „welcher bey zwar nicht ganz wahrscheinlichen, aber doch mög-
lichen mehreren Acquisitionen Frankreichs über dem Rhein zu einer Norm dienen
kann." Akten, G L A K, Baden. Gen. Ausland. Beinheim 604. Ich weiß nicht, ob
Napoleon wirklich beim Entwurf der Rheinbundsakte die Stellung der Reichsstände
im Elsaß als Vorbild für die künftige Lage der Fürstenberge, Leiningen und ihrer
Schicksalsgenossen vorgeschwebt hat; die Möglichkeit eines Zusammenhanges scheint
aber nicht von der Hand zu weisen, da gerade ein Elsässer, Pfeffel, bei dem ganzen
Geschäft hervorragend mitgearbeitet hat. Soviel ich weiß, ist der Sache noch von
keiner Seite nachgegangen worden.

[2] Vgl. für die folgenden Angaben überall Krug-Basse, l'Alsace avant 1789;
einen hübschen, freilich nicht überall vorurteilslosen Abriß der französischen Verwaltung im Elsaß bietet Pfister, l'Alsace sous la domination française.

Verrichtungen streng genommen meist im Nebenamt; die letzteren sind regelmäßig herrschaftliche Amtleute und zu Subdelegierten wählt der Intendant gern Räte der fürstlichen Regierungen oder selbst Mit= glieder des höchsten Gerichtes.[1] Mit der Rechtsprechung hat diese Einteilung des Landes in Departements keinen Zusammenhang: sie dient lediglich den Zwecken der königlichen Verwaltung im engeren Sinn, während die Justizverfassung durchaus auf der Seigneurie, dem herrschaftlichen Amt, aufgebaut ist.

Das allgemeinste aller Souveränitätsrechte ist die Gesetzgebung und der Erlaß allgemeiner Verordnungen; ein Blick auf die Samm= lung der im Elsaß ergangenen Ordonnanzen zeigt, wie ausgiebig König, Intendant und Hoher Rat davon Gebrauch machen. Sowohl das materielle als auch vor allem das formale Recht war ihr Objekt. Immer neue Vorschriften regelten die Organisation der königlichen Gerichte, die Funktionen ihrer Beamten, das vor ihnen gültige Ver= fahren ebenso eingehend, wie die Ausübung der herrschaftlichen Juris= diktion; zahlreiche spezielle Strafgesetze, wie gegen Bettler und Vaga= bunden, die Einführung der großen Ordonnanzen, Akte besonderer privatrechtlicher Legislation ergänzten und reformierten das alte, sonst aufrecht erhaltene[2] Herkommen der Provinz. Es wäre schwierig, ein Gebiet zu nennen, welches von königlichen Verordnungen ganz unbe= rührt geblieben wäre. Sie betreffen ebensowohl die Verfassung des Handwerkes[3] wie den Betrieb wichtigster Gewerbe, besonders der Buchdruckerei,[4] oder die Organisation des Getreidehandels[5] und den Erlaß einer Hebammenordnung;[6] schlechte wirtschaftliche Gewohn= heiten, wie die übertriebene Vorliebe der Bevölkerung für den Wein= bau,[7] entgehen ihr so wenig als rohe Ortssitten.[8] Sie schreibt den

[1] Krug-Basse 23; Rev. cath. d'Als. N. S. IX, 214.

[2] 1700, Febr. 16 schrieb der Controleur General dem Gouverneur des Elsaß Marschall b'Huxelles, die charakteristischen Worte: „il ne faut point toucher aux usages d'Alsace". Reuss, l'Alsace I, 271.

[3] Z. B. Zunftstatuten der Maurer, Steinmetze und Zimmerleute, 1759, August 30), R O A II, 544; règlement pour l'orfévrerie, 1727, Dezember 29), l. c. II, 29, u. f. w.

[4] 1701, Oktober 2, l. c. I, 325.

[5] l. c. I, 589, 1723, April 19.

[6] l. c. II, 443, 1754, November 8.

[7] l. c. II, 54, 1731, Januar 15.

[8] l. c. II, 452, 1755, August 21.

Gebrauch der französischen Sprache in allen öffentlichen Schriftstücken
vor [1]) und ahndet gelegentlich mit Strenge Verstöße gegen diesen
Befehl, [2]) obwohl sie wieder in andern Fällen, nämlich bei den für
die Dörfer bestimmten Steuerrollen, selbst die amtliche Übersetzung
ins Deutsche anordnen muß, offenbar, weil sie den ländlichen Behörden sonst unverständlich bleiben würden. [3]) Ja sie wagt das
Unmögliche und versucht die deutsche Tracht der Frauen aus dem
Lande zu verdrängen, ein Unterfangen, welches erst den Kommissaren
des Konvents gelingen sollte, hinter deren „Einladung" das drohende
Bild der Guillotine hervorsah. [4]) So mancher Erlaß blieb eben
doch gerade wie auf der andern Seite des Rheins ein toter Buchstabe; nur ein Menschenalter vor der Revolution klagte noch der
Procureur fiscal von Weißenburg über den Magistrat, derselbe gebe,
auf die Gesetzwidrigkeit seines Verfahrens aufmerksam gemacht, nur
die verwegene Antwort, daß die Ordonnanzen wohl für Frankreich
gut seien, daß man sie aber im Elsaß nicht zu befolgen brauche. [5])

Fast noch wichtiger für die Beherrschung eines Landes als die
Aufstellung der allgemeinen Gebote ist die Möglichkeit, ihre Beobachtung
zu erzwingen, der Besitz der Rechtsprechung. Auch diese Gewalt übt
der König, soweit es für seine Zwecke, die Wahrung seiner Souveränität,
erforderlich ist. [6]) Von den peinlichen Rechtssachen gelangen bestimmte
Fälle überhaupt nur vor seinen Gerichten, bald die sièges de maréchaussée, bald der Conseil souverain selbst, zur Aburteilung, die

---

[1]) l. c. I, 145 arrêt du conseil d'état, 1685, Januar 30.

[2]) So kassierte der Conseil souverain am 15. Mai 1753 ein Urteil des straßburgischen Amtmanns von Barr, weil derselbe einer Partei auferlegt hatte, ihre
französischen Schriften in deutscher Uebersetzung vorzulegen. R O A II, 422.

[3]) Ordonnanz des Intendanten de Lucé, 1754, August 10, R O A II, 441.

[4]) Arrêt du conseil d'état vom 25. Juni 1685, ergangen auf Veranlassung
des Intendanten de la Grange, von de Boug übrigens nicht in R O A aufge-
nommen, aber doch zweifellos authentisch. Vgl. Krug-Basse 354 ff; Reuss, l'Alsace I, 726.

[5]) „et quand il [le bailli royal] leur représente, aussi bien que le sup-
pliant, que leur procédé est contraire aux ordonnances, ils ont la témérité
de dire que les ordonnances sont bonnes en France, mais qu'on n'est pas
obligé de les suivre en Alsace." R O A II, 695, vom Jahr 1765.

[6]) Vgl. für die Organisation der königlichen Gerichte im allgemeinen Krug-
Basse 105 ff; vgl. für die niederen königlichen Gerichte noch besonders Véron-
Réville, anciennes jurisdictions 225, n. 1.

Mehrzahl derselben kann wenigstens im Wege der Berufung vor das oberste Gericht gebracht werden. Und ebenso steht es mit den Civil= prozessen, nur daß hier die Gensdarmerie keine Kompetenz hat und die ganze königliche Jurisdiktion im Hof zu Colmar vereinigt ist.

Tiefer hinab erstreckt sich jedoch die unmittelbare Rechtspflege des Königs, von wenigen Einzelfällen abgesehen, nicht; sie stellt bloß die Spitze der elsässischen Gerichtsorganisation dar, der breite Unterbau der= selben ist anderer Natur. Wenn auch nicht neben, so doch unter der königlichen Instiz treffen wir ausschließlich die private Rechtsprechung, welche unseren Seigneurs geblieben ist; mit der Schilderung derselben wird sich die nähere Bezeichnung der Kompetenzgrenzen zweckmäßig verbinden lassen. Das Wesentliche an dieser Teilung der Juris= diktion ist, daß zwar nicht alle Rechtsprechung unmittelbar vom König ausgeht, aber jedenfalls keine in der Provinz über oder neben der seinigen steht. Es giebt niemanden in ganz Elsaß, der nicht in letzter Instanz vor dem Conseil souverain Recht zu nehmen hätte, keinem fremden Richter steht die Entscheidung einer elsässischen Rechts= sache zu. [1] Dadurch ist jede Wirksamkeit der rechtsrheinischen Ober= gerichte unserer Reichsstände im Elsaß ausgeschlossen, das Band des Zusammenhanges der Gerichtsverfassung zerschnitten; ihre elsässischen Besitzungen bilden ein völlig von ihren übrigen Herrschaften getrenntes Rechtsgebiet. Sowohl für die Streitigkeiten ihrer Unterthanen, wie in ihren eigenen Prozessen, also als Gerichtsherr nicht weniger, wie als Partei, müssen sie in letzter Instanz das Urteil des Hohen Rates von Colmar respektieren, auch sie sind dem König, soweit es sich um Rechte handelt, gerichtsfässig. Ihre Beamten fahren, wie der mit der obersten Verwaltung der Grafschaft Dagsburg betraute Leiningen= sche Geheimrat Rühl, so oft die Entscheidung eines herrschaftlichen Prozesses bevorsteht, nach Colmar, um dort die „üblichen Sollicitations= visiten" bei Präsident und Räten in tiefer Ehrfurcht abzustatten, wenn sie auch im Innern noch so verächtlich von diesen „Schächern" dachten. [2]

Ebenso wie die Jurisdiktion teilt der König auch das Recht der Besteuerung in gewissem Sinn mit den mediatisierten Herren. Während

---

[1] Urteil des Hohen Rats für Beinheim vom Jahr 1730, Akten G L A K. Baden. Gen. Ausland. Beinhelm. 603.
[2] Akten B A U E, E 4413.

er nämlich keine indirekten Abgaben bezieht, sondern diese in weitem Umfang unseren Ständen verbleiben, nimmt der Souverän für sich die Zölle und ganz besonders die direkten Steuern in Anspruch.

Schon unmittelbar nach der Ausdehnung der französischen Herrschaft über die ganze Landschaft, noch vor der Wegnahme von Straßburg, hob ein Staatsratsbeschluß vom 3. Oktober 1680 alle privaten Zollstätten im Elsaß auf; wir werden späterhin noch sehen, welche Entschädigung dafür mehreren Ständen zuteil wurde. An ihre Stelle traten jedoch nicht etwa königliche Zollämter, sondern die Landschaft erhielt vielmehr die Ausnahmestellung einer province effectivement étrangère. Infolge dessen war die Provinz der Geltung der «cinq grosses fermes» entzogen und lag überhaupt außerhalb der französischen Zolllinie, welche nicht der politischen Landesgrenze, dem Rhein, sondern den Vogesen entlang lief; das Elsaß war zwar ein Teil des französischen Staates, aber nicht seines Zollgebietes: während sein Export nach Frankreich und der Import aus dem Königreich in die Provinz der Verzollung unterworfen war, blieb der Verkehr mit dem Reich nach beiden Richtungen frei. [1] Man wird schwerlich irren, wenn man diese Maßregel der französischen Regierung der Einsicht in die Unmöglichkeit zuschreibt, der politischen Losreißung des Elsaß von Deutschland auch die wirtschaftliche folgen zu lassen; der Zusammenhang blieb denn auch in der That gerade auf diesem Gebiet ein überaus inniger, und die Beseitigung des alten Zustandes durch die Revolution, die Vorschiebung der Zollgrenze bis an den Rhein, wurde im Elsaß, wo man sich mit Vergnügen vor der Konkurrenz der übermächtigen Pariser Industrie so wirksam geschützt gewußt hatte, allgemein als ein Unheil für das ganze Land und eine der größten Härten des neuen Systems betrachtet. [2]

---

[1] Reuss, l'Alsace I, 658 ff; die Definition des Begriffs der „provinces réputées étrangères" findet sich in der „ordonnance sur le fait des 5 grosses fermes", vom Februar 1687, Isambert, recueil XX, 25 ff, Art. 3, 4; vgl. Clamagéran, histoire de l'impôt en France II, 645; Block, dictionnaire de l'administration française, v. douane, S. 808, Nr. 6.

[2] Dieser Gedanke kehrt in den Flugschriften aus der Revolutionszeit sehr häufig wieder und bildet eines der eindrucksvollsten Argumente der Konservativen; vgl. auch Pfister, l'Alsace sous la domination française, 16.

Die direkten königlichen Steuern [1]) bieten zunächst hinsichtlich des geographischen Bereiches ihrer Geltung eine auffallende Eigentümlichkeit dar. Während die höchste Jurisdiktion durch die Krone Frankreich ohne irgend welche Ausnahme von der Queich bis Belfort ausgeübt wird, macht die Finanzhoheit des Königs an der alten Nordgrenze Halt. Die bestrittenen Ämter, d. h. also ein Teil der Besitzungen von Pfalz, Zweibrücken und diejenigen von Speyer, sowie das badische Ämtchen Beinheim kennen keine dem Souverän entrichteten Abgaben. [2]) Diese Beschränkung war offenbar eine Wirkung der weniger sicheren Begründung der französischen Herrschaft in diesem Landstrich; der König begnügte sich hier mit dem für ihn absolut Unentbehrlichen, mit der Anerkennung der Autorität des Conseil souverain, und verzichtete darauf, durch Steueranforderungen, deren Ergebnis für ihn doch nicht ins Gewicht fiel, die hier bestehenden Gewalten zum Äußersten zu treiben.

Im übrigen Elsaß aber stoßen wir überall auf die königlichen Steuern, welche dieselben oder ähnliche Formen zeigen, wie in den alten Teilen des Reiches.

Sie zerfallen in drei große Gruppen: die Geldsteuer (subvention), welche ungefähr der Taille entspricht, und deren Anhang samt den sog. Pferdefuttergeldern (fourrages), die Kopfsteuer mit ihren Zuschlägen, und die beiden Zwanzigsten; für letztere hat die Provinz als ganzes, ferner die Stadt Straßburg, die ober- und unterelsässische Geistlichkeit, sowie der Klerus von Speyer und das Stift St. Urbanne Zahlungsvergleiche (abonnement). Geldsteuer, Zwanzigsten und der größte Teil der Kopfsteuer fließen in die königliche Kasse, die fourrages

---

[1]) Die beste Darstellung des königlichen Steuersystems im Elsaß bietet der von Schwendt der elsässischen Provinzialversammlung 1787 erstattete ausführliche Bericht, Geschichte und Abhandlungen oder Protokoll der elsässischen Provinzialversammlung i. J. 1787, S. 24—77. Derselbe ist für alle Einzelheiten der folgenden Darstellung mit zu vergleichen. Vgl. auch Kiefer, Steuern, 73 ff, Rechnung von 1785 für Hanau-Lichtenberg.

[2]) Loyson, Rev. d'Alsace N. S. I, 157; Akten G L A K. Baden. Gen. Auslanb. Beinheim 612; 605. Vgl. ferner MS. Nr. 38 St. B. Str. Ob es in Dagsburg königliche Steuern gab, habe ich nicht bestimmt feststellen können; da aber kein Grund zur Annahme des Gegenteils vorliegt und der Fürst von Leiningen sogar selbst mit der Gesamtheit seiner Einkünfte steuerpflichtig war (Akten B A U E. E. 4413, Erklärung des Hofrats Greuhm an den Intendanten), so möchte ich für Dagsburg keine Steuerfreiheit vermuten.

und die verschiedenen Zusätze · dienen dagegen bestimmten Zwecken der
Provinzialwirtschaft, welcher außerdem noch die bisweilen zur Capitation
gerechneten sog. „allgemeinen Hauptunkosten" im allgemeinen zur Ver=
fügung stehen.

Zu diesen Provinzialsteuern treten ferner noch königliche Abgaben
lokaler Natur, die „besonderen Gemeinkosten" (frais communs particuliers).[1] Dieselben werden in den einzelnen Departements zur
Bestreitung der hier vorkommenden Ausgaben erhoben und bilden
keine allgemeine Masse. Aus diesen Fonds erhalten eine Anzahl
königlicher Beamten, wie der Landphysicus oder Brücken= und Weg=
inspektoren ihr Gehalt; man bezahlt daraus die berittenen Boten,
einen Teil der Kosten der Steuererhebung, die Uniformen der An=
gestellten, den Kanzleibedarf, lokale Brücken= und Wegebauten; aus
ihnen werden Vergütungen aller Art, Ersatz für Verluste auf der
königlichen Fron u. dgl. gewährt oder den übergetretenen Protestanten
ihre Steuer zurückersetzt.[2]

Wie unsere Stände und Ritter für ihre Person zu diesen Ab=
gaben gestellt sind, wird uns noch weiterhin beschäftigen; hier muß
nur hervorgehoben werden, daß die königliche Besteuerung ihre Unter=
thanen ausnahmslos trifft, soweit sie nicht nach französischem Recht
zu den Privilegierten zählen, und ferner, daß sie dieselben direkt, ohne
Mitwirkung der herrschaftlichen Beamten erfaßt.

Die Veranlagung aller Steuern erfolgt allein durch den Inten=
danten. Ihm senden die Departements alljährlich genaue Verzeich=
nisse der Besitzungen und der Pflichtigen ein; an der Hand derselben
wird der Anteil jeder Gemeinde nach Prozenten der auf das Departe=
ment überhaupt ausgeschlagenen, bei gleicher Gesamthöhe der Steuer
stets unveränderlichen Quote zunächst für die Subvention bestimmt,
welche ihrerseits allen übrigen Abgaben als Maßstab dient. Hierauf
werden die Steuerrollen durch die Baillis de Departement den einzelnen
Gemeinden zugestellt. Dort erfolgt die Subrepartition durch die ge=
wöhnlichen Vorgesetzten und besondere Steuerräte, worauf endlich der

---

[1] Vgl. für Hanau-Lichtenberg, welches für sich ein Departement bildete,
Akten B A U E. C. 254; Rechnung für 1788, Kiefer, Steuern, 76 ff.
[2] Akten B A U E, C. 254, 1768, an „J. G. Barthel de Menehoffen pour
avoir embrassé la Réligion A. C. et romaine".

Bailli de Departement das von diesen aufgestellte Steuerregister für vollziehbar erklärt. [1]) Ein von der Gemeinde erwählter Einnehmer zieht die Abgaben in Quartalterminen ein und legt darüber wieder dem Bailli de Departement Rechnung, [2]) welcher seinerseits die ein= laufenden Summen an die Provinzialkassen abführt. Alle aus der Besteuerung entspringenden Rechtsstreitigkeiten entscheidet der Intendant allein; er übt auch die Strafgewalt über die Einnehmer und ahndet deren Veruntreuungen. [3])

Das vierte Souveränitätsrecht, welches dem König im Gegensatz zum Steuerwesen wieder im vollen Umfang und ganz unbedingt zu= steht, jedoch die bestrittenen Ämter ebenfalls unberührt läßt, ist die Militärhoheit. [4]) Nicht nur, daß es keine anderen als königliche Truppen in der Provinz giebt; auch die Wehrkraft der Landschaft selbst steht dem Souverain allein zur Verfügung. Das französische Heer wird zwar so gut, wie die Armeen der übrigen Staaten prinzipiell durch Werbung ergänzt, aber völlig fremd ist der Wehrverfassung Frankreichs seit Louvois der Begriff der Aushebung bekanntlich nicht. Unter dem Namen von Milizen werden in den verschiedenen Provinzen auf diese Weise selbständige Truppenkörper formiert, die auch bei kriegerischen Operationen wirklich Verwendung fanden. Für das Elsaß war diese Last übrigens außerordentlich gering, indem die Provinz nur zwei Bataillone zu insgesamt 1440 Mann aufbrachte. Die Einzelheiten dieser Einrichtung können wir hier übergehen. Wesentlich aber ist, daß der Intendant den ganzen Etat feststellt, jedem Dorf direkt seine Mannschaftszahl zuweist und schließlich die Ziehung — denn in dieser Form erfolgte die Aushebung — unter Leitung des Amtmanns vornehmen läßt. [5])

---

[1]) Eine etwas abweichende Einrichtung, welche eine Konzession an die terri= toriale Selbständigkeit einschließt, bestand in Hanau=Lichtenberg. Dort sandte der Intendant sein Mandement der Rentkammer, d. h. der landgräflichen Behörde, im Ganzen für die gesamte Grafschaft zu, und diese nahm die Subrepartition vor. Akten B A U E. C. 753, Schreiben der Zwischenkommission an Necker.

[2]) Arrêt du conseil d'état 1768, Oktober 24, R O A II, 768.

[3]) Eine Ordonnanz des Intendanten de Lucé vom 10. August 1754 verur= teilt den Prevot des ritterschaftlichen Dorfes Mittelbergheim wegen Unterschlagung von Zwanzigsten zu 200 l. Strafe und den Kosten. R O A II, 441.

[4]) Reuss, l'Alsace I, 357; Krug=Basse 148 ff. Ms. Nr. 98 St. B. Str.

[5]) Akten B A U E, E 1758.

Unter den Zweigen der Verwaltung im engeren Sinn hat der König wenigstens zwei der wichtigsten vollständig an sich genommen. Es unterliegen der Direktion des Intendanten alle öffentlichen Arbeiten, besonders Wege und Brückenbauten. Sie werden durch Fronen der Unterthanen ausgeführt, die bekannte corvée royale, welche den süddeutschen Landesfronen entsprechen. [1]) Das Aufgebot zu diesen Geschäften, wie zu außerordentlichen Leistungen im Krieg geht vom Intendanten nach Ämtern bemessen direkt an die Amtleute; diese vollziehen alsdann die Subrepartition auf die einzelnen Dörfer ihres Bezirkes und erlassen die nötigen Strafandrohungen für die Säumigen und andere nähere Anweisungen. [2])

Ebenso führt ferner der Intendant die Oberaufsicht über alle Gemeinden. An ihn wendet sich Rat oder Gericht, wenn das Rat= haus umgebaut, der Kirchhof vergrößert, Holz im Gemeindewald ge= schlagen, ein Stück Gemeindeland vertauscht oder verkauft werden soll, von ihm geht die Anordnung zur Vornahme öffentlicher Arbeiten, wie die Herstellung von Brunnen und Straßen aus. Monseigneur legt der Einnehmer auf Verlangen die Rechnung über die Verwaltung des Gemeindevermögens und die Einnahmen und Ausgaben zur Kontrolle vor, [3]) deren regelmäßige Abhör dem herrschaftlichen Amt= mann gebührt. Er allein kann einem Ort die Erhebung von Gemeinde= umlagen und die Prozeßführung in Gemeindesachen erlauben oder den

---

[1]) Ende 1786 wurden diese Fronen bekanntlich zu Geld gesetzt, so daß also in den beiden letzten Jahren des ancien Regime an deren Stelle eine weitere direkte königliche Steuer auftritt; die Arbeiten, deren Direktion zugleich auf die Provinzialversammlung und ihren ständigen Ausschuß übergieng, wurden seitdem im Wege der öffentlichen Versteigerung an private Unternehmer vergeben. Vgl. z. B. Krug=Basse, 47; Akten G L A K. Baden. Gen. Ausland. Beinheim 614. Vgl. das Edikt vom 27. Juni 1787, Isambert 28, 374 ff, Nr. 2352. Uebrigens fand die Neuordnung im Lande mäßigen Beifall. Die Zwischenkommission der Provinz Elsaß erklärte direkt: si le peuple étoit consulté, il préféreroit la corvée en nature, précis des opérations, S. 38, und Türkheim konstatierte in der Sitzung der Provinzialversammlung vom 26. November 1787, P E P V 100 ff.: ihre Umänderung in eine Geldabgabe erregt Murren; „das Elsässische Volk, das vielleicht nicht so sehr gegen die neue Abänderung der Frohnden eingenommen ist, als es über die dadurch verursachte Geldauflage in Schrecken geriet, forderte mit lautem Geschrei die Frohnden zurück".

[2]) Krug=Basse, 41 ff; Akten B A U E, E 1758.

[3]) Akten B A U E, C. 212, 215, 252.

Bürgern in allgemeiner Versammlung zusammenzutreten gestatten;[1]) er ist es, der über der Einhaltung der gesetzlichen Gleichberechtigung beider Religionsparteien bei der Besetzung der Ortsämter wacht. Die herrschaftlichen Beamten haben bei alledem keine eigene und selbständige Mitwirkung; sie werden vom Intendanten zu Gutachten aufgefordert oder unterstützen wohl auch von vornherein die Eingaben der Unterthanen, aber die Entscheidung trifft allein der königliche Kommissar.

Zu den bereits aufgezählten Rechtssphären tritt endlich noch die Kirchenhoheit.

Der katholischen Kirche gegenüber machte sich dieselbe verhältnismäßig weniger fühlbar.[2]) Nicht einmal der Bischof von Straßburg, dessen Stuhl das ganze achtzehnte Jahrhundert hindurch mit Söhnen der Familie Rohan, also Nationalfranzosen, besetzt war, galt darum als Glied des französischen Klerus, die Geltung des französischen Konkordates blieb hier stets ausgeschlossen; noch viel weniger änderte sich natürlich die Stellung der Bischöfe von Basel und Speyer.

Wesentlich nur in einer einzigen, freilich äußerst empfindlichen Neuerung kam auch für sie wie für Straßburg die Unterordnung unter die Souveränität des Königs zu Tage: gegen jedes Urteil des bischöflichen Gerichts stand gegebenenfalls die Appellation wegen mißbräuchlicher Rechtsprechung (appel comme d'abus)[3]) an den Hohen Rat zu Colmar offen. Hieran allein mochten sie erkennen, daß das stolze französische Königtum und seine selbstbewußten Magistrate der Kirche auch als Herren gegenüber treten könnten; im gewöhnlichen Gang der Dinge sahen sie in ihnen nur ihre mächtigen Beschützer und Helfer, ihre Verbündeten gegen die Protestanten.

Ludwig XIV. hatte den Protestantismus[4]) auch im Elsaß lebhaft angefeindet, obwohl der Artikel des Westphälischen Friedens, welcher das Jahr 1624 als Norm des kirchlichen Besitzstandes aufstellte,

[1]) Ordonnanz des Intendanten vom 16. März 1768. R O A II, 796.
[2]) Krug-Basse, 151 ff.
[3]) 1749, Mai 23 wird ein Urteil des geistlichen Gerichts zu Speyer als abus aufgehoben, R O A II, 396; 1751, Juni 28 wird ein Erlaß des Bischofs von Speyer für abusive erklärt, l. c. II, 389.
[4]) Vgl. vorzüglich für das folgende Reuss, Louis XIV. et l'église protestante de Strasbourg; Pfister, Horbourg 89 ff; ders., l'Alsace sous la domination française 17; Krug-Basse 206 ff.

in dieser Landschaft ebenfalls zu Recht bestand und die protestan=
tischen Herren vor jeder Beeinträchtigung zu sichern schien. Wahrschein=
lich aus diesem Grunde war der Widerruf des Edikts von Nantes
beim Conseil souverain nicht registriert und nur später die Beobach=
tung einzelner Artikel anbefohlen worden [1]); aber ein Teil der anti=
protestantischen Gesetzgebung galt auch im Elsaß [2]), und auch hier
fehlte es nicht an offenen Gewaltthaten und widerwärtigen Chikanen,
von der lebhaften Thätigkeit der Gemahlin des Intendanten Herrn
de Chamilly, welche mit Bekehrung predigenden Jesuiten das Land
durchzog [3]), bis zum Martyrium des Straßburger Ammeisters Domi=
nikus Dietrich. Eine völlige Vernichtung der protestantischen Kirche
ist indes im Elsaß nie auch nur zeitweilig erreicht worden, es hat
hier stets organisierte Gemeinden und regelrecht angestellte Pfarrer,
niemals eine Kirche der Wüste gegeben. [4]) Die Leitung dieser Kultus=
gemeinschaft blieb ausschließlich den ehemaligen Landesherrn, die Tod=
feindschaft zwischen Bourbonen und Protestantismus kam hier der
lokalen Selbständigkeit zu Gute. Soweit indessen reicht dieselbe
nicht, daß die protestantischen Herrschaften den exklusiven Charakter
ihrer Konfession hätten behaupten können. Hier zeigt sich vielmehr
wiederum, daß der Souverän die Kirchenhoheit für sich allein in

---

[1]) Die Frage liegt jedoch nicht ganz klar. Das Edikt wurde nämlich aller=
dings beim Parlament von Metz eingetragen und zwar mit der Bestimmung, daß
es an allen Orten gelten sollte, welche am 1. Januar 1678 zum Bezirk dieses
Parlaments gehörten. Da nun bekanntlich der Conseil souverain des Elsaß von
1661 bis 1. Januar 1680 dem Parlament von Metz untergeordnet war und das
Elsaß mithin während dieser Zeit in den Sprengel desselben fiel, so bleibt es
immerhin zweifelhaft, ob nicht der Widerruf doch auch dort gültig war. Es scheint
mir nicht ausgeschlossen, daß die Regierung Ludwigs XIV. sich so eine je nach den
Umständen verwendbare Handhabe zu verschaffen suchte, um im günstigen Moment
auch den elsässischen Protestantismus mit jenem Anschein der Gesetzlichkeit ver=
nichten zu können, welcher bei dem ganzen Gewaltakt so sorgfältig gewahrt wurde.
Vgl. R O A I, Einleit. und I, 152.

[2]) R O A I, 95, 130; 105; 125; 126; 130; 149.

[3]) Reuß, l. c. 18.

[4]) Die weiteren großen Phasen der Politik der Bourbonen gegenüber der
protestantischen Kirche des Elsaß werden bezeichnet durch das Schreiben von Le
Blanc an den Marschall du Bourg vom 1. März 1727, R O A II, 13, und den
Brief Choiseuls an Kardinal Rohan vom 14. Mai 1762, R l. c. II, 620; den Ab=
schluß bildet das allgemeine Toleranzedikt vom 9. November 1787, Cherest,
chute de l'ancien régime I, 382 ff. Vgl. auch Schott, die Kirche der Wüste.

Anſpruch nimmt: niemand von der Religion des Königs darf irgendwo um dieſer Urſache willen der Aufenthalt verſagt werden, gewiſſe Kategorien herrſchaftlicher Diener müſſen ſogar Katholiken ſein. Aus Konvertiten und Einwanderern bilden ſich infolge deſſen katholiſche Gemeinden in den lutheriſchen Territorien, wir ſehen in Horburg-Reichenweier königliche Pfarrer amtieren; die Kirchen ſind häufig geteilt, ſo daß der Chor regelmäßig den Katholiken gehört. Dank der Ausübung der königlichen Kirchenhoheit faßt der Katholizimus wieder in Gegenden feſten Fuß, aus denen er ſeit den Tagen der Reformation verdrängt geweſen war.

Drittes Kapitel.

Reichsstände und Ritter am Vorabend der Revolution.

Der eben skizzierte Umfang der direkten französischen Verwaltungs-
thätigkeit bezeichnet von der anderen Seite aus betrachtet die Größe
der Verluste, welche die elsässischen Stände und Ritter betrafen und
das Bild ihrer Gesamtstellung wesentlich mitbestimmen. Während
ihre Herrschaft früher bei aller Altertümlichkeit und Unregelmäßigkeit
doch schließlich ein verständliches, von bestimmten Prinzipien bedingtes
Gepräge aufgewiesen hatte, erscheint sie nun vielfach irrationell, un-
vollständig und durchbrochen; erinnert der ältere Zustand an die
Kirchen des Landes, an denen die Jahrhunderte, jedes in seiner Weise,
gebaut haben, so sind das Symbol des jüngeren die Ruinen der
Herrensitze, welche seine Hügel krönen.

Die Rechte, welche Stände und Ritter noch zu retten vermochten,
sind nicht überall im ganzen Lande genau dieselben. Obwohl alle
Territorien eine gleichartige Entwickelung durchlebten, erfuhren doch,
gerade wie auf dem rechten Rheinufer, die verschiedensten Institutionen
innerhalb des weiten Rahmens gemeinsamer Grundlinien hier und
dort eine individuelle Ausgestaltung; in diesem Zustande erstarrten sie
dann gleichsam beim Eintritt der französischen Herrschaft, welche jeder
selbständigen Fortbildung alsbald ein Ende machte. Zu den hierdurch begründeten Abweichungen fügte die französische Regierung dann
selbst noch einen weiteren und wichtigeren Unterschied hinzu, indem
sie mehreren Ständen und der Ritterschaft besondere Befugnisse ver-
lieh, welche ihnen an sich nach der allgemeinen Anschauung des neuen
Landesherrn nicht mehr zustanden und von ihnen nur kraft ausdrücklicher Begabung, niemals aber auf dem Wege der Anologie oder des
Herkommens ausgeübt werden konnten.

Neben dieser materiellen bedarf es noch einer zweiten Distink=
tion formaler Art zwischen den mit Lettres patentes begnabeten Ge=
bieten und den fünf Herrschaften, welche keine offenen Briefe erworben
hatten.[1] Der politische Sinn dieser Urkunden hat uns schon oben
beschäftigt; hier fassen wir nur ihre Wirkung auf die Berechtigungen
unserer Herren ins Auge. Es muß nun hervorgehoben werden, daß
die Lettres patentes nur insofern die rechtliche Grundlage derselben
sind, als es sich entweder um die früher unterschiedene zweite Klasse
von an sich althergebrachten Gerechtsamen handelt, welche bloß nach
der französischen Doktrin der speziellen königlichen Verleihung bedürfen,
oder um wirklich neu bewilligte Befugnisse. Allen übrigen Rechten
gegenüber — und diese bilden weitaus die Mehrzahl — haben da=
gegen die offenen Briefe nur die Bedeutung einer authentischen Fest=
stellung und feierlichen Anerkennung des alten Besitzstandes durch den
König.[2] Dasselbe Recht kann daher ebensowohl von einem mit Lettres
patentes ausgestatteten Seigneur ausgeübt werden, wie von einem Herrn,
der keine solche Urkunde erhielt; Baden hat vielfach dieselben Be=
rechtigungen, wie der Bischof von Straßburg, zu genießen. In der
ruhigen zweiten Hälfte des achtzehnten Jahrhunderts schien barum
der Wert der offenen Briefe äußerst gering. Als der Markgraf Karl
Friedrich von Baden=Durlach im Jahr 1771 solche für sein Ämtchen
Beinheim ausbringen wollte, rieten ihm die besten Advokaten in
Colmar nur bringend davon ab; außer den beträchtlichen Kosten,
meinten sie, könnte der Markgraf auch sonst bei der alsbann unver=

---

[1] Ich erinnere baran, daß die Bischöfe von Straßburg und Speyer, der Graf
von Hanau, Württemberg, Zweibrücken, Murbach und Andlau, sowie die Ritter=
schaft offene Briefe erhalten haben, während die andere Gruppe von Ständen sich
aus Baden, Leiningen, Dagsburg, Hohenlohe, dem Deutschorden und Münster zu=
sammensetzte. Vgl. oben Kap. I.

[2] Loyson, l'Als. féod. Rev. d'Als. N. S. I. 44 ff: „Dans tout le reste de
l'Alsace [b. h. in dem nicht österreichischen Teil] les seigneurs tiennent leurs droits
non pas du roi.... mais des traités qui ont fait passer cette province sous la
domination française, et ils n'ont pas besoin d'autre preuve pour en constater
l'inviolabilité, qu'une jouissance antérieure au traité de Westphalie et aux
conventions explicatives de ce traité qui ont opéré la soumission de leur
territoire à la souveraineté du roi".

meiblichen Untersuchung seiner Rechte leicht noch Schaden erleiden, besonders da er noch einen Brückenzoll besitze. [1)]

Erst wenn die königlichen Beamten eine Gerechtsame angreifen, kommt der Unterschied zwischen dem durch Lettres patentes ge= schützten Rechtsstand und dem einfachen Besitz zur Geltung; während dieser des umständlichen Beweises seiner Berechtigung bedarf, genügt die Berufung auf jene zur Abwehr, es sei denn, daß die Anwend= barkeit der offenen Briefe selbst bestritten würde.

Alle diese Verschiedenheiten sowohl der Institutionen selbst, als ihrer rechtlichen Begründung sind indes nicht so bedeutend, daß eine einheitliche, übersichtliche Schilderung der Berechtigungen unserer elsässischen Stände und Ritter dadurch unmöglich gemacht würde; die wesentliche Gleichartigkeit behauptet vielmehr überall das Übergewicht. Naturgemäß muß sich eine solche Aufzählung, wie uns sogleich hier beschäftigen soll, auf die Verhältnisse der größeren Territorien stützen und somit vorzüglich den in den Lettres patentes zusammengefaßten Rechtszustand wiedergeben; aber, wenn man von den wenigen nur auf diese Urkunden begründeten Befugnissen absieht, so ist derselbe in der Hauptsache auch mit den Zuständen in den kleineren Gebieten ohne offene Briefe identisch. [2)]

Der allgemeine Aufbau unserer Herrschaften gleicht seinem inneren Wesen nach durchaus demjenigen der übrigen südwestdeutschen Staaten des rechten Rheinufers, mit welchem sie ja bis zum Jahre 1680 die nämlichen Entwickelungsbedingungen teilten. Er ist darum durch und durch dualistisch, wie dort im „Reich“. Neben den auf die eigent= liche Landeshoheit, wie sie sich besonders seit der Reformation schneller und vollständiger ausgebildet hatte, begründeten modernen Rechten stehen die Ausflüsse der drei großen altertümlichen Institutionen, welche in früheren Jahrhunderten die Unterthanen beherrschten, der Gerichts=, Leibes= und Grundherrschaft. Wie man weiß, sind diese letzteren keine notwendigen Bestandteile der Territorialhoheit in dem Sinne, daß der Landesherr sie sämtlich und überall selbst ausüben

---

[1)] Akten G L A K. Baden. Gen. Ausland. Beinheim. 612.

[2)] Vollständig dürfen wir im folgenden von Anblau und Münster absehen, welche kein Territorium besaßen.

müßte; sehr häufig stehen sie anderen Personen als ihm selbst zu, die Gerichts= und Leibesherrschaft landsässigen Abligen oder Stiftern, die Grundherrschaft ebenfalls diesen oder beliebigen anderen Personen. In unseren Gebieten giebt es nun keine Landsassen; die Folge ist, daß Gerichts= und Leibesherrschaft mit der Landeshoheit zusammen= fallen, während die Grundherrschaft in zahllose Hände verteilt ist.

Hieraus ergeben sich die Gesichtspunkte für die nachfolgende Übersicht.[1] Streng genommen müßten die Befugnisse unserer Herren in vier Klassen zerlegt werden; da sie aber ebensowohl Landes= wie alleinige Gerichtsherren sind, lassen sich für unsere praktischen Zwecke, welche ja nicht auf die grundsätzliche Scheidung beider Gewalten ab= zielen, die aus diesen Eigenschaften jeweils entspringenden Gerechtsame in einer einzigen Kategorie zusammenfassen. Wir gelangen somit zu einer Dreiteilung des ganzen Komplexes von Rechten, indem wir uns nacheinander mit den Ausflüssen der Landes= und Gerichts=, der Leibes= und zuletzt der Grundherrschaft beschäftigen.

Indes, unsere Herren nehmen ja eine Mittelstellung ein; sie haben nicht nur Unterthanen unter sich, sondern auch über sich die Souveränität des Königs. Die politischen Wirkungen derselben kennen wir bereits; in dem Zusammenhang, welcher uns hier interessiert, ergiebt sich daraus jedoch noch ein neuer Gesichtspunkt, ihr persön= liches Verhältnis zur Krone Frankreich. Hiermit beginnen wir unsere Darstellung.[2]

---

[1] Ich wiederhole nochmals, daß die hier versuchte Skizze lediglich den Charakter einer allgemeinen, aber möglichst systematischen Uebersicht trägt. Es ist ebensowenig ihre Absicht, ein für alle Herrschaften gleichmäßig passendes, allgemein gültiges Schema aufzustellen, welches im einzelnen überall versagen müßte, als sie die Besonderheiten jedes Gebietes für sich aufzuführen vermag, deren Erforschung vielmehr die eigentliche, bisher schon mit so viel Liebe und Erfolg angegriffene Aufgabe der Orts= und Herrschaftsgeschichte bleibt; sie will lediglich die in dem Gesamtgebiet der Reichsstände und Ritter überhaupt vorkommenden wichtigeren Berechtigungen mit besonderer Rücksicht auf ihre juristische Natur zusammenstellen.

[2] Eine systematische Uebersicht der Rechte der Fürsten und Ritter existiert noch nicht. Die beste allgemeine Aufzählung findet man bei Krug=Nasse, 235 ff; die genaueste Spezialuntersuchung für ein einzelnes Gebiet ist die Studie von Kiefer, Steuern in Hanau-Lichtenberg. Zur allgemeinen Orientierung ist die ziemlich detaillierte Aufzählung bei Reuß, Staatskanzlei 24, 319—336 nicht undienlich; auch Stupfel zählt die Berechtigungen in den considérations übersichtlich auf, ebenso Türkheim in dem mémoire de droit public.

I.

Die persönliche Rechtsstellung der Reichsfürsten und Ritter.

An einer früheren Stelle unserer Darlegungen war bereits von dem Unterschied zwischen den Reichsfürsten im engeren Sinn und den im Elsaß residierenden Ständen, sowie den in dieser Beziehung mit letzteren meist in gleicher Lage befindlichen Reichsrittern die Rede. Derselbe gewinnt jetzt für uns eine außerordentliche Bedeutung, da die persönliche Rechtsstellung beider Kategorien dem König gegenüber eine ganz verschiedene ist: derselbe betrachtet nämlich die in der Provinz ansässigen Herren als seine Unterthanen, die übrigen aber nicht.

Die Folge ist, daß er über die Person der Mehrzahl der Fürsten keine Jurisdiktion in Anspruch nimmt, wie sie ja auch thatsächlich seinem Wirkungsbereich entzogen sind.

Er übt aber auch gegenüber ihrem Eigentum, welches doch in seiner Machtsphäre liegt, die nämliche Zurückhaltung. Wenigstens Hanau-Lichtenberg und Zweibrücken für seine unterelsässischen Herrschaften ist die Befreiung der fürstlichen Residenz — nicht nur des Schlosses, sondern der ganzen Stadt — von militärischer Einquartierung ausdrücklich verbrieft.[1]

Vor allem aber genießen die nicht im Elsaß residierenden Reichs-fürsten, welche Lettres patentes erhalten haben, um es mit einem Wort zu sagen, die unbedingte Steuerfreiheit. Sie sind von allen Personal- und Realsteuern, ebenso ihre Güter, welche sie selbst be-wirtschaften, von allen Auflagen grundsätzlich ausgenommen, einzig den Fall höchster Not des Staates und einer allgemeinen Besteuerung des Adels vorbehalten.[2] Die Exemption dieses Teiles unserer Herren von der Einwirkung der französischen Staatsgewalt ist daher für ihre Person eine ganz unbedingte; es ist kein bevorrechteter Platz inner-

---

[1] Lett. pat. für Hanau-Lichtenberg 1701, Art. XVI; für Zweibrücken 1780, Art. XXV: Bischweiler, Minfeld und Kandel.

[2] Lett. pat. für Hanau-Lichtenberg 1701, Art. XXI; für Speyer 1756, Art. XII; für Württemberg 1768, Art. VII; für die Ritterschaft 1779, Art. XXXIV, XL; für Zweibrücken-Lützelstein-Bischweiler 1780, Art. XXVII, XXXII; für Zwei-brücken-Rappoltstein 1780, Art. XVI. Ich verweise hier wieder auf den bereits oben zitierten Bericht von Schwendt.

halb des französischen Staates mehr, welchen sie innehaben, sondern
sie stehen für ihre Person und ihr unmittelbares Eigentum vollständig
außerhalb desselben, wenn auch ihre Territorien seine politische Oberhoheit anerkennen müssen.

Verschieden ist die Stellung der Herren, welche keine offenen
Briefe empfingen. Die Lage von Hohenlohe blieb mir unbekannt.
Der Markgraf von Baden bezahlte keine königlichen Steuern,[1]) vielleicht,
weil Beinheim zu den bestrittenen Ämtern gehörte, wo die Finanzhoheit des Königs überhaupt nicht ausgeübt wurde; aber wenn es dem
Intendanten gefiel, ihn zu veranlagen, so war er ganz hilflos und
allein auf diplomatische Verhandlungen am Hofe angewiesen. Dagegen
war der Fürst von Leiningen als Graf von Dagsburg mit der Gesamtheit seiner dortigen Einkünfte steuerpflichtig;[2]) obwohl außerhalb des
Königreichs residierend, war er doch in diesem wichtigen Punkte der
zweiten Kategorie unserer Herren gleich gestellt, einer der wenigen Fälle,
wo der Mangel offener Briefe unmittelbaren Schaden brachte.

Dagegen finden wir in den im Elsaß residierenden Ständen,
also dem Bischof von Straßburg, den Stiftern Murbach, Münster
und Andlau, sowie der unterelsässischen Ritterschaft echte und wirkliche Privilegierte im Sinne des französischen Staatsrechtes, Personen
zwar von bevorzugter Stellung im Staat, seiner Herrschaft jedoch
unbedingt unterworfen. Ihnen gegenüber macht darum der König
seine Gerichtshoheit auch über ihre Person selbst geltend. Der Bischof
von Straßburg, Kardinal Rohan, hat sich im Halsbandprozeß ohne
Widerspruch der Jurisdiktion Ludwigs XVI. gefügt. Die Ritter haben
ihren Gerichtsstand, wie andere französische Adelige, vor dem Conseil
souverain angewiesen erhalten, und ebenso sehen wir diese Herren
hinsichtlich der Abgaben ihren Standesgenossen im Innern des Königreichs durchaus gleichgestellt. Im Gegensatz zu der Steuerfreiheit der
Reichsfürsten im engeren Sinn ist ihre Steuerpflichtigkeit zweifellos.
Der Bischof und die Stifter genügen ihr mit der gesamten elsässischen
Geistlichkeit in der Form des Don gratuit.[3]) Die Ritter aber ent-

---

[1]) Akten G L A K. Baden. Gen. Ausland. Beinheim. 605.
[2]) Vgl. oben S. 37, Anm. 2.
[3]) Dies war allerdings bestritten. Zweifellos ist aber ihre Steuerpflichtigkeit
an sich, mögen sie ihr nun in jener Form oder nach direkter Veranlagung durch
den Intendanten genügt haben.

richten neben anderen kleineren Abgaben besonders Zwanzigste und Kopfsteuer.

Für beide werden besondere Steuerrollen der Exempten geführt, die Versteuerung erfolgt in foro domicilii; der Ritter bezahlt daher an Vingtième und Capitation der Gemeinde, wo seine Güter liegen, nicht für sich mit, sondern nur für seine Dienstleute oder Pächter.[1]

Übrigens ist selbst die Befreiung der Ritterschaft von der Subvention keine ganz unbedingte. Sie gilt nämlich nur für die Güter, welche in der 1651 zuerst aufgestellten, 1722 erneuerten Matrikel enthalten sind, und nur für den Fall, daß der Ritter sie selbst baut oder wenigstens nicht zu Geldpacht austhut; in letzterem Fall wird der Bestänter nach der portion colonique, d. h. der Hälfte des wirklichen Steuerfußes, veranlagt.[2]

II.

Landes- und gerichtsherrliche Rechte der Fürsten und Ritter.

1. Ehrenrechte.

Als ehemalige Landesherren haben die elsässischen Seigneurs mindestens teilweise auf bestimmte auszeichnende Anerkennungen ihrer hervorragenden Stellung durch ihre Unterthanen Anspruch. Es scheint nicht, daß die französische Regierung diesen Überresten alter Landeshoheit besondere Aufmerksamkeit schenkte. Bloß die offenen Briefe für den Bischof von Speyer sprechen von der Landeshuldigung der Unterthanen und der damit verbundenen Abgabe, den Huldigungsgeldern.[3] Die Regelung der Angelegenheit ist ein hübsches Beispiel für die allgemeine Tendenz der französischen Gesetzgebung im Elsaß, in untergeordneten Dingen die Form, das alte Recht der Fürsten, zu bewahren und dabei doch der Sache, der königlichen Souveränität, völlig zu genügen. Eid und Abgabe bestehen weiter, aber eine neu eingeschaltete Klausel wahrt in jenem die Pflichten gegen den König und die Er-

---

[1] Akten B A U E. C. 328; 136.
[2] So Schwendt und die Ordonnanz vom 19. Mai 1722, R O A I, 566; dagegen ⅓ in der Ordonnanz vom 12. November 1721, R O A I, 562.
[3] Lett. pat. für Speyer 1756, Art. X.

höhung dieser über den einmal geltenden Satz ist untersagt; damit ist erreicht, was für den König reellen Wert hat, die unbedingte An= erkennung seiner Oberhoheit und die Schonung der Leistungsfähigkeit der Unterthanen. Zweifelsohne hat eine derartige Erbhuldigung auch in den übrigen Territorien stattgefunden, wie sie sich denn in Bein= heim uub Hanau=Lichtenberg ¹) ohne Mühe nachweisen läßt; daß der König hier nicht weiter auf diesen Vorgang achtete, lag wohl nur daran, daß die Huldigung nicht zugleich mit einer Abgabe verbunden war. Von anderen Ehrenrechten erfahren wir ausdrücklich zwar nichts; es unterliegt aber bei der alten landesfürstlichen Stellung dieser Herren kaum einem Zweifel, daß solche existierten — man wird an Erwähnung im Kirchengebet, bevorzugten Platz und Begräbnis in der Kirche u. dgl. denken —, und die französische Verwaltung wird sich nach ihrer vorwaltenden Tendenz kaum feindlich zu diesen für sie harmlosen, ihren Inhabern aber dafür meist um so fester ans Herz gewachsenen Vorrechten gestellt haben.

2. Justizhoheit.

Die Stände und Ritter, deren Verhältnisse wir eben zu schildern unternehmen, sind ausnahmslos im Besitz der hohen, mittleren und niederen Jurisdiktion; die Ausübung derselben aber ist ebenso, wie die Anstellung der richterlichen Beamten, durch königliche Verord= nungen mehrfach eingeschränkt.

Vor allem darf der Seigneur niemals in eigener Person richten, sondern muß die Rechtsprechung einem besonderen Beamten übertragen, der seinerseits neben anderen Eigenschaften, die wir noch kennen lernen werden, besonders einen Grad in den Rechten besitzen muß.²)

Diese beiden, bald nach der Begründung der französischen Herr= schaft erlassenen Bestimmungen bedeuteten eine Revolution der elsässischen Gerichtsverfassung; denn vorher übten die Dorfgerichte eine wirkliche Jurisdiktion aus und der Amtmann oder auch der Herr in Person

---

¹) Für Baden, Akten G L A K. Baden. Gen. Ausland. Beinheim. Für Hanau Ludwig, H. (v. Jan) die letzte Huldigung des Hanauer Ländels.

²) Arrêts du conseil d'état vom 17. Oktober 1686, R O A 1, 163; bestätigt durch Urteil des Conseil souverain gegen den Maire von Salles, 1703, Aug. 23, l. c. 1, 345. Vgl. Reuss, l'Alsace I, 329.

fällte die Sentenz in zweiter Instanz. [1]) Seit jener Ordonnanz hin=
gegen wurde das Gericht erster Instanz im Elsaß überall vom Bailli
gehalten.

Nicht weniger wichtig war eine andere Verfügung, welche die
Verbindung der Funktionen des herrschaftlichen Amtmannes mit denen
des Einnehmers untersagte. Dies bedeutete keineswegs die Trennung
von Justiz und Verwaltung in unserem Sinn, da der Einnehmer
lediglich Finanzbeamter ist. Der Zweck der Anordnung war viel=
mehr, die Unparteilichkeit der herrschaftlichen Justiz den Unterthanen
gegenüber auch in den Fällen zu sichern, in welchen ein eigenes
Interesse des Seigneurs in Frage kam. [2])

Zur richtigen Besetzung eines Gerichtes gehörten außer dem
Richter noch der Gerichtsschreiber (greffier) und der herrschaftliche
Anwalt (procureur fiscal), sowie die nötigen Gerichtsdiener und
Gerichtsvollzieher; ein Schwarm von Winkeladvokaten schließt sich an. [3])

Die Kompetenz [4]) der so organisierten Behörde erstreckte sich
gleichmäßig auf Civil= und Kriminalsachen, fast jeder Bailli war in der
Lage, auf Tod erkennen zu können. Allerdings ließ gerade die Straf=
rechtspflege wenigstens in früherer Zeit viel zu wünschen, da die
Seigneurs und Amtleute arme Delinquenten lieber ungestraft laufen
ließen, als daß sie mit den Kosten ihres Prozesses die herrschaftliche
Kasse beschwerten. So sehr überwog die Auffassung der Justizhoheit
als nutzbares Recht die Erinnerung an die öffentlichen Pflichten,
welche sie auferlegte! Es unterlagen ferner dem Richterspruch des
Amtmanns ebensowohl die Streitigkeiten der Unterthanen unter sich,

---

[1]) Für das Oberelsaß Denkschrift Colberts, Ms. Nr. 408, S. 56a ff. Vgl.
Esser, Dagsburg II, 24; Reuss, l'Alsace I, 285 ff, 305 ff.

[2]) Urteil des Hohen Rats vom 18. Juni 1756, Erklärung des avocat du roi
Favier, R O A I, 56; vgl. l. c. n. 1, Entscheidung vom 24. Januar 1697, wonach
ein Amtmann nicht zugleich in derselben Seigneurie Einnehmer sein kann.

[3]) Ueber diese Zustände vgl. die Schilderung Rühls von den Dagsburger
Verhältnissen, Akten B A U E, E. 4413.

[4]) Lett. pat. für Hanau=Lichtenberg 1701, Art. I; der Amtmann verhängt
endgültig für kleine Frevel Bußen bis zu 50 livres; für Württemberg 1768, Art. I:
ebenso; für die Ritterschaft 1779, Art. X: die Berufung in Strafsachen geht nur
bei Geldstrafen unter 500, resp. 1000 l. an das Direktorium, sonst immer direkt an
den conseil souverain; für Zweibrücken=Rappoltstein 1780, Art XI; für Murbach
1780, Art. I. Vgl. [Stupfel], considérations 137 ff.

wie mit der Herrschaft; das Gericht des Seigneurs verurteilte den säumigen Fröner oder Zinser und der herrschaftliche Gerichtsvollzieher schritt darauf gegen ihn zur Exekution. [1]) Endgültig war freilich die Sentenz des Amtmanns fast nie. In jedem wichtigeren Fall stand der Regel nach überhaupt den Parteien oder dem Angeklagten die Berufung an den königlichen Hohen Rat zu Colmar offen. Handelte es sich aber um Streitigkeiten zwischen Herrschaft und Unterthanen, so trug die französische Rechtsprechung noch besonders Sorge für die letzteren zur Wahrung ihrer Rechtssicherheit; sie brachte den Satz zur Anerkennung, daß das herrschaftliche Gericht in allen Fällen, wo das Recht des Seigneurs an sich bestritten wurde, von selbst außer Wirksamkeit trat und die Sache ohne weiteres an den Hohen Rat erwuchs. [2])

Von dem eben geschilderten Gerichtszug, der nur zwei Instanzen kannte, machten jedoch das Bistum Straßburg, die Grafschaft Hanau-Lichtenberg und die unterelsässische Ritterschaft als Korporation dauernd, vorübergehend auch das Bistum Speyer eine Ausnahme; [3]) ihnen hat der König das im Elsaß kurze Zeit gänzlich suspendierte und unter Beweis gestellte [4]) Recht, in zweiter Instanz zu richten, gewährt. Der Fürstbischof übt dasselbe durch seine Regence in Zabern, der Landgraf durch die Regierung zu Buchsweiler, für die Ritterschaft steht es deren Direktorium in Straßburg zu.

Ohne Zweifel ist diese Berechtigung auf den ersten Anblick eine

---

[1]) Lett. pat. für Straßburg 1682, Art. XV; 1723, Art. XVII; für Württemberg 1768, Art. III; für die Ritterschaft 1779, Art. XXXI; für Zweibrücken-Lützelstein-Bischweiler 1780, Art. XXXI; für Zweibrücken-Rappoltstein 1780, Art. XV.

[2]) Arrêt du conseil souverain 1754, Febr. 18 gegen die Regierung zu Buchsweiler, R O A II, 437.

[3]) Lett. pat. für Hanau-Lichtenberg 1707, ohne bestimmte Abgrenzung der Kompetenz; für Straßburg, 1682, Art. I: definitive Urteile bis zum Wert von 500 l., provisorische bis 1000 l; ebenso 1723, Art. I; für Speyer 1756, Art. IV: Kompetenz wie bei Straßburg; für die Ritterschaft 1680, 1631: Kompetenz jeweils nur halb so weit wie die der bischöflichen régence; 1779, Art. III: erhält jetzt dieselbe Kompetenz wie die régence in Zabern; für Zweibrücken 1780, Art. II, III. Vgl. für die Zusammensetzung der Regence von Zabern und deren Kompetenz in älterer und neuerer Zeit noch besonders D. Fischer, le conseil de la régence de l'évêché de Strasbourg.

[4]) Arrêt du conseil provincial in Breisach, 1675, Sept. 6, R O A I, 49 und Arrêt du conseil d'état 1678, Januar 28, l. c. I, 53. Vgl. Reuss, l'Alsace I, 327.

der ansehnlichsten, welche die Reichsstände noch besaßen. Eben darum
und aus Eifersucht, weil sie eine Einschränkung seiner eigenen Recht=
sprechung enthielt, wachte der Conseil souverain eifrig über der Be=
obachtung des Grundsatzes, daß sie stets einer ausdrücklichen königlichen
Verleihung bedürfe und nicht durch unvordenklichen Besitz begründet
werden könne, welch letzterer mindestens durch die Reunionen erloschen
sei. So verlor die Abtei Murbach durch seinen Richterspruch ihr Hof=
gericht, wo bisher der Dekan mit einem anderen Mönch, dem Vize=
kanzler und drei Amtleuten in zweiter Instanz Recht gesprochen hatten;
schon wegen der ungenügenden Qualifikation der Richter hielt der
Generalanwalt Le Laboureur die Kaffation für erforderlich.[1] In
ähnlicher Gefahr befand sich gleichzeitig der Graf von Hanau, aus
welcher er sich nur durch Auswirkung offener Briefe rettete.[2]

Später allerdings änderte sich die Auffassung sowohl der großen
Herren als mindestens des französischen Hofes.[3] Hier begünstigte
man nach 1750 die Errichtung solcher seigneurialen Mittelgerichte
aus Gründen der Sparsamkeit. Andrerseits fanden die Herren an
ihnen mancherlei Nachteile heraus. Die speyerischen Räte trugen dem
Bischof August vor, daß die 1766 in Lauterburg von seinem Vor=
gänger, dem Kardinal von Hutten, eingesetzte Regierung die damals
erhofften Erfolge nicht gebracht habe. Sie hätte weder die Jurisdik=
tion des Hohen Rats noch die Befugnisse des Intendanten einzu=
schränken vermocht; ebensowenig könne sie die herrschaftlichen Gerecht=
same schützen, weil sie, wie wir schon wissen, sogleich schweigen müsse,
sobald deren Rechtstitel selbst angefochten werde. Dagegen nähre sie
die Prozeßsucht in hohem Grade und führe dadurch, daß der schlechte
Schuldner fast immer die Möglichkeit einer zweiten Appellation nach
Colmar habe, geradewegs zur Rechtsunsicherheit; so verderbe diese
Institution Charakter und Wohlstand des Unterthans, ohne dem
Herrn etwas zu nützen, dem sie im Gegenteil nur finanzielle Opfer
auferlege, weil die vom König bewilligten Justizgelder die Besoldung
der Beamten nur zur Hälfte deckten. Bischof August fand diese Er=
wägungen so bedeutend, daß er jene Regierung nach nur fünfjährigem

---

[1] Arrêt du conseil souverain, 1703, November 27, R O A I, 349.
[2] Lettres patentes für Hanau 1707, November, R O A I, 372.
[3] Vgl. für das folgende Akten G L A K. Bruchsal. Gen. 1662.

Bestand schon 1771 wieder aufhob; ähnliche Gründe bestimmten wohl auch den Herzog be la Meillerane, als er die ihm etwa zu derselben Zeit vom Hof angesonnene Errichtung einer solchen Behörde für das Herzogtum Mazarin einfach ablehnte. Auch der Herzog von Pfalz-Zweibrücken machte von dem ihm zugestandenen Recht, in Bisch-weiler eine Regierung einzusetzen, keinen Gebrauch. Übrigens kam auch bei dem Verzicht auf dieses Recht wieder zu Tage, wie aus-schließlich man sich seinen Ursprung vom König allein herzuleiten ge-wöhnt hatte. Obwohl die speyerischen Räte ihre Stellen in keiner Weise erkauft hatten, und ungeachtet die offenen Briefe von 1756, wie der Bischof selbst hervorhob, nur das Recht, nicht die Pflicht zur Konstituierung einer Regierung aussprachen, hielt August doch zur Vermeidung aller Widerwärtigkeiten die kostspielige Nachsuchung neuer Lettres patentes für zweckmäßig, durch welche der Souverän selbst die Auflösung des Gerichts ausdrücklich erlaubte. [1]

Wie nun diese Gerichtshöfe zweiter Instanz allein der Erlaubnis des Königs ihr Dasein verdanken, so unterliegen sie auch nach Zu-sammensetzung und Kompetenz seinen Verordnungen. Wir werden die erforderlichen persönlichen Eigenschaften der ihnen angehörigen Richter noch erfahren; außerdem aber ist auch die Zahl der Kollegialmitglieder bestimmt vorgeschrieben. [2]

Hinsichtlich der Kompetenz ist in Civilsachen zwischen definitiven Urteilen und Provisionen zu unterscheiden; für beide sind Maximal-werte festgesetzt. Ein Teil der bürgerlichen Rechtsstreitigkeiten dieser Gebiete wird daher in letzter Instanz von diesem herrschaftlichen Ge-richt entschieden; der Rest dagegen gelangt in Colmar zur endgültigen Aburteilung.

In peinlichen Fällen haben die fürstlichen Gerichte zweiter Instanz als solche keine Kompetenz. Jedoch übertragen ihnen die Fürsten nach westdeutscher Sitte in schweren Fällen an Stelle der Amtleute, welche nur die Untersuchung führen, das Endurteil; aber sie fungieren dann eben nicht in der Berufungsinstanz, sondern als

---

[1] Vgl. noch Reuß, Staatskanzley 25, 204 ff.
[2] Arrêts notables 248, Urteil von 1703, Dezember 20; R O A II, 277: die Regence zu Zabern darf mit einer Besetzung von fünf Richtern in letzter Instanz richten.

Unterrichter, die Kriminaljustiz kennt auch in diesen Gebieten bloß zwei Instanzen. Die Berufung an den Conseil souverain kann fast in jedem Fall eingelegt werden, nur für sehr niedrige Geldstrafen ist sie ausgeschlossen.[1]

Aber die königliche Gewalt bestimmt nicht nur die Normen für die Ausübung der herrschaftlichen Justizhoheit, sondern auch ihre Grenzen, indem sie gewisse Klassen von Strafsachen derselben prinzipiell entzieht.

Hierzu gehören im allgemeinen die Forstvergehen. Ursprünglich waren die gesamten elsässischen Waldungen unter die Leitung der in ihrer Organisation übrigens nicht immer unverändert gebliebenen königlichen Forstkammern (maîtrise des eaux et forêts) gestellt worden,[2] deren Thätigkeit sich nach der großen Ordonnanz über Wald= und Wasserrechte vom Jahr 1669 richtete. Einunddreißig Jahre nach Erlaß derselben war es dann zwar der Provinz durch das Anerbieten, ihre Subvention von 99000 auf 300000 Lß. zu erhöhen, gelungen, die Gemeindewaldungen der Gewalt der kgl. Kammern zu entziehen. Aber sie gewann dabei wenig, denn an deren Stelle trat die Auf= sicht des Intendanten; er und seine Beamten bestraften fortan die Forstvergehen mit harter Willkür.[3] Diese Regel erlitt nun aber zugunsten der Reichsstände und Ritter eine Ausnahme.[4] Nicht im ganzen Umfang ihrer Herrschaften, wohl aber innerhalb des Bereichs ihrer Domanialwaldungen erlaubt ihnen der König die Ausübung der Forstgerichtsbarkeit allgemein in erster und bisweilen selbst in zweiter Instanz. In den ritterschaftlichen Orten und in Dagsburg ist die Aburteilung der Forstvergehen dem Amtmann überwiesen, in den speyrischen Ämtern war sie Sache der Regierung zu Lauterburg,

---

[1] Akten G L A K. Baden. Gen. Ausland. Beinheim 604.

[2] Vgl. für die französische Forstverwaltung im allgemeinen Ney, der heilige Forst II, 10 ff; Reuss, l'Asace I, 570 ff.

[3] R O A I, 307.

[4] Lett. pat. für Straßburg 1723, Art. XI; für Speyer 1756, Art VII: die Regierung in Lauterburg übt die Funktion des Forstgerichts; für Württemberg 1768, Art. I: die chambre forestal übt dessen Geschäfte aus; für die Ritterschaft 1779, Art. XII: die Baillis urteilen in erster, das Direktorium in zweiter Instanz über Forstfrevel in den ritterlichen Privatwäldern, die Berufung geht an den con= seil souverain; für Zweibrücken=Lützelstein=Bischweiler 1780, Art. V: ebenso; für Zweibrücken=Rappoltstein 1780, Art. XI; für Murbach 1780, Art. I, V.

in Horburg-Reichenweier lag sie der Forstkammer ob; ein eigentliches Spezialgericht für diese Kategorie von Straffachen besaß bloß der Bischof von Straßburg in der maitrise des eaux et forets zu Mutzig. In zweiter Instanz entschied hier nur das Direktorium der Ritterschaft und die Regence in Zabern; in allen Fällen aber stand, entweder sogleich oder nach Anrufung jener Mittelgerichte, die Appellation an den Conseil souverain offen.

Eine zweite Kategorie von Vergehen und Verbrechen, deren Ahndung nicht den herrschaftlichen Gerichten zusteht, sind die sogenannten cas presidiaux et prevotaux. Die Abgrenzung derselben ist nicht ganz einfach, weil sowohl der Personalstand des Thäters als die Natur des Verbrechens dabei zu berücksichtigen sind; es genügt für unsere Zwecke hervorzuheben, daß es sich einerseits um Vagabunden, andererseits um gewaltsamen Raub, Aufruhr, Münzverbrechen und Soldatenexzesse handelte. [1]

Endlich sind bestimmte Fälle dem obersten Gerichtshof vorbehalten, vor allem die Klagen über Verletzung der königlichen Souveränität und Majestätsbeleidigung sowie über Duelle und Religionsvergehen. [2]

Die beiden letzten Gruppen stellen zusammen die cas royaux dar, welche in der französischen Verfassungsgeschichte als Werkzeug zur Steigerung der monarchischen Gewalt eine so bedeutende Rolle spielen: auch im Elsaß haben sie die nämliche Wirkung gehabt.

Die Ernennung der Richter ist Sache der Seigneurs; aber das ganze Verfahren ist vom König geregelt. Er bestimmt zunächst die erforderlichen allgemeinen Eigenschaften der Kandidaten: sie müssen tauglich, d. h. Graduierte der Rechte, katholisch und französische Unterthanen sein; [3] aber auch, wer diese Bedingungen aufzuweisen hat, kann

---

[1] Vgl. Laurain, essai sur les présidiaux. Nouv. Rev. XX, 76 ff; R O A I, 543 ff, II, 66.

[2] Fischer, le conseil de régence 10 ff. Vgl. die Ausführungen des Generalabvokaten gelegentlich der Kassation eines Urteils der Regierung zu Buchsweiler über die Folgen des Religionswechsels: „cette proposition [daß die herrschaftlichen Gerichte in solchen Fällen zuständig seien] est choquante et révoltante", 1754, Februar 18, R O A II, 431.

[3] Lett. pat. für Hanau-Lichtenberg 1701, Art. II; für Straßburg 1723, Art. XIX; 1693; für Speyer 1756, Art. IV, XXII; für Württemberg 1768, Art. II; für die Ritterschaft 1779, Art. IX, für Zweibrücken-Lützelstein-Bischweiler 1780 Art. I; für Zweibrücken-Rappoltstein 1780, Art. I; für Murbach 1780, Art. II

doch erst als Richter auftreten, wenn er beim obersten Gericht zu Colmar geprüft, vereidigt und sein Name in dessen Register ein= getragen ist.[1]) Noch ausgedehntere Rechte legt sich der König gegen= über dem Direktorium der Ritterschaft bei.[2]) Ganz außerordentlich bedeutend ist also seine Mitwirkung bei der Anstellung dieser Kategorie von Beamten: dem Herrn, welcher sie nominell vollzieht, bleibt that= sächlich nur ein beschränktes Präsentationsrecht (provision). Der Grund ist wieder derselbe, wie vorhin, bei der Organisation der Ge= richte, die Vornahme eigentlich obrigkeitlicher Handlungen; um die übrigen herrschaftlichen Diener, welche nur der Vermögensverwaltung oder dem Kultus angehören, bekümmert sich der König nicht.

Zu dieser gesetzlichen Schmälerung gesellt sich oft genug eine noch fast empfindlichere thatsächliche Verkümmerung der herrschaftlichen Rechte.[3]) Das Protektionssystem beherrscht das Land durchaus; in unzähligen Fällen muß der Seigneur den Schützling eines Parla= mentsrates oder anderen einflußreichen königlichen Magistrats ernennen oder ihm mindestens ein Anwartschaft erteilen, wenn er nicht bei der nächsten Gelegenheit empfindliche Schädigung seiner Interessen be= fürchten will. Was ihm der König an Rechten ließ, entzieht ihm sein Beamter; selbst der hochverehrte erste Präsident des Hofes zu Colmar, Baron de Spon, hielt sich für dieses schmutzige Treiben nicht zu gut.

Unbeschränkter als in der Annahme ihrer Diener sind die Herren bei ihrer Entlassung. Grundsätzlich ist jeder Beamte nach freiem Belieben desjenigen, der ihn ernannte, absetzbar. Der König erkennt dieses Recht ausdrücklich an. Eine einzige Einschränkung fügt er,

---

mit Autorisation zum Ämterverkauf. — Für Hanau-Lichtenberg sind jedoch Pro= testanten zugelassen. — Der Hohe Rat hielt mit Strenge auf die Beobachtung dieser Vorschriften; ein Urteil vom Jahr 1730 drohte dem Markgrafen von Baden bei längerer Mißachtung derselben die Einsetzung eines hinreichend qualifizierten Amt= mannes in Beinheim durch das urteilende Gericht selbst an. — Akten G L A K. Baden. Gen. Ausland. Beinheim. 603.

[1]) R O A I, 212.

[2]) Lettres patentes von 1779, Mai, Art. II.

[3]) Rev. cath. d'Als. N. S. IX, 217 ff; Akten B A U E. E. 4413; B A O F. E. 1035: Chauffour b. J. darf zur Belohnung für seine Bemühungen einen Amt= mann für das Urbeisthal nennen. Ebenda mancherlei Beispiele für die Empfäng= lichkeit auch der makellosesten Männer für kleine Aufmerksamkeiten.

wieder nur für die Richter, hinzu: diejenigen Beamten sind nicht
ohne weiteres absetzbar, welche ihr Amt erkauft haben; die Voraus=
setzung ihrer Entlassung ist die Zurückzahlung der einst von ihnen
erlegten Summen.[1])

Der Ämterverkauf ist bekanntlich ein seit Franz I. und besonders
später Heinrich IV. und Ludwig XIV. vollständig ausgebildetes
Moment des französischen Einnahmesystems. Ein Amt dieser Art
(emploi créé sous titre d'office, érigé en office) wird gegen
Zahlung einer bestimmten Summe (par finance) von dem Beamten
nicht nur zu lebenslänglichem Genuß, sondern zu vererblichem
Eigentum erworben. In diesem spezifischen Sinn bestand die Käuflich=
keit der Ämter (vénalité des offices) im Elsaß nie; es fehlte immer
die Erblichkeit.[2]) Aber auch in der so beschränkten Form ist sie
nicht gleichmäßig, sondern mit sehr charakteristischen Abstufungen im
Lande vertreten.[3]) Vollständig ist diesem System der ausgedehnte
Besitz des Herzogs Mazarin verfallen; es besteht zum Teil in dem
stark französisch beeinflußten Bistum Straßburg; in den Herrschaften
der eigentlichen Reichsfürsten dagegen hat diese den deutschen Ein=
richtungen ganz fremde Institution immer nur vorübergehend festen

---

[1]) Vgl. die oben S. 57 Anm. 3 angeführten Stellen; ferner das Schreiben
des Kanzlers an den Präsidenten des Conseil souverain vom 17. Februar 1701.
R O A I, 310.

[2]) C. H., le droit de nommer les officiers seigneuriaux, Rev. cath. d'Als.,
N. S., IX, 258.

[3]) Vgl. für das folgende den eben zitierten Aufsatz; ferner Gatrio, Murbach II. 532 ff: die Ämter wurden hier 1693 um 34658 l. verkauft; Fischer,
conseil de la régence 12 ff, und dazu Reuss, l'Alsace I, 388 ff, sowie R O A II,
519, arrêt du conseil d'état von 1759, Januar 27. Sehr lehrreich ist die Entwickelung in Dagsburg. Hier wurde die Stelle des Amtmanns im Jahr 1697 um
5000 fl. an Herrn b'Elvert verkauft, zwischen 1711 und 1714 aber von der
Herrschaft zurückgekauft ("remboursiert"); trotzdem blieb das Amt noch bis
1782 in den Händen derselben Familie, indem stets wieder herrschaftliche Anwart-
schaften (Lettres de survivance) erteilt wurden, in welchen sich aber der Aus-
steller eine dreimonatliche Kündigung vorbehielt. — Akten B A U E. E. 4413.
Gar keine Spur vom Eindringen des Ämterverkaufs begegnet in den speyerischen
Besitzungen. Vgl. Akten G L A K. Bruchsal. Gen. 155; 89: der Schaffner Hund
wird mit dem Wohnsitz in Hagenau gegen Besoldung angestellt und ist jederzeit
absetzbar; 1662: die 1764 und 1765 vom Kardinal von Hutten angestellten Mitglieder der Regierung zu Lauterburg beziehen ausnahmslos volles Gehalt und
haben ihre Ämter nicht gekauft.

Fuß gefaßt. Ihre Ausbreitung ist somit bezeichnend für den Grad der Verwälschung der Verwaltung. Selbstverständlich konnte die Verkäuflichkeit der Ämter nur da Platz greifen, wo mit denselben der Bezug von Sporteln und Gebühren verknüpft war, also bei den Stellen der Amtleute, Gerichts= schreiber und gegebenenfalls bei den Räten der Regierung. Amtmann und Gerichtsschreiber waren mit Rücksicht auf diese Amtseinkünfte gar nicht oder nur wenig besoldet; bisweilen wurden, wenn das Amt ver= kauft war, dem Inhaber die Zinsen seiner Ankaufszahlung als Gehalt bestimmt.

In der Regel sind nicht alle vorhandenen Stellen wirklich mit besonderen Beamten besetzt, von den Ritterorten ganz abgesehen, welche prinzipiell immer in größerer Anzahl zu einem Amt zusammen= geschlagen sind. [1]) So hatten die drei hanauischen Ämter Hatten, Wörth und Kutzenhausen im Jahr 1783 nur einen gemeinsamen Amtmann, während im Jahr 1775 der Bailli Lichtenberger die rappoltsteinischen Bezirke Rappoltsweiler, Zellenberg, Gemar, Markirch und dazu die Herrschaft Bergheim verwaltete. Die Amtsgeschäfte in Wiedensohlen, Besitz der Abtei Pairis, besorgte der Gerichtsschreiber von Kienzheim, also ein Angestellter der Stadt Colmar, die der Grafschaft Dagsburg nacheinander die bischöflich straßburgischen Regierungsräte b'Elvert und Gérard; der Amtmann Duboys von Landser war im Jahr 1776 zugleich zum königlichen Prätor in Schlettstadt ernannt worden. Selbst gewerbliche Thätigkeit war mit den niederen herrschaftlichen Ämtern nicht unvereinbar. So war im Jahr 1766 der Prokurator im Amt Bergheim nebenbei Wein= sticher; nur das fand man anstößig, wenn man diesem Beamten den Betrieb einer offenen Wirtschaft nachsagen konnte. [2])

Noch mehr als bei diesen Stellen war, um dies hier anzufügen, die Kumulation für die zahlreichen Agentenposten üblich, welche unsere

---

[1]) Vgl. für das folgende ebenfalls den mehrfach angeführten Aufsatz von C. H., Rev. cath. d'Als. N. S. IX, 213 ff; ferner Akten B A U E. E. 4413.

[2]) Vgl. auch den Fall des Schulmeisters in Andolsheim, welcher zugleich Weinhändler und Wirt war. Derselbe wurde durch Urteil des Hohen Rats vom 6. Juli 1736 genötigt, binnen vierundzwanzig Stunden zwischen beidem zu wählen, wobei der Procureur fiscal die Äußerung that, sein Benehmen zeuge „d'une dépravation de mœurs qui scandalisent le Public". R O A II, 148.

Stände zu vergeben hatten.[1]) So unterhielt der Bischof von Speyer einen ständigen Vertreter bei der Intendanz in Straßburg, zuerst im Jahre 1751 der Advokat Auger beim Direktorium der Ritterschaft, dann Professor Ditterich; ebenso einen besonderen Anwalt samt Stellvertreter beim Hof zu Colmar, ein Amt, bei welchem der Sohn dem Vater folgte. In Paris bedurfte es ebenfalls einer Repräsentation, sowohl beim Staatsrat, wozu man wieder einen der dort zugelassenen Advokaten wählte, als bei der Person des Königs selbst und dem Minister. In derselben Lage befanden sich die übrigen elsässischen Herren: öfters vereinigten sich mehrere auf denselben Vertrauensmann. Die Franzosen suchten diese Stellung sehr, so daß einst nach dem Tode eines speyerischen Agenten in Paris fast ein Dutzend Bewerber sich um die Nachfolge stritten; mehr noch als das nicht allzuhohe Gehalt reizte sie der Hof= oder gar Geheimratstitel, welcher ihnen gewöhnlich verliehen wurde. Auch bei diesen Posten war das Pro=tektionswesen groß; Speyer pflegte gewöhnlich den Minister in Paris direkt um die Bezeichnung eines genehmen Kandidaten zu bitten, wo=raus sich dann freilich die Schwierigkeit ergab, daß der Sturz des Gönners auch den Schützling mit sich riß, weil der Nachfolger nicht mit einem Mitglied der feindlichen Clique verhandeln wollte.

3. Allgemeine Verwaltung.

Wir sahen bereits früher, welch großen Teil dieses Gebietes der König direkt an sich gezogen hat. Aber auch der Rest desselben ist unseren Herren nicht unbedingt freigelassen. Prinzipiell besitzen sie allerdings das Recht, allgemeine Verordnungen, Polizeigesetze, Zunft=statuten u. dgl. herauszugeben;[2]) in Rappoltstein besonders wurden solche 1784 für die Schlosser und Schuhmacher, 1787 für die Fischer erlassen, und als die Revolution ausbrach, sollte eben eine General=

---

[1]) Das Folgende ausschließlich nach den Akten G L A K. Bruchsal. Gen. 295; 109; 283; 298.

[2]) Lett. pat. für Straßburg 1723, Art. XVIII; für Speyer 1756, Art. XI für Württemberg 1768, Art. IV; für die Ritterschaft 1779, Art. XI; für Hanau=Lichtenberg 1717, Art. VI; für Zweibrücken=Lützelstein=Bischweiler 1780, Art. VII; für Zweibrücken=Rappoltstein 1780, Art. III.

polizeiordnung nachfolgen.[1]) Aber diese Verordnungsbefugnis ist doch
wieder im höchsten Grad dadurch eingeschränkt, daß ihr die zwingende
Gewalt an sich abgeht; alle solchen Erlasse müssen dem Hohen Rat
mitgeteilt werden, um vollziehbar zu werden, und jeder Unterthan
kann dort gegen dieselben Einsprache erheben. Also die schärfste Be-
aufsichtigung der ohnehin durch die konkurrierende Verordnungsgewalt
von König, Intendant und Conseil souverain so eng begrenzten
Autonomie der Stände und Ritter!

Ganz dieser allgemeinen Regelung entsprechend ist die Verwaltung
der Forsten geordnet. Sie ist zwar den Herren überlassen, welche sie
in der Regel durch besondere Forstkammern ausüben; aber die ganze
Thätigkeit derselben ist durchaus der Leitung des Intendanten unterworfen und alle ihre allgemeinen Vorschriften, vorab die Forstordnungen, bedürfen seiner Genehmigung.[2])

Die Folge dieser strengen, mißtrauischen Ueberwachung der herrschaftlichen Verordnungsgewalt ist offenbar eine erhebliche Abschwächung
ihrer Wirksamkeit auf die Unterthanen gewesen. Pfalzgraf Friedrich
zog es vor, eine einfache Verfügung gegen das freie Umherlaufen der
Hunde vom Hohen Rat mit der ausdrücklichen Begründung zu erbitten,
daß nur dessen Autorität Abhilfe schaffen könne, und der Herzog von
Württemberg ließ von derselben hohen Stelle seinen Gemeinden verbieten, Vieh in den Wald zu treiben.[3])

---

[1]) Alten B A O E. E. Extrad. München 1888. III. 19. g.

[2]) Lett. pat. für Württemberg 1768, Art. I: der Herzog darf eine Forstkammer (chambre forestale) einrichten, welche die Gemeindewaldungen „sous l'autorité immédiate de l'intendant“ verwaltet; für Speyer, 1756, Art. VII; für
Hanau-Lichtenberg arrêt du conseil d'état 1749, Februar 1, Reuß, Staatskanzley
26, 78 ff, wo als Aufgabe dieser chambre forestale genannt ist „d'administrer et
régir les bois et forêts des communautés du Comté de Hanau, sous l'autorité
des Sieurs Intendans en Alsace (l. c. S. 80); für die Ritterschaft 1779, Art. XI:
jeder Ritter führt die Forstverwaltung; für Zweibrücken-Lützelstein-Bischweiler 1780,
Art. V; für Zweibrücken-Rappoltstein 1780, Art. XI; für Murbach 1780, Art. I.
Forstordnungen erließen z. B. die hanauische Forstkammer 1746 und der Bischof
von Straßburg 1759, R O A II, 545.

[3]) R O A II, 549. 1759, November 28: „il n'y a que l'autorité supérieure
du Conseil qui puisse y porter remède par une police"; l. c. 729, 1766, September 18; l. c. 823, 1768, November 29.

Die Thätigkeit der herrschaftlichen Behörden beschränkt sich unter diesen Umständen wesentlich auf einzelne Akte; sie bringen die allgemeinen Regeln zur Anwendung, deren selbständige Aufstellung ihnen entzogen ist, und sind so in Wahrheit vorwiegend ausführende Stellen geworden.

Da, wie schon erwähnt, Justiz und Verwaltung in diesem Sinn nicht getrennt sind, so liegen diese Geschäfte denselben Beamten ob, die wir schon kennen lernten, also in erster Linie den Amtleuten; wo eine Regierung existiert, hat sie naturgemäß die höhere Leitung.

Eine reine, ausschließliche Verwaltungsbehörde höherer Instanz ist, soviel ich sehe, bloß die Kanzlei in Rappoltsweiler für die Herrschaft Rappoltstein, welche offenbar nichts als das ehemalige, seiner Hauptfunktion entkleidete Obergericht ist; dieselbe behandelt 1787 niemals wirkliche Rechtssachen, sondern nur herrschaftliche Verwaltungsangelegenheiten, welche die Kompetenz der Amtleute überschreiten, wie Bürgerannahme, Einsetzung der Ortsbeamten, Handhabung der Disziplin über dieselben u. dergl.[1])

4. Verwaltung der herrschaftlichen Einkünfte.

Dies ist das Gebiet, auf welchem sich unsere Stände noch am freiesten bewegen können. Der König stellt hierfür nur die eine, allerdings tiefeinschneidende Bestimmung auf, welche wir übrigens schon kennen, daß der Richter in keiner Weise an der herrschaftlichen Finanzverwaltung beteiligt sein darf; eben damit aber scheidet dieselbe vollständig aus dem Gesichtskreis des Souveräns aus, da sich dessen weitere Aufmerksamkeit ausschließlich den Amtleuten zuwendet.

Unmittelbares Organ für die Erhebung der Einkünfte im Amte selbst ist überall der Einnehmer oder Schaffner (receveur). Die höhere Direktion sowie die Kontrolle der Amtsrechnungen dagegen ist verschieden geregelt. Im Bistum Straßburg und in Hanau-Lichtenberg wird sie, wie in den süddeutschen Territorien des anderen Rheinufers, durch eine Rent- und Rechenkammer, deren Sitz Zabern

---

1) Vgl. Reuss, l'Alsace I, 328, n. 1; indes ist die Glaubwürdigkeit der dort benutzten Rappoltsteiner Denkschrift vielleicht keine unbedingt sichere. Ferner Akten B A O E. E. 967. 969. 1035. 1029. 929. 1027.

und Buchsweiler war, besorgt.[1]) Der Bischof von Speyer hatte diese
Geschäfte zuerst einfach mit den gleichartigen Materien seiner reichs=
angehörigen Besitzungen zusammen von seinen Kollegien in Bruchsal
bearbeiten lassen; die häufigen Stockungen und die geringe Vertraut=
heit seiner Räte mit den französischen Einrichtungen veranlaßte
August von Limburg=Styrum jedoch im Jahre 1786, dieselben einem
besonderen Departement in Gallicis zu übertragen, in welchem der
Hofrat Stupfel,[2]) ein geborener Elsässer, großen Einfluß übte. Wieder
anders verfuhr der zu Dürkheim a. H. residierende Fürst von
Leiningen.[3]) Der vertraute die Administration aller Gefälle seiner
Grafschaft Dagsburg längere Zeit einem einzigen Mann, dem Ge=
heimrat Rühl, an, welcher in Straßburg wohnte und nur selten die
Herrschaft besuchte; unter ihm stand der Kammerrat Hoffmann
in Zabern, die Rechnungsrevision nahm von Zeit zu Zeit ein von
Dürkheim abgeschickter Regierungsrat vor.

Diesen Beamten, in letzter Linie dem Fürsten selbst, steht es zu,
alle ihnen gutdünkenden Maßregeln zur besten Verwaltung der herr=
schaftlichen nutzbaren Rechte zu treffen; sofern nur der Rechtstitel
selbst nicht bestritten ist, oder die Ausnutzung nicht zu Klagen über
eine unberechtigte Erhöhung führt, mischt sich die königliche Verwaltung
so wenig in die Art der Erhebung, wie in die Organisation dieser
Behörden selbst ein, ja der König unterstützt sogar, wo es nötig ist,
die Herren in der Aufsicht über ihre Einnehmer.

5. Kirchliche Rechte.

Die Diözesanrechte der drei Bischöfe von Straßburg, Speyer
und Basel geben ebensowenig zu besonderen Bemerkungen Anlaß,
wie die Patronatsberechtigungen der katholischen Stände und Ritter.

In den protestantischen Gebieten liegt die Leitung von Kirche
und Schule, wie im Reich, jeweils in der Hand des alten Territorial=
herren. Für das größte von ihnen, Hanau=Lichtenberg, war zu
Buchsweiler ein eigenes Konsistorium zur Erledigung dieser Geschäfte

---

¹) Vgl. die Rechnungen Akten B A U E, B A O E; Klefer, Steuern 11.
²) Akten G L A K. Bruchsal. Gen. 362.
³) Akten B A U E. E. 4413, 4415.

eingesetzt. [1] Ausbildung, Ernennung und Entfernung[2] von Pfarrern und Lehrern war ebenso, wie die Aufstellung der Normen für ihre Thätigkeit, vor allem auch die Festsetzung der Lehrpläne in den Schulen, gänzlich dem unbehinderten Belieben unserer Herren über= lassen.

6. Rechte gegenüber den Gemeinden.

Andere Hoheitsrechte übt der Seigneur als Herr einer bestimmten, ihm ganz oder in gewissem Anteil unterworfen gedachten Gemeinde. Wer sich dauernd an einem Ort aufhalten will, bedarf dazu die herrschaftliche[3] Erlaubnis. Die elsässische Gemeinde — sowohl Stadt wie Dorf — kennt zwei sehr verschiedene Einwohnerklassen: die vollberechtigten Bürger und Personen mit einfacher Aufenthalts= berechtigung, Schirmer, welch letztere den badischen Hintersassen ent= sprechen. [4] Das Bürgerrecht wird durch eine einmalige Zahlung von bestimmter Höhe erworben; an sich ist der Seigneur bei seiner Ver= leihung oder Versagung unbeschränkt, nur darf er geborene Franzosen nicht abweisen, wenn sie bestimmten Erfordernissen genügen. An die Aufsage des Bürgerrechtes ist ebenfalls wieder eine Abgabe geknüpft. Die Schirmer entrichten jährlich ein Schirmgeld von bestimmter Höhe. [5]

[1] Lett. pat. für Zweibrücken-Lützelstein-Bischweiler 1780, Art. XXXIV: der Herzog genießt alle bischöflichen Rechte gemäß den Friedensschlüssen, nur darf er auf keine Ehescheidung erkennen; ebenso für Zweibrücken-Rappoltstein 1780, Art. XVIII Kiefer, Balbronn, 70 ff; Pfister, Horbourg.

[2] Ein arrêt du conseil souverain vom 29. Mai 1750 erkennt ausdrücklich das Recht der lutherischen Seigneurs zur Absetzung ihrer Pfarrer an. R O A II, 358.

[3] Vgl. das in 2. Instanz ergangene Urteil des Hohen Rats vom 10. Februar 1769, R O A II, 831. — Die Erteilung des herrschaftlichen Konsenses hat für den Betreffenden ohne weiteres den Eintritt in die bürgerlichen Rechte zur Folge; vgl. das Urteil des Conseil souverain vom 22. Januar 1767, R O A II, 741, wodurch der Gemeinde Bretten, Herrschaft Thann, auferlegt wurde, einem vom Seigneur aufgenommenen Neubürger Anteil an der Allmende zu gewähren. — Es scheint, als ob die elsässische Gemeinde ihrem Gerichtsherrn noch unbedingter unterworfen ge= wesen wäre, als z. B. die badische, wo die Bauern bei Bürgeraufnahmen immerhin befragt wurden, vgl. Ludwig, der badische Bauer, 10; vgl. auch die von Rühl in Dagsburg vorgenommenen Bürgeraufnahmen, Akten B A U E. E. 4413. Vgl. ferner Lett. pat. für Zweibrücken-Rappoltstein 1780, Art. XIV; für Murbach 1780, Art. XV.

[4] Ludwig, der badische Bauer, 10.

[5] Akten B A U E. E. 3265: die Rentkammer bestimmt in Hanau-Lichtenberg das Bürgeraufnahmegeld von Fall zu Fall in wechselnder Höhe, von 3—12 fl.

Wie die Zugehörigkeit zur Gemeinde vom Willen des Seigneurs abhängt, so bedingt derselbe guten Teils auch ihre Verwaltung.[1]) Naturgemäß ist dieselbe zunächst in Städten und Dörfern, dann aber wieder auch in den letzteren selbst untereinander im einzelnen sehr verschieden organisiert. Zwei allgemeine Züge jedoch kehren stets wieder. Überall treffen wir an der Spitze der Gemeinde als Inhaber der Polizeigewalt und Vorsitzenden des Gerichts den vom Seigneur als Vertreter seiner Interessen ernannten Schultheißen (prévôt) oder Stabhalter (bâtonier); ihm steht als Repräsentanz der Gemeinde das Gericht gegenüber, bestehend aus dem Bürgermeister oder Anwalt, welcher die Vermögensverwaltung der Gemeinde führt, und den Gerichtsleuten. Häufig findet sich als dritter Faktor noch ein regelmäßig aus freier Wahl der Bürger hervorgehender Ausschuß, dessen Mitglieder (élus) in wichtigen Fällen einberufen werden.

Die Qualifikation des Schultheißen ist vom König insofern vorgeschrieben, als derselbe, wie die Richter, katholisch sein muß. Versuche protestantischer Seigneurs, dem zuwider zu handeln, wurden vom Conseil souverain mit Strenge unterdrückt; das mußte einst die Straßburger Universität an sich erfahren, als sie in ihrem Dorf Eckbolsheim einen lutherischen Schultheißen ernannt hatte, worauf sie in ihrem Ärger zur nicht geringen Empörung des Hohen Rats den in jeder Beziehung möglichst ungeeigneten katholischen Gemeindehirten an seine Stelle setzte.[2]) Das Gericht wird fast an jedem Ort anders gebildet.[3]) In der Stadt Buchsweiler besteht dasselbe aus sieben lebenslänglichen Mitgliedern, welche sich selbst regenerieren; in den

---

Das Schirmgeld beträgt anscheinend 3 fl. Vgl. Kieser, Steuern, 21, Nr. 1, 2. Akten B A O E. E. Extrad. München. 1883. III. 19. g; G L A K. Baden. Gen. Ausl. Beinheim. 589.

[1]) Vgl. für die Dorfverwaltung speziell im Oberelsaß in den ersten Jahren der französischen Herrschaft die Denkschrift Colberts, Ms. Nr. 408, S. 56a ff, und für die Zeit unmittelbar vor dem Ausbruch der Revolution Hoffmann, la Haute Alsace, Rev. cath. d'Als. N. S. III, 725 ff, 729 ff; IV, 43 ff. Krug-Basse 99 ff; Kieser, Steuern 12 ff; vorzüglich [Stupfel], considérations 117 ff. Vgl. auch die Denkschrift von Hessen-Darmstadt vom Jahr 1788, Akten B A U E. C. 699.

[2]) Urteil vom 8. April 1740, R O A II, 216.

[3]) Vgl. die Anm. 1 gegebenen Belege; ferner Akten B A O E. E. Extrad. Münch. 1888. III. 19. g; C. H., le droit de nommer, Rev. cath. d'Als. N. S. IX, 9) ff, 262 ff; R O A II, 519; Lett. pat. für Zweibrücken-Rappoltstein 1789), Art. XIV.

hanauischen Dörfern wird das Amt des Gerichtsmannes nur eine beschränkte Zeit ausgeübt, die Übertragung geschieht entweder durch freie
Wahl der Bürger oder herrschaftliche Ernennung; in allen Fällen werden
die Mitglieder des Gerichts von der Herrschaft bestätigt und vereidigt.
Die niederen Gemeindediener, als Hirt, Bannwart oder Büttel werden
von Schultheiß und Gericht angestellt. In der Herrschaft Rappoltstein
dagegen werden alle diese Stellen bis zum Hirten herab durch herrschaftliche Ernennung besetzt. Noch energischer ist endlich, um dies hier
anzufügen, der Herzog von Mazarin an der Gemeindeverwaltung beteiligt. Nicht genug, daß auch hier der unterste Bannwart nach vor-
hergehender Prüfung vom herzoglichen Amt ernannt wird, ist auch
in vielen Fällen — ein deutliches Symptom des hier weitaus stärkeren
französischen Einflusses — das System der Verkäuflichkeit selbst auf
diese bescheidenen Stellen ausgedehnt worden; aber auch im Bistum
Straßburg haben die Prevots der Städte ihre Ämter meist erkauft.

Was die Thätigkeit der Gemeinde anlangt, so ist dieselbe, wie
überall, doppelter Art; sie verfolgt die Zwecke ihres eigenen selbständigen Lebens und ist andererseits der kleinste herrschaftliche Verwaltungsbezirk. In ersterer Hinsicht steht sie unter der Aufsicht des
herrschaftlichen Amtmanns und mehr noch, wie wir bereits wissen,
des Intendanten; als Verwaltungsorgan vollzieht der Schultheiß
lediglich die ihm von den nämlichen beiden Stellen zugehenden Befehle.

7. Einkünfte.

Die bisher geschilderten Berechtigungen lassen sich im ganzen
als Hoheitsrechte bezeichnen; ihr eigentlicher Inhalt ist ein Befehlen
oder Verbieten, überhaupt die Ausübung einer übergeordneten Gewalt.
Davon wenden wir uns jetzt den nutzbaren Rechten zu, welche mit
Landeshoheit und Gerichtsherrschaft verknüpft sind.[1]

---

[1] Ich unterlasse es, die materielle Bedeutung der folgenden Rechte von Fall
zu Fall durch Anführung der einzelnen Einnahmebeträge zu illustrieren und verweise statt dessen auf die übersichtliche Zusammenstellung der bischöflich straßburgischen, zweibrückschen und rappoltsteinischen Einkünfte in den Beilagen; für Hanau-
Lichtenberg finden sich sehr instruktive Etats bei Kiefer, Steuern, Beilage II, IV.
Letztgenannte lehrreiche Arbeit ist überhaupt überall zu vergleichen, wenn auch ihre
Anordnung eine ganz abweichende ist.

A. Bußen und Strafgelder.

Grundsätzlich fallen die bis zur Konfiskation ansteigenden Bußen und Strafen, welche ein herrschaftliches Gericht verhängt, als Fructus iurisdictionis dem Gerichtsherren zu.[1]) Ja, noch mehr. Auch bei den Cas royaux, welche die seigneurialen Gerichte doch gar nicht entscheiden, gilt gleichwohl nach ausdrücklicher Erklärung des Königs dasselbe Prinzip; nur nicht bei Majestätsbeleidigung, oder wenn der Verurteilte königliche Domänen inne hat, und vorbehaltlich der vorhergehenden Bezahlung der königlichen Prozeßkosten.[2])

B. Regalien.

Einer der Punkte, an welchen die ehemalige landesherrliche Stellung unserer Stände und Ritter am deutlichsten zu Tage kommt, ist der Genuß der Regalien. Während etwa der benachbarte lothringische Seigneur hierin auf Jagd und Fundgerechtigkeit beschränkt ist,[3]) steht den elsässischen Herren die ganze Fülle dieser Berechtigungen mit der einzigen Ausnahme des Münzregals zu.

Weil zunächst alle Schätze unter dem Boden dessen Herren gehören, sind sie allein zur Anlage und zum Betrieb von Steingruben und Bergwerken, sowie zum Salpetergraben berechtigt; besonders in der Herrschaft Rappoltstein, wo das Markircher Thal der Sitz einer weit entwickelten Hüttenindustrie war, schloß dieses Privileg einen hohen Wert in sich. Ebenso, wie der Markgraf von Baden auf der anderen Seite des Flusses, besitzen sie die Goldwaide im Rhein. Endlich haben sie ein Anrecht auf alles herrenlose, also ebenfalls okkupatorischer Aneignung fähige Gut. Näher betrachtet ist dasselbe dreifacher Art. Einmal erstreckt es sich auf verlassene Immobilien,

---

[1]) Lett. pat. für Hanau-Lichtenberg 1701, Art. V; für Straßburg 1682, Art. VIII; 1723, Art. IX; für Speyer 1756, Art. XV; für Württemberg 1768, Art. XII; für die Ritterschaft 1779, Art. XV; für Zweibrücken-Lützelstein-Bischweiler 1780, Art. VIII; für Zweibrücken-Rappoltstein 1780, Art. II; für Murbach 1780, Art. VI.

[2]) Lett. pat. für Straßburg, 1723, Art. IX; für Speyer 1756, Art. XV; für Württemberg 1768, Art. XII; für die Ritterschaft 1779, Art. XV; für Hanau-Lichtenberg 1717, Art. I; für Zweibrücken-Lützelstein-Bischweiler 1780, Art. XIII; für Zweibrücken-Rappoltstein 1780, Art. II; für Murbach 1780, Art. VI.

[3]) Vgl. Darmstädter, die Befreiung der Leibeigenen in Savoyen x., 135 ff.

eine Prärogative, die besonders nach den großen Kriegen von hoher Bedeutung wurde (biens vacants); sodann unterliegen demselben gefundene Mobilien aller Art (droit d'épaves) und schließlich noch verborgene Schätze (droit du trésor caché); doch pflegt hier wohl ein patriarchalisches Abkommen mit dem Finder getroffen zu werden, wie etwa die Herrschaft Rappoltstein einen im Keller eines Juden entdeckten Schatz mit diesem halbierte.[1]

Eine zweite Kategorie von Regalgerechtigkeiten bezieht sich auf den Handel. Formell spricht man zwar von einer Eisen= und Salz= accise; aber in Wirklichkeit fällt diese Einnahme nicht mehr unter den Begriff der indirekten Steuern, sondern sie entspringt dem Regal= gedanken. Der Salzhandel ist ja zu dieser Zeit fast überall in der Hand des Landesherrn; aber auch der Verkauf des Eisens war in dem nahen baden=durlachischen Ländchen zu gleicher Zeit, freilich nicht dauernd, monopolisiert worden. Insbesondere der Besitz des Salz= regals charakterisiert sich als ein für französische Verhältnisse ganz außerordentliches Privileg, da es nichts geringeres als den Verzicht des Königs auf die Einführung der Gabelle darstellt; freilich wird seine soziale Bedeutung durch das Verbot, zu billigeren Preisen als die königlichen Magazine zu verkaufen, völlig aufgehoben, es ist ein reines Vorrecht der Herren, nicht der Unterthanen.[2]

Weiter steht den Rittern und Ständen, wie seit Alters, Jagd und Fischerei zu, falls keine besonderen Berechtigungen der Unter=

---

[1] Lett. pat. für Hanau=Lichtenberg 1701, Art. XVII, XVIII; 1717, Art. VII: fügt das Recht auf trésor caché hinzu; für Straßburg 1682, VI, XII; 1723, Art. VII, XIV — vermehrt um das Recht auf verborgene Schätze; für Speyer, 1756, Art. XIV; für Württemberg 1768, Art. XIV; für die Ritterschaft 1779, Art. XVI, XVII, XVIII; für Zweibrücken=Lützelstein=Bischweiler 1780, Art. XX, XXII; für Zweibrücken=Rappoltstein 1780, Art. IX; für Murbach 1780, Art. VI: trésor caché; Art. VII, VIII. — Akten B A O E. E. Extrad. München 1888. III. 19. g.

[2] Lett. pat. für Hanau=Lichtenberg 1701, Art. X; für Straßburg 1682, Art. II, XIV; 1723, Art. II, XVI; für Speyer 1756, Art. XIX, gewährt nur das Salzmonopol; für Württemberg 1768, Art. XI, Salz= und Eisenmonopol; für die Ritterschaft 1779, Art. XXV, XIII; für Zweibrücken=Lützelstein=Bischweiler 1780, Art. XI, Eisenmonopol; Art. XXI, Salzmonopol; für Murbach 1780, Art. XIV, Salzhandel, cfr. Art. XXI.

thanen existieren, wie in der Herrschaft Bergheim, wo sie gemeinsam von diesen und dem Herrn von Rappoltstein ausgeübt wird.[1]) Alle diese Gerechtsame sind meist, wie die indirekten Abgaben, verpachtet, besonders Eisen- und Salzaccise.

Eine vierte Klasse von Regalien bilden endlich die gegenüber bestimmten Arten von Einwohnern bestehenden arbiträren Rechte. Hierher gehört die Befugnis, Juden und Wiedertäufer nach Belieben aufzunehmen und zu entlassen.[2]) Auch im Elsaß sind die Juden, wie im „Reich", weder Staats- noch Ortsbürger und haben rechtlich kein festes Domizil.[3]) Sie stehen nur in einem Schutzverhältnis zu dem Herren ihres Wohnortes, der ihnen die Niederlassung gestattet hat, und entrichten ihm dafür eine vom König auf zwölf Thaler jährlich fixierte Abgabe, das Judenschutzgeld; die Organisation ihrer Gemeinden und der Erlaß allgemeiner Vorschriften für dieselben ist Sache der Seigneurs.[4])

Was die Regalien dem Landesherren, sind die Bannrechte dem Inhaber der Gerichtsgewalt. Unter ihnen spielt in diesem Weinlande

---

[1]) Lett. pat. für Hanau-Lichtenberg 1701, Art. XIX; für Straßburg 1682, Art. X; 1723, Art. XI; für Speyer, 1756, Art. VII; für Württemberg 1768, Art. VIII; für die Ritterschaft 1680; für Zweibrücken-Lützelstein-Bischweiler 1780, Art. VI; für Murbach 1780, Art. IV. Akten B A O E. E. Extrab. München. 1888. III. 19. g.

[2]) Lett. pat. für Hanau-Lichtenberg 1701, Art. XV; für Straßburg 1682, Art. VII; 1723, Art. VIII; für Speyer 1756, Art. XVI; für Württemberg 1768, Art. XVIII; für die Ritterschaft 1779, Art. XXI, XXII; für Zweibrücken-Lützelstein-Bischweiler 1780, Art. XIX; für Zweibrücken-Rappoltstein 1780, Art. X; für Murbach 1780, Art. XVI.

[3]) Urteil des Hohen Rats vom 9. Dezember 1755, R O A II, 461: „le Juif n'a aucun domicile, il est condamné à errer perpétuellement". „Les Juifs ne sont ni Citoyens ni Bourgeois." Auch wenn der Vater an einem Ort Schutzjude war, hat der Sohn kein Recht, die Aufnahme an demselben Ort zu fordern. — Häufig wehrte sich die Bürgerschaft ihrerseits gegen die Zulassung von Juden; so entrichtete Molsheim dem Kardinal Rohan lieber Jahre lang statt dessen eine besondere Abgabe als Äquivalent für das ihm entgehende Schutzgeld, vgl. Weiß, Gesch. der Juden im Bistum Straßburg, S. 42.

[4]) Vgl. die Judenordnungen des Bischofs von Straßburg von 1700 und 1706, sowie diejenige für Horburg, 1723, Scheid, histoire des Juifs 131 ff. Der Bischof von Straßburg, der Landgraf von Hessen-Darmstadt und das Direktorium der Ritterschaft waren zur Ernennung von Rabbinern für die Juden ihrer Territorien berechtigt; die übrigen Juden im Unterelsaß unterstanden dem königlichen Rabbiner. Lett. pat. vom 23. April 1738, R O A II, 196.

der Ausschank von Bannwein eine erhebliche Rolle; aber auch Bann=
mühlen und Bannziegelöfen kommen vor, und für Rappoltstein findet
sich sogar das sonst hier so wenig, wie in Baden in diesem Sinne
bekannte Taubenfluggeld erwähnt.[1])

Mit ihnen hängen die ebenfalls allgemein verbreiteten Gewerbe=
rekognitionen, wie die Erlaubnis zum Wirtschaftsbetrieb (droit de
cabaret), das Markt= und Standgeld, überhaupt die Befugnis,
Markt zu halten, und andere kleine Bezüge zusammen.[2])

C. Steuern.

Nach Analogie der übrigen Territorien des „Reiches" würde
man an der Spitze des gesamten Steuersystems dieser Herrschaften eigent=
lich eine Grundsteuer, die Schatzung, erwarten dürfen. Allein wir er=
innern uns, daß diese Entwickelung hier durch die rauhe Hand des Königs
abgebrochen worden ist, welcher unseren Ständen und Rittern nur sehr
wenig an direkten Steuern übrig gelassen hat. Eine Ausnahme
machen hiervon bloß jene bestrittenen Ämter, über welche sich die
französische Steuerhoheit bekanntlich nicht mehr ausgedehnt hat. Hier
finden wir umgekehrt den Markgrafen von Baden und den Bischof
von Speyer wirklich im Besitz der Schatzung.[3])

Den Herren des alten Elsaß dagegen, deren Gebiete südlich vom
Selzbach liegen, ist grundsätzlich und allgemein nur jene tief ins
frühere Mittelalter zurückreichende Steuer geblieben, welche im Unter=
elsaß Beet, im Oberelsaß Gewerff heißt und von den Franzosen kurzab

---

[1]) Lett. pat. für Zweibrücken=Rappoltstein 1780, Art. XIV. — Bannwein und
Bannmühlen; Taubenfluggeld (droit de colombier); für Murbach 1789, Art. XX —
Bannwein, droit de cabaret; Art. XXII, droit de boucherie: 1 l. 1 s. 4 ₰ von
jeder Fleischbank in Gebweiler.

[2]) Lett. pat. für Hanau=Lichtenberg 1701, Art. IX, XX; für Straßburg 1682,
Art. XIII; 1723, Art. XV, jedoch ohne Erwähnung des droit de ponténage; für
Speyer 1756, Art. XI, XIX; für Württemberg 1768, Art. XIX; für die Ritter=
schaft 1779, Art. XXVI, XXX; für Zweibrücken=Lützelstein=Bischweiler 1780, Art. XI,
XXVI; für Zweibrücken=Rappoltstein 1780, Art. VIII, XIII, XIV; für Murbach
1780, Art. XXII, XXIX.

[3]) Vgl. Akten G L A K. Baden. Gen. Ausland. Beinheim 589; Bruchsal.
Gen. 2399.

Taille seigneuriale genannt wird.[1]) Sie wurde meist zugleich in
Geld und Naturalien entrichtet. Aber da diese Abgabe fast immer
frühzeitig zu einer unveränderlichen Reallast geworden ist, hat sie auch
die ursprüngliche geringe Höhe bewahrt und entschädigt darum die
Berechtigten in keiner Weise für den Verlust der modernen Territo-
rialsteuer, der Schatzung. Eben diese ihre Geringfügigkeit und ihr
Realcharakter waren aber offenbar andererseits wieder, was sie den
Herrschaften überhaupt rettete; von einer so leichten Last war keine
Beeinträchtigung der Unterthanen in ihrer Leistungsfähigkeit für den
König zu befürchten, ja es war überhaupt schwierig, sie von den ge-
wöhnlichen Grundzinsen und Gülten zu unterscheiden, welchen sie
äußerlich so ungemein ähnlich sah.

Hiervon abgesehen, ist prinzipiell kein Seigneur zur Erhebung
einer direkten Steuer ohne besondere Erlaubnis des Königs berechtigt.
Die Fürsten, welchen dieselbe erteilt wurde, sind die Bischöfe von
Straßburg und Speyer, der Graf von Hanau, der Pfalzgraf für
Rappoltstein, sowie die unterelsässischen Ämter mit Lützelstein und der
Herzog von Württemberg; außerdem genießt auch die Ritterschaft als
Korporation dieses Privileg.[2]) Allein ihre Vollmacht ist keine unbeschränkte; sie dürfen vielmehr alle nur einen bestimmten Betrag von
verschiedener Höhe einziehen; jede eigenmächtige Steigerung desselben
ist untersagt, nur der König kann die Summe vermehren. Begründet
wird die Abgabe mit der Erhaltung der herrschaftlichen Gerichte,
weshalb sie als Justizgelder bezeichnet wird; thatsächlich war ihre

---

[1]) Lett. pat. für Speyer 1756, Art. XIX; für Württemberg 1768, Art. XVII;
für die Ritterschaft 1779, Art. XXX; für Zweibrücken-Lützelstein-Bischweiler 1780,
Art. XI; für Zweibrücken-Rappoltstein 1780, Art. XIV; für Murbach 1780, Art. X:
Gebweiler (rund): 87 l.; Bergholz und Bergholzzell: 30 l.; Bühl: 44 l.; Lauten-
bachzell: 33 l.; Wattweiler: 9 l.   Uffholz (?): 195 l.; St. Amarienthal: 235 l.;
Hasingen: 33 l.

[2]) Lett. pat. für Hanau-Lichtenberg 1701, Art. VI: 4000 l.; 1717, Art. II:
um 2000 l. erhöht; für Straßburg 1682, Art. V, 1723, Art. V: der Bischof darf
nur die im Jahr 1600 bestehenden Steuern erheben; 1723, Art. VI: es wird ihm
gestattet, noch 8000 l. Justizgelder umzulegen; Rappoltstein, 1712: 4000 l.; 1758
um 1400 l. erhöht; für Speyer 1756, Art. XXII: 6000 l.; für Württemberg 1768,
Art. VII: 2000 l.; für die Ritterschaft 1717: 17 742 l.; 1779, Art. VI: 19 742 l.;
für Zweibrücken-Lützelstein-Bischweiler 1780, Art. IX: 6000 l.; für Zweibrücken-
Rappoltstein 1780, Art. V: in der Herrschaft Bergheim 600 l.

Verwenduug z. B. im Bistum Straßburg, wo die Ämter zeitweilig verkauft waren, anderer Art. Die Anlage dieser Steuer erfolgte, wenigstens bei der Ritterschaft, nach Gemeinden und in diesen wieder nach dem Grundbesitz, wie die Schatzung in Deutschland. Natürlich ist der eigene Besitz der Herren steuerfrei; außerdem aber auch das Eigentum aller Ausmärker, weil auch hier, wie bei den königlichen Steuern, der Grundsatz der Versteuerung in foro domicilii galt.[1]

Nur in Ausnahmefällen kann in Rappoltstein und in der Graf= schaft Hanau noch eine dritte direkte Steuer eintreten, die Fräulein= steuer, ein Beitrag der Landschaft zur Ausstattung der herrschaftlichen Töchter; in Rappoltstein darf auch bei der Heirat des Grafen sogar der doppelte Betrag umgelegt werden, ein Recht, welches zuletzt noch drei Jahre vor dem Ausbruch der Revolution bei der Hochzeit des nachmaligen ersten Königs von Bayern, Max Joseph, ausgeübt wurde. Erhebung wie Höhe beruhen ebenfalls wieder auf ausdrücklicher könig= licher Erlaubnis.[2]

Sehr vollständig sind im Gegensatz zu diesen direkten Steuern die indirekten Auflagen im Besitz unserer Herren verblieben.

Eine der erheblichsten und ältesten darunter ist das Ohmgeld,[3] in dieser rebenreichen Landschaft natürlich in erster Linie vom Wein, aber doch auch schon vom Bier von den Wirten zahlbar. Die Abgabe ist lokal unendlich verschiedenartig ausgestaltet, wie etwa ein Blick auf die Herrschaft Rappoltstein lehrt.[4] In der Stadt Rappoltsweiler selbst, in Gemar und in drei Dörfern beträgt sie drei Töpfe (pots) von der Maß (mesure), in fünf anderen Dörfern vier Töpfe, dagegen in Zellenberg und Weihr bei Horburg nur zwei — überall also insofern eine Abgabe von veränderlicher Natur, als der Wert des Weines wechselt; dagegen wird in sechs anderen Dörfern eine feste Geldsumme

---

[1] Vgl. Akten B A U E. E. 1374.

[2] Lett. pat. für Hanau=Lichtenberg 1701, Art. VI: 12 000 l.; für Zweibrücken 1780, Art. XII: 12 000 l.; außerdem 24 000 l. bei der Heirat eines Prinzen. Akten B A O E. E. Extrab. Münch. 1888. III. 19. g.

[3] Lett. pat. für Hanau=Lichtenberg 1701, Art. XIII; für Speyer 1756, Art. XIX, XXIV; für Württemberg 1768, Art. XVII; für die Ritterschaft 1779, Art. XXIII; für Zweibrücken=Lützelstein=Bischweiler 1780, Art. XIV; für Zwei= brücken=Rappoltstein 1780, Art. VI; für Murbach 1780, Art. XX.

[4] Akten B A O E. E. Extrab. Münch. 1888. III. 19. g.

bezahlt, welche zwischen zehn und zwanzig Sols pro Maß ausmacht; kombiniert ist beides in Jebsheim; eine einfache Pauschsumme endlich von zwei Gulden jährlich findet sich im Markircher Thal. Für Bier gelten immer die halben Sätze. Übrigens ist das Recht nicht überall in den Händen der Herren von Rappoltstein geblieben, vielmehr in Bergheim und Zimmerbach an die Gemeinde gekommen.

Weiter besteht die allgemeine Accise auf die verschiedensten Konsumtionen. [1])

Kauf und Verkauf von Vieh traf wenigstens in Hanau-Lichtenberg noch besonders der Pfundzoll, welcher erst später, im Jahr 1635, zu den früher genannten Abgaben hinzukam.

Völlig entzogen war jedoch auch dieses Steuersystem der Einwirkung der französischen Herrschaft keineswegs. Sie führte einerseits zu einer wichtigen Umgestaltung der Accise; früher war diese vom Fleisch- und Brotverkauf im einzelnen erhoben worden, der König dagegen erlaubte die Entrichtung nur von jedem Stück Vieh und nach bestimmten Quantitäten Backkorn, verlegte sie also vom verarbeiteten Produkt auf den Rohstoff. Andererseits verwandelte er eine alte Abgabe anderer Art in eine neue Steuer auf Eigentumsübergänge. Zum Ersatz für die äußerst empfindliche Schädigung, welche die Unterdrückung der Zollrechte im Jahr 1680 den elsässischen Herren zugefügt hatte, erlaubte ihnen der König in dem Maße, wie sie die Souveränität seiner Krone anerkannten, eine Abgabe beim Verkauf von Mobilien und Immobilien zu erheben, welche französisch als lods et ventes bezeichnet wurde; sie betrug im ersten Fall in Hanau-Lichtenberg den fünfzigsten, sonst den dreißigsten Pfennig, ließ aber alle Nahrungsmittel, welche ja schon von der Accise getroffen wurden, frei.[2])

---

[1]) Lett. pat. für Hanau-Lichtenberg 1701, Art. X; für Württemberg 1768, Art. XVI; für die Ritterschaft 1779, Art. XXV; für Zweibrücken 1780, Art. XI, XIV, auch für Holz; für Murbach 1780, Art. XXII, außer in Gebweiler.

[2]) Lett. pat. für Hanau-Lichtenberg 1701, Art. VIII; für Straßburg 1682, Art. III; 1723, Art. III; Rappoltstein 1712; für Speyer 1756, Art. XXI: der zwanzigste Pfennig bei Verkäufen von Immobilien und der zehnte von Mobilien; für die Ritterschaft 1779, Art. XIV: der hundertste Pfennig von Immobilien und der fünfzigste von Mobilien; für Zweibrücken 1780, Art. XXVIII, wie Hanau; für Murbach 1780, Art. XVIII: Pfundzoll von 4 ₰ per l. vom Preis aller Waaren in Gebweiler, Wattweiler und Ufholz (?), soweit sie nicht bisher exmiert waren für Vieh in Gebweiler: Haarzoll in derselben Höhe.

Die Erhebung dieſer indirekten Abgaben geſchah im Allgemeinen
nicht durch die Herrſchaft ſelbſt; Ohmgeld, die Acciſen jeder Art, der
Viehpfundzoll wurden wenigſtens in der Grafſchaft Hanau=Lichtenberg
faſt ſtets an Unternehmer verſteigert. Mehr noch als bei der Anſtellung
ihrer Beamten hatten die Fürſten hier die Einrichtung der franzöſiſchen
Staatsverwaltung angenommnen. [1])

An dieſe wirklichen Steuern reihen ſich nun jene Abgaben an,
welche aus der einfachen, nicht bis zur Landeshoheit geſteigerten
Gerichtsgewalt fließen, und darum als Gerichtsabgaben bezeichnet und
im engeren Sinn zu den fructus iurisdictionis gerechnet werden.
Faſt mehr noch als an allem anderen zeigt ſich bei ihnen die voll=
ſtändige innere Weſensgleichheit dieſer elſäſſiſchen Inſtitutionen mit
den gleichartigen Einrichtungen des rechten Rheinufers. [2])

In erſter Reihe wären hier die Atzgelder zu nennen, jene uralte
Abgabe für den Unterhalt des Gerichtsherren und ſeines Gefolges in
der Gemeinde. [3]) Ferner kommt bei Mühlen der Waſſerfall vor (droit
de la chute d'eau). [4])

Charakteriſtiſcher aber ſind die beiden anderen Gefälle, welche
noch hierher gehören, Rauchhühner und Abzug.

Unter der erſteren Bezeichnung — es finden ſich auch andere
Ausdrücke, wie Rechts=, Ernte=, Faſtnachts= oder Martinshühner —
reicht jeder ſelbſtändige Haushalt, „wer eigen Feuer und Herd hat‟,
in den damit beſchwerten Dörfern zu lokal ſehr verſchieden beſtimmten
Terminen der Herrſchaft ein oder mehrere Stück Hühner ab. Dieſe
Abgabe laſtet auch hier ſtets auf dem ganzen Dorf oder wenigſtens
dem geſamten Anteil des Gerichtsherrn an demſelben und darf, ob=
wohl ſie zur Reallaſt der einzelnen Häuſer geworden iſt, nicht mit
den ebenfalls allgemein verbreiteten Zinshühnern verwechſelt werden. [5])

---

[1]) Vgl. die Rechnungen B A U E. E., z. B. 3265.
[2]) Vgl. hierüber Ludwig, der badiſche Bauer 26 ff.
[3]) Krug=Baſſe 249.
[4]) Akten B A O E. E. Extrab. Münch. 1888. III. 19. g; B A U E. E. 493,
Lützelſtein.
[5]) Vgl. Akten B A U E. E. 3234; 2195; 3265; 405; 493; wie ſtets, kann an
die Stelle der Hühner in Federn eine Geldabgabe treten, z. B. im Amt Brumath
2 β für ein Faſtnachtshuhn und halb ſoviel für ein Erntehuhn.

Wichtiger ist die andere Institution, der Abzug.[1]) Bekanntlich versteht man darunter in Südwestdeutschland eine Abgabe, welche in dem Augenblick fällt, wann Vermögen aus einem Gerichtsbezirk weg=gezogen wird, und deren Höhe fast überall herkömmlich zehn Prozent des exportierten Wertes ausmacht; sehr oft besteht aber zwischen Nachbarbezirken ein gewisser engerer Zusammenhang, welcher sich darin äußert, daß entweder nur ein sehr ermäßigter oder überhaupt gar kein Abzug bezahlt zu werden braucht, in welch letzterem Fall man von Freizügigkeit spricht. So war es mit dem Abzug auch im Elsaß im siebzehnten Jahrhundert beschaffen. Wir finden die Ab=gabe überall in den Rechnungen; andererseits läßt sich auch das Ver=hältnis der Freizügigkeit noch zu Ende jener Epoche z. B. zwischen dem Bistum Straßburg, der Grafschaft Hanau=Lichtenberg, der Stadt Schlettstadt und den Unterthanen der Landvogtei Hagenau nachweisen.[2]) Nach der Begründung der französischen Herrschaft aber erfuhr dieser Zustand dadurch eine tiefgreifende Veränderung, daß, entsprechend der weit stärkeren Durchbildung des Gedankens der Staatseinheit in Frankreich, die Erhebung des Abzugs auf den Fall der Auswande=rung aus dem Königreich eingeschränkt und damit zu einer verhältnis=mäßigen Seltenheit gemacht wurde. Alle Gebiete der französischen Krone galten somit gegeneinander als freizügig, gleichgültig ob ein Unterthan eines elsässischen Herren in eine andere elsässische Herrschaft oder in eine altfranzösische Provinz übersiedelte.[3])

---

[1]) Lett. pat. für Hanau=Lichtenberg 1701, Art. XI; für Speyer 1756, Art. XX; für Württemberg 1768, Art. XV; für die Ritterschaft 1779, Art. XIX; für Zwei=brücken=Lützelstein=Bischweiler 1780, Art. XI; für Zweibrücken=Rappoltstein 1780, Art. II; für Murbach 1780, Art. XXIII.

[2]) Vgl. Akten B A U E. G. 474. Für den Abzug im Oberelsaß vgl. die Zu=sammenstellung für das Amt Rappoltsweiler aus den Jahren 1585—1748, Akten B A O E. E. Extrab. Münch. 1888. III. 19. f; vgl. E. 1746—9 incl.

[3]) Dies ist ausdrücklich in den Lett. pat. gesagt, welche Hanau 1721, Sep=tember, für Rutzenhausen auswirkte. Es heißt hier Art. IV: Abzug „seulement sur les Habitans de leur dite Terre qui iront s'établir hors des Pays de notre Domination" und in der herkömmlichen Höhe. Schon 1693 hatte indes Françoise Girarde in einer Eingabe behauptet, sie brauche den Abzug nicht zu bezahlen: „que comme Subjecte du Roy, Je ne suis point obligée de payer le Droit susdict", wenn sie Vermögen von Molsheim nach Senoncour exportiere; und am 24. Oktober 1693 entschied der Intendant de la Fond, daß ein von Wanzenau nach Weißen=burg übersiedelnder Mann „ne doit aucun droit", da er „ne sort point de la

D. Fronen.

In einem amtlichen Aktenstück vom Ende des achtzehnten Jahr=
hunderts werden wenigstens für die Ritterorte Real= und Personal=
dienste unterschieden.[1]) Allein deutlichere Spuren von Realfronen
fallen bei einer allgemeinen Betrachtung der elsässischen Dienstver=
fassung nirgends auf; es ist daher äußerst wahrscheinlich, daß dieselben
da, wo sie ausnahmsweise vorgekommen sein mögen, eine besondere
Last waren. In der Regel treffen wir überall nur eine persönliche
Dienstpflicht, welche sich stets gleichmäßig über ein ganzes Dorf er=
streckt, deutliche Anzeichen der gerichtsherrschaftlichen Natur unserer
Fronen.[2])

Die Prästierung derselben gehört nun zu den von der königs=
lichen Gesetzgebung am allerstärksten beeinflußten Materien. Vor dem
Anfall an Frankreich hatten mindestens die reichsunmittelbaren Herren
theoretisch ein Anrecht auf ungemessene Fronen ihrer Gerichtsein=
gesessenen. Mit diesem Zustande vertrugen sich aber die starken An=
forderungen, welche der König alsbald an die Arbeitskräfte seiner
elsässischen Unterthanen in der Form der königlichen Fronen (corvée
royale) zur Erreichung der verschiedensten Zwecke, besonders militä=
rischer Art, und zum Straßenbau stellte, durchaus nicht. Das
schwächere Interesse mußte dabei notwendig unterliegen und dies war
der Anspruch der Seigneurs. Wie weit bei den hieraus entsprungenen
Maßregeln auch Rücksichten der Landeskultur und außerdem etwa die
Hoffnung mitspielte, den elsässischen Bauer durch Verbesserung seiner
Lage auf Kosten der Seigneurs für den König als seinen Beschützer
zu gewinnen, dies scheint mir eine vorläufig noch unlösbare Frage
zu sein, auf welche die Antwort nur in den Papieren der Pariser

---

province". Akten B A U E. G. 475. Vgl. die Rechnung von Buchsweiler-Pfaffenhofen von 1789, B A U E. E. 3233. In diesem Umfang aber wird der Besitz des
Abzugs vom Hohen Rat geschätzt, vgl. arrêt vom 18. Februar 1757, für Rappoltstein, R O A II, 487.

    ¹) Denkschrift der unterelsässischen Ritterschaft, Reuß, Staatskanzley 25, 115.
    ²) Charakteristisch ist hierfür auch die Bemerkung in der Zabern-Rochersberger
Amtsrechnung von 1782, daß Fronen und Beet in Löhwiller wegfallen, weil es
dort keine bischöflichen Unterthanen mehr giebt. Akten B A U E. G. 2229. Vgl.
jedoch für die rein gerichtsherrliche Natur der südwestdeutschen Fronen meine ein-
gehende Erörterung, Ludwig, der badische Bauer, 21 und vorzüglich 43.

Archive zu finden wäre. Die französische Magistratur betonte jeden=
falls die zweite Reihe von Erwägungen, indem der Hof zu Colmar
sich die Ausführungen des königlichen Prokurators Le Laboureur ganz
zu eigen machte.[1]) Dieser fand den Ursprung der unbegrenzten Dienst=
barkeit in der altrömischen Sklaverei und den Diensten, welche sich
der Herr auch von Freigelassenen vorzubehalten pflegte; da nun jene
nicht mehr existiert und schon das römische Gesetz die obrigkeitliche
Reduktion dieser Verpflichtungen gestattet, so haben die Gerichte das
Recht, die Fronen zu limitieren. Denn nur darum kann es sich han=
deln; eine Aufhebung wäre ungerecht, da die Herren im wohlerwor=
benen Besitz sind.

Die Regelung, welche auf Grund solcher Anschauungen erfolgte,
fiel im Ober= und Unterelsaß verschieden aus.

Dort, im Süden, galt eine frühzeitig verlorene Verfügung des
Intendanten Colbert, welche den Seigneurs, gestützt auf Präcedenzien
aus österreichischer Zeit, nur fünf Tage im Jahr zubilligte.[2]) Diese
Bestimmung wurde namentlich dem größten Seigneur der Landschaft
gegenüber, dem Herzog von Mazarin, welcher umgekehrt ungemessene
Dienste forderte, durch ausdrückliches Urteil des Hohen Rates auf=
recht erhalten.[3])

Das Unterelsaß war an sich vielleicht zunächst in der Ordonnanz
vom 7. Oktober 1682 einbegriffen, welche für die Länder zwischen
Rhein, Saar und Mosel den „gentilshommes, seigneurs justiciers"
zwölf Hand= und zehn Gespannfrontage im Jahr beließ.[4]) Allein
schon am 4. April 1683 setzte jedenfalls ein Staatsratsbeschluß auf
eine Klage der Unterthanen im Unterelsaß hin fest, daß dieselben
ihren Herren nur noch zehn Frontage der einen oder anderen Art
schuldeten und zwar nach ihrer, der Bauern, Wahl in Natura oder

---

[1]) „puisque nous naissons tous libres", „il n'est pas juste que ces sortes
de corvées soient indéfinies et qu'au premier caprice d'un Seigneur les Sujets
y soient soummis." „Comme il ne seroit pas juste que ceux à qui le Droit
en est acquis en fussent absolument privés, il faut qu'en ce cas ils l'exigent
avec modération et qu'ils en usent sans excès." Urteile des Conseil souverain
vom 9. Februar 1702 und 23. Januar 1703, R O A II, 581, 583.
[2]) Urteil des Hohen Rats vom 2. Juni 1674, note, R O A II, 676.
[3]) Arrêt du conseil d'état, 1698, Dezember 29, R O A I, 282.
[4]) Vgl. Akten B A U E. E. 4331.

nach dem beigefügten, festen Tarif in Geld.[1]) Die Vermutung ist nicht abzuweisen, daß diese, den Pflichtigen so entschieden günstige Regelung nur bestimmt war, der französischen Regierung als Pression gegen die noch widerstrebenden Seigneurs zu dienen. Denn schon in jener Ordonnanz selbst waren der Bischof von Straßburg und die Ritterschaft, welche beide sich damals dem König bereits unterworfen hatten, ausgenommen; der Bischof hatte schon zwölf Hand= nnd sieben Spannfronen durch seine Lettres patentes zugesichert erhalten, der Ritterschaft gewährte eine neue Ordonnanz vom 24. Dezember 1683 zwölf Diensttage jeder Art;[2]) in beiden Fällen war die Wahl zwischen der Ableistung in Natura oder durch ein vom König gleichzeitig nor= miertes Dienstgeld den Berechtigten selbst überlassen. Nach dem Vor= bild der Ritterschaft wurden dann regelmäßig alle Stände behandelt, die sich unterwarfen oder Lettres patentes ausbrachten, selbst wenn das Territorium, wie die Grafschaft Rappoltstein, im Oberelsaß lag,[3]) während andererseits für nichtritterschaftliche Herrschaften, wie Orsch= weiler im Unterelsaß,[4]) oder für diejenigen Stände, welche keine offenen Briefe erlangten, wie der Markgraf von Baden, die allgemeine, in der Ordonnanz vom April 1683 enthaltene Regel in Kraft blieb.[5])

---

[1]) R O A I, ₁25. Der Tarif bestimmt folgende Sätze: jeder Karren (zu zwei Pferden) 30 s. pro Tag oder 5 Thaler jährlich; für ein einzelnes Pferd die Hälfte; vier Ochsen werden für zwei Pferde gerechnet; ein Handfröhner 10 s. täglich oder 5 l. im Jahr.

[2]) R O A I, 136. Der Tarif ist der nämliche geblieben, wie in der Ordon= nanz vom 4. April.

[3]) Lett. pat. für Hanau=Lichtenberg 1701, Art. XIV; für Rappoltstein 1712; für Gutenberg und Bischweiler, 1736 — jeweils 12 jährliche Fronen oder deren Geldwert nach der Ordonnanz vom 24. Dezember 1683; für Lützelstein 1736: nur 10 Tage oder deren Geldwert nach der eben erwähnten Ordonnanz; für Speyer 1751: 12 Frontage; ebenso 1756, Art. XVII; für Württemberg 1768, Art. IX: 12 Frontage; ebenso für die Ritterschaft 1779, Art. XXIV; für Zweibrücken=Lützel= stein=Bischweiler 1780, Art. XVIII; für Zweibrücken=Rappoltstein 1780, Art. VII: in der Herrschaft Bergheim 5 Frontage. Der Bischof von Straßburg hat 12 Hand= und 7 Spannfronen, 1682, Art. IV; 1723, Art. IV; für Murbach 1780, Art. IX: bestätigt das alte Abkommen mit den Pflichtigen, wonach dieselben das folgende Frongeld entrichten: Gebweiler 1000 l.; Bergholz und Bergholzzell 470 l.; Bühl 120 l.; Lautenbachzell 130 l.; Wattweiler 565 l.; Uffholz (?) 565 l.; St. Amarin= thal 1150 l.; Hasingen 40 l.

[4]) Arrêt du conseil d'état, 1740, Mai 14, R O A, II, 217.

[5]) Die Fronen wurden daher in Beinheim nach der Wahl der Unterthanen

Auf Grund dieſer ganz modernen und willkürlichen Be-
ſtimmungen fronte der elſäſſiſche Bauer im übrigen, wie ſeine Standes-
genoſſen auf dem rechten Rheinufer.[1]) Pflichtig ſind alſo alle Vor-
ſtände ſelbſtändiger Haushaltungen ohne Rückſicht auf das Geſchlecht,
auch ledige Frauen mit eigener Wirtſchaft nicht ausgenommen. Eine
ganze Anzahl von Perſonen jedoch, wie die königlichen und herrſchaft-
lichen Beamten, die Gemeindewürdenträger und viele Honoratioren
waren durch ihren eigenen Stand, die Pächter der Abligen durch denjenigen ihres Grundherren,[2]) andere, beſonders Wittwen, wegen ge-
minderter wirtſchaftlicher Leiſtungsfähigkeit ganz oder zum Teil gefreit.
Wer wirklich die Pflicht zu erfüllen hatte, deſſen Leiſtung richtete ſich
nach dem Viehbeſitz: hatte er Zugtiere, ſo diente er als Bauer, oder,
wenn er nur ein einziges beſaß, als Kärcher mit dem Geſpann, ſonſt
als Taglöhner mit der Hand. Die räumliche und zeitliche Ausdehnung der einzelnen Fronen iſt genau bemeſſen: ſie werden präſtiert
innerhalb des Dorfbannes und außerhalb desſelben auf eine Entfernung von ein oder zwei Meilen (lieues), von Sonnenaufgang bis
Untergang, mit einer Ruhepauſe.[3])

Nur in wenigen Fällen wurde der Fröner aber zur wirklichen
Arbeitsleiſtung aufgeboten, während welcher der Seigneur ihn und
ſeine Tiere meiſtens zu verköſtigen hatte,[4]) obwohl auch das Gegenteil in einzelnen Fällen zu recht erkannt wurde. Weitaus die Regel
war, daß im wohlverſtandenen eigenen Intereſſe, wie wir noch ſehen

---

in Natura, d. h. meiſt gar nicht präſtiert. Akten G L A K. Baden. Gen. Ausl.
Beinheim. 589. Ebenſo galt in Dagsburg die Ordonnanz vom 4. April 1683,
Akten B A U E. E. 4413.

[1]) Vgl. für das folgende z. B. die Amtsrechnung der beiden hanauiſchen
Ämter Buchsweiler und Pfaffenhofen von 1789. B A U E. E. 3234; das „Frohnd-
und Schirmgeldregiſter der Grafſchafft Lützelſtein" von 1771, E. 539; Inſtruction
vor den Renthmeiſter.... der Grafſchaft Lützelſtein wegen des Herſchaftlichen Frohn-
geldes. Zweybrücken den 15. Februar 1770. E. 393. (Druck.) Arrêt du conseil
souverain 1747, Januar 31, R O A II, 282.

[2]) Vgl. Urteil des Hohen Rats vom 22. April 1757, zu Ungunſten des
Biſchofs von Speyer, R O A, II, 492.

[3]) Urteile des Hohen Rats vom 25. Januar 1730, R O A II, 584; 1758,
November 27, l. c. 585; 1720, September 4, l. c. 586.

[4]) Ein Urteil vom 16. Juni 1691 ſetzt die Pflicht zur Beköſtigung feſt,
R O A, II, 578; ein ſolches vom 8. Juni 1723 erklärt das Gegenteil, l. c. II, 588

werden, die Herrschaften, wo sie die Wahl hatten, das Frongeld bis=
weilen nach den althergebrachten, niedrigeren Sätzen vorzogen, das
in allen Rechnungen einen stattlichen, besonders für die Ritter hoch=
wichtigen Posten ausmacht. Theoretisch stand ihnen übrigens noch
eine andere Art, ihr Recht auszunützen, offen, nämlich die Verpachtung
der Fronen als solcher an irgend einen Unternehmer, welcher dann
entweder seinerseits das Frongeld einzog — in welchem Fall ganz
dasselbe Verhältnis, wie bei den indirekten Steuern vorliegen würde
— oder aber die Dienste für seine Zwecke in Natura abforderte, eine
Regelung, welche mir allerdings praktisch nirgends aufgestoßen ist.[1]
Häufig findet sich aber auch ein gemischtes System. Die Gerichts=
herren behielten sich einen oder mehrere Frontage im allgemeinen oder
die Verrichtung eines bestimmten Geschäftes in der Fron vor, wogegen
dann das Frongeld herabgesetzt wurde[2] — kurz, die lokale Ver=
schiedenheit war gerade auf diesem Feld groß, und allen Regeln zum
Trotz nahmen die Prozesse über Fronforderungen zwischen Herrschaften
und Unterthanen umsoweniger ein Ende, als neben der in den
Ordonnanzen fixierten allgemeinen Last auch die Möglichkeit besonderer
Verpflichtungen, etwa von Baudiensten am herrschaftlichen Schloß,
vom Hof zu Colmar immer anerkannt wurde.[3]

---

[1] Zulässig erklärt mit Urteil vom 5. Februar 1750, R O A II, 592; der
Pächter braucht dabei nicht etwa die herrschaftlichen Güter mitzupachten, die
Fronen gehen vielmehr ganz für sich. — An die Dörfer selbst finde ich die Fronen
im Amt Zabern — Kochersberg verpachtet, Rechnung von 1782, B A U E. G. 229.

[2] Ich führe als Beispiel die in Lützelstein gültigen Bestimmungen an. Hier
gilt in einigen Orten das sog. alte Herkommen, wonach für ein Stück Zugvieh
(stets vierteljährlich) 5 β bezahlt werden; wer über vier Stück hat, muß der Herr=
schaft für jedes weitere Tier ein Klafter Holz führen oder 2 fl. Klafterholzgeld be=
zahlen. Der Taglöhner giebt ebenfalls 5 β und leistet außerdem 3 Tage Heufronen
und 1 Tag Botendienste. In den anderen Gemeinden dagegen richtet man sich nach
der Ordonnanz von 1683. Akten B A U E. E. 303. 529. In den Ämtern Buchs=
weiler und Pfaffenhofen unterscheidet man bei den Zugtieren zwischen dem großen
und kleinen Frongeld — ersteres beträgt für ein Pferd 7 β 6 ₰ in Menchhofen
nur 6 β 3 ₰ für einen Ochsen 5 β 7½ ₰ letzteres für beide 5 β 7½ ₰, — während
die Sätze für die Tagelöhner überall gleich sind und beim Bürger 6 β 6 ₰ bei
einem Schirmer 1 fl., bei einer Bürgerswittwe 2 β 8 ₰ bei der Wittwe eines
Schirmers aber 5 β ausmachen (alles vierteljährlich verstanden). Akten B A U E.
E. 3233. In Brumath steht es ähnlich, E. 3265.

[3] Vgl. für die ganze Dienstverfassung überhaupt die höchst lehrreiche Samm=
lung von Entscheidungen in Fronsachen aus den Jahren 1674—1759, R O A II,
575 ff; außerdem Weißgerber, Rev. d'Als. N. S. XII, 30 ff.

III.

Die Leibesherrschaft.

Die beiden Rechtskomplexe, welche uns noch zu beschreiben übrig bleiben, Hals= und Grundherrschaft, stehen insofern zu den bisher ge= schilderten landes= und gerichtsherrlichen Befugnissen im Gegensatz, als sie bekanntlich nicht, wie jene öffentlich=rechtlicher Natur, sondern vielmehr Institutionen des Privatrechtes sind.[1])

Während das Wesen der Gerichtsherrlichkeit im „Reich" die allgemeine Geltung ihrer Ansprüche innerhalb ihres Bezirkes ist, oder, um es anders zu formulieren, während die südwestdeutsche Gerichts= herrschaft sich räumlich abzuschließen strebt und dieses Ziel überwiegend auch in der Weise erreicht hat, daß sie sich zur Landesherrlichkeit auswuchs, gilt dieser Satz weit weniger entschieden von der Leibes= und gar nicht von der Grundherrschaft. Nur insofern hat auch die Leibeigenschaft die Tendenz zur räumlichen Abschließung, als der Leibherr, welcher fast immer auch irgendwo Gerichtsherr ist, innerhalb dieses seines Gerichtsbezirkes fremde Leibeigenschaftsrechte abzustoßen strebt; kurze Zeit nur versuchte er vielleicht und keinen Falls vermochte er jedenfalls, alle seine Gerichtseingesessenen auch zu seinen Leibeigenen zu machen. Infolgedessen ist der Geltungsbereich von Leibeigenschaft und Grundherrschaft verschieden von demjenigen der Gerichtsherrlichkeit. Irre ich nicht, so ist es darum für den deutschen Südwesten charakteristisch, daß unter den drei von Alters her und überall gegebenen Elementen der Abhängigkeit weder eines das Übergewicht gewann und die anderen sich unterwarf, noch aus ihrer organischen Verschmelzung ein neues, eigenartiges Rechtsinstitut erwuchs, sondern vielmehr Gerichts=, Leib= und Grundherrschaft zusammenhangslos nebeneinander fortbestanden. Es ist dadurch nicht ausgeschlossen, daß an einzelnen Orten dennoch eine engere Vereinigung aller zustande kam, oder eines, die Leibeigen= schaft allein, mit der Gerichtsherrschaft fast überall planmäßig ver= bunden wurde; aber das erste ist eben eine Ausnahme, welche in dem großen Gebiet verschwindet, und auch der zweite Umstand ·ist ebenso=

---

[1] Vgl. für die folgenden allgemeinen Sätze Ludwig, der badische Bauer, be= sonders Einleitung S. 14 ff.

wenig notwendig, als er die Natur der beiden Rechtsverhältnisse verändert. Der Berechtigte erscheint hier immer als großer Rentenempfänger, aber nicht als Unternehmer; er legt darum auch auf Geld oder Natural=bezüge weit größeren Wert als auf Dienste, deren er höchstens zu Transport= und Bauzwecken in etwas größerem Maßstabe bedarf.

Zu dem Geltungsbereich dieser Verfassung gehört nun, zunächst ganz im allgemeinen genommen, nur im Hinblick auf das gegenseitige Verhältnis der drei Quellen der Abhängigkeit, auch das Elsaß. Die Wirkungen der Gerichtsherrschaft haben wir eben vorhin kennen gelernt; wenden wir uns jetzt zunächst der Leibesherrschaft zu.

Es scheint, als ob in dieser Hinsicht Oberelsaß und der Sund=gau eine andere Entwickelung als der Norden der Landschaft durch=gemacht hätten. Auffallend ist wenigstens in hohem Grade, daß in den Rechnungen der Herrschaft Rappoltstein im sechszehnten und siebzehnten Jahrhundert kaum eine spärliche Spur von Leibeigenschaft vorkommt und auch im achtzehnten Jahrhundert der damals, wie wir sogleich sehen werden, von der ganzen Institution allein übrig ge=bliebene Todfall hier in der Regel ebensowenig wie in verschiedenen Dörfern des Herzogtums Mazarin anzutreffen ist.[1]) Die agrarischen Zustände dieser Landstriche sind nun für jene Periode noch viel zu wenig be=kannt, um auf diese Wahrnehmung mehr als eine bloße Vermutung begründen zu können; so viel Gewicht scheint mir indes derselben doch schon zuzukommen, daß ich mich im folgenden auf das Unterelsaß beschränke.[2])

Hier hat im siebzehnten Jahrhundert, vor den Reunionen, die Leibeigenschaft zweifelsohne in ganz ähnlicher Weise, wie in Baden bestanden, denn in den Rechnungen jener Zeit erscheinen überall die drei Rechtswirkungen der Eigenbehörigkeit, Leibbeet, Todfall und Ab=

---

[1]) Vgl. für Rappoltstein Akten B A O E. E. 751; 760; 795; 1216; 1236; 1469; 1116; 2344; 1986. In der Rechnung von Gemar für 1679 findet sich Todfall von einer einzigen Person, 1225. Für das Duché de Mazarin E 2978, 2981, 3173; indes wurde der Todfall in Auxelles, comté de Ferette, durch Urteil vom 8. Februar 1687 anerkannt, Notes d'arrêt 9. Auch die Murbacher Rechnung von 1783 enthält keine Leibeigenschaftsabgaben, B A O E. Murbach. Rechnung. II. Abteil. Kart. 22. Vgl. jedoch lett. pat. für Rappoltstein 1780, Art. XIV; für Murbach 1780, Art. XXVII.
[2]) Vgl. die Andeutung von Darmstädter, 250.

kauf der Leibeigenschaft, als Einnahmeposten.[1]) Wie stand es aber damit am Ende des achtzehnten Jahrhunderts?

Leibbeet, die einfache Rekognitionsabgabe der Hörigen, welche zu der nämlichen Zeit auch in Baden nur noch von den wenigen Leibeigenen bezahlt wird, welche ohne vorhergehenden Abkauf des Verhältnisses an einen freien Ort überzogen, ist auch im Unterelsaß sehr selten geworden. Nur einmal finde ich ein ganzes Dorf, wo sie sich als allgemeine Abgabe erhalten hat,[2]) sonst begegnet nur hin und wieder eine vereinzelte pflichtige Person.[3]) Diese Erscheinung hat nichts auffälliges an sich, sondern ist die Folge einer allgemeinen Entwickelung, welche den Leibesherren die ihnen mehr lästige als einträgliche Abgabe entbehrlich machte.

Dagegen ist der Todfall im Unterelsaß ganz allgemein ver= breitet. Durchwandern wir das Land von der Queich nach Süden, so sind gleich von den sechs speyerischen Ämtern nur die beiden, welche zur Mundat Weißenburg gehören, Altenstadt und St. Remy, kraft deren Privileg frei;[4]) todfällig ist ferner hier der gesamte Besitz von Zweibrücken.[5]) Weiter südwestlich sind die beiden Grafschaften Lützelstein[6]) und Dagsburg[7]) im vollen Umfang der nämlichen Last

---

[1]) Vgl. hierfür z. B. die Serie von Rechnungen für das hanauische Amt Hatten, Akten B A U E. E 3277 pro 1630, 31; 3278 pro 1660/61; 3287 pro 1679, 80; 3288 pro 1681; 3289 pro 1686; 3290 pro 1687; 1688; 3291 pro 1689. Stab Offendorf, ebenfalls hanauisch: E 3661 pro 1684, 85, 86. Amt Oberbronn, Leiningen gehörig E 4501 pro 1550, 1551, 52; E 4539 pro 1679; 4541, 4541bis pro 1683; 4542 pro 1684; 4543 pro 1685; 4544 pro 1686; 4545 pro 1690. Vgl. ferner die Beschreibung von Dagsburg, Mf. 1013: „die Unterthanen zu Dagsburg sind Leib- eigen und darf sich Kelner oder beren Kinder eines ohne Meines Gnädigen Grafen und Herrn oder beßen jederzeiten Ambtmanns.... verwilligung verheyrathen, darf auch nicht aus dieser Grafschaft ziehen, er habe sich dann der Leibeigenschaft, nach deme es mein Gnädiger Herr oder ein Ambtmann guth befindet, mit einer Summa Geldes entlediget, und ben zehenden pfenning von allem seinem Guth abgerichtet." Früher wurde die Auswanderung auch ohne Abkauf der Leibeigenschaft gestattet, diese Personen entrichteten jährlich 2 ß. Leibbeet. Der Todfall besteht in dem ohn- eins besten Stück Vieh oder in Geld nach dem Vermögen.
[2]) Im Amt Zabern. Akten B A U E. G. 2229.
[3]) Vgl. Akten B A U E. E. 405, für Cleeburg=Katharinenburg, 1780.
[4]) Akten G L A K. Bruchsal. Gen. 1105.
[5]) Akten B A U E. E. 405.
[6]) Akten B A U E. E. 493.
[7]) Akten B A U E. E. 4413.

unterworfen; bloß der Hauptort von Lützelstein ist befreit. In der Grafschaft Hanau-Lichtenberg begegnen wir dem Todfall in mehreren Dörfern des Amts Buchsweiler und in den ganzen Ämtern Brumath, Hatten [1]) Wörth, Kutzenhausen und Offendorf; auf bischöflich straßburgischen Gebiete endlich wird er fast in den ganzen Ämtern Kochersberg und Schirmeck gereicht, während im Amt Zabern wenigstens ein, im Amt Benfeld zwei Dörfer todfällig sind. [2])

Wie man sieht, erfaßt die Schuldigkeit regelmäßig ganze Dörfer und selbst vollständige Herrschaften. Hieraus ergiebt sich, daß die rechtliche Struktur der elsässischen Leibeigenschaft zu dieser Zeit dieselbe war, wie in Baden; es muß auch hier eine sogenannte Realleibeigenschaft bestanden haben. Der Kreis der zur Entrichtung verpflichteten Personen scheint etwas enger als auf dem rechten Rheinufer gewesen zu sein, indem mehrfach die Weiber als befreit erscheinen. [3])

Die Erhebung war, wie stets, lokal höchst verschieden geregelt. In dem zweibrückenschen Amt Kleeburg war der Todfall zu einer von der Gesamthöhe des hinterlassenen Vermögens abhängigen Erbschaftssteuer im Betrag von zwei Prozent geworden, welche Immobilien, Mobilien, besonders Vieh, und Kapitalien gleichmäßig ergriff, binnen zehn Jahren aber von demselben Vermögen auch bei wiederholtem Eigentumsübergang nur einmal entrichtet wurde. Anderswo behauptete sich die ursprüngliche Form des alten Falles. Derselbe besteht in den Ämtern Kochersberg und Buchsweiler übereinstimmend nicht, wie in Baden, in dem besten, sondern im zweitbesten Stück Vieh, welches aber gewöhnlich nicht in Natura eingezogen, sondern durch eine Geldabfindung ersetzt wird; ist kein Vieh vorhanden, so geschieht der Ansatz in Buchsweiler nach dem Vermögen. [4])

---

[1]) Akten B A U E. E. 3233; 3265; 3408; vgl. Kieser, Steuern 24, dessen Angaben etwas differieren.
[2]) Akten B A U E. G. 2229; 2380; 2466. Vgl. Darmstädter 250. — Auch außerhalb des Gebiets der Reichsstände kommt der Todfall im Unterelsaß vor, z. B. in der an die Jesuiten gekommenen Abtei Selz und in Fleckenstein, vgl. Notes d'arrêt 363, 1726, Februar 26.
[3]) Z. B. in Bühl, Amt Hatten, Akten B A U E. E. 3408.
[4]) Vgl. die in den vorhergehenden Anmerkungen zitierten Akten.

Decken sich Leibbeet und Todfall im Unterelsaß im allgemeinen mit den Zuständen des rechten Rheinufers, so ist bei dem dritten Ausfluß der Leibeigenschaft durchaus das Gegenteil der Fall. In Baden muß jeder Leibeigene, der an einen freien Ort im Lande überzieht oder auswandert, die Leibeigenschaft mit fünf oder zehn Prozent seines Vermögens abkaufen; dieser technisch als Manu=mission bezeichnete Akt bringt dem Markgrafen im Durlachischen jährlich immerhin fast 3000 fl. ein. In den Rechnungen unserer elsässischen Herren finden wir nun wohl auch sehr häufig die nämliche Rubrik; aber es ergiebt sich gleichzeitig, daß dieselbe regelmäßig gar nichts trägt. Diese Thatsache läßt sich offenbar nicht durch eine Eigentümlichkeit freier Entwickelung, sondern nur durch einen gewalt=samen Eingriff erklären, welchen die Institution erlitten hat, und der nach Lage der Dinge nur vom König ausgegangen sein kann.

Wenige Maßregeln der französischen Verwaltung sind indes in ein tieferes Dunkel gehüllt, als diese; wenn überhaupt ein allgemeines Edikt darüber ergangen ist, so muß es ebenso früh und noch voll=ständiger in Verlust geraten sein, als jene Fronordnung des Inten=danten Colbert. Nur wie ein Gerücht hören wir von ihr, hier und da hat ein gewissenhafter Einnehmer zum Jahr 1680 die wichtige Thatsache in seinem Rechnungsbuch vermerkt, daß die Leibeigenschaft vom König aufgehoben worden sei.[1] Klarheit in dieser Angelegenheit verdanken wir allein dem wackeren badischen Schultheißen von Bein=heim, der seinem Markgrafen über die am 1. Juni 1680 von ihm und anderen Vorgesetzten zu Weißenburg der Krone Frankreich gelei=stete Huldigung sogleich ausführlich berichtet hat.[2] Darnach wurde bei dieser Gelegenheit vom Stadtvogt ein königliches Arrêt verlesen, welches unter anderem mehrere neu eingeführte herrschaftliche Abgaben und sogar die Fronen abschaffte und zum Schluß die völlige, unent=

---

[1] So findet sich in einem 1766 offenbar nach den alten Rechnungen für Beinheim aufgestellten Etat beim Todfall zum Jahr 1680 der Vermerk: 0, weil dermalen die Leib Eigenschafft aufgehoben seyen soll." 1673 wurde das Gefäll noch erhoben, ebenso die Manumissionstaxe. Akten G L A K. Baden. Gen. Ausl. Bein-heim. 589. Thatsächlich behaupteten die Unterthanen in Beinheim im Jahr 1700 bei Gelegenheit einer Klage, daß die Leibeigenschaft durch königliche Ordonnanz abgeschafft sei; Akten l. c. 605.

[2] Akten G L A K. Baden. Gen. Ausland. Beinheim. 603: „die Leibeigenschafft betreffend soll ganz uffgehoben und jedes orth freyziehig seyen ohne einigen entgelt".

geltliche Aufhebung der Leibeigenschaft und unbedingte Freizügigkeit aller Orte verkündigte. Es wird wohl keinem Zweifel unterliegen, daß der nämliche Vorgang sich auch anderswo allgemein wiederholt hat.[1) Die Thatsache steht also fest, daß die Leibeigenschaft im Unter= elsaß bei der Besitzergreifung durch die Franzosen, wie der Schultheiß sagt, aufgehoben worden ist.[2) Besteht nun aber nicht ein Wider= spruch zwischen dieser Aufhebung und dem Fortbestand des Todfalls im achtzehnten Jahrhundert? Ich glaube nicht. Der König hatte offenbar ein eigenes Interesse nur an der Beseitiguug der Freizügig= keitsbeschränkung, der eigentlichen Schollensässigkeit, weil dieser Zustand mit der Idee der französischen Staatseinheit im ausgesprochenen Gegensatz stand und die Verschmelzung der Provinz mit dem König= reich entschieden hinderte. Darum machte er dieser Einrichtung ein Ende und beschränkte die Manumission auf den Fall der Auswande= rung aus der Monarchie, gerade, wie er es beim Abzug auch that. Die einfache Abgabe des Todfalls hatte dagegen für den König keine Bedeutung, sie war ihm eine kleine herrschaftliche Steuer, wie viele andere. Entweder war nun der Verlauf der, daß die königliche Ver= ordnung von 1680 sich von Anfang an nur auf die Abschaffung der Manumission beim Zug innerhalb der französischen Grenzen beschränkte und den Todfall ganz unberührt ließ; oder dieselbe hob thatsächlich zunächst das ganze Institut der Leibeigenschaft auf, als Pression gegenüber den Ständen, worauf dann der König dieselben bei ihrer Unterwerfung unter seine Souveränität wieder in den Genuß des für ihn unverfänglichen Teiles desselben, nämlich des Todfalls und der Leibbeet, hergestellt hätte. Ohne in der Lage zu sein, zwischen beiden Möglichkeiten eine bestimmte Entscheidung zu treffen, möchte ich mich gleichwohl eher für die zweite erklären; es spricht dafür, daß thatsächlich in Beinheim, wo nie eine förmliche Anerkennung der französischen Oberhoheit stattfand, auch alle Leibeigenschaftsausflüsse

---

[1) Sogar auch außerhalb des Elsaß, in Luxemburg, hob Ludwig XIV. 1686 die Leibeigenschaft auf. Handwörterb. d. Staatswiss. II, 213.

[2) In der ganzen Litteratur bin ich nur zwei Andeutungen des wichtigen Ereignisses begegnet, bei [Stupfel], Considérations, 149 und bei [Bachmann], Be= trachtungen, 164. Letzterer sagt positiv, daß bei der Besitzergreifung der zwei= brückischen Ämter im Jahr 1680 die Leibeigenschaft aufgehoben wurde; seine Kenntnis beruht sicher auf den Akten des herzoglichen Archives.

insgesammt, Todfall nicht ausgenommen, vom Jahr 1680 an auf=
hörten. Andererseits kann freilich auch aus dem Umstande, daß die
Lettres patentes den Todfall ausdrücklich erwähnen, nach Analogie
der übrigen Titel geschlossen werden, daß die Herren zur Zeit der
Erteilung derselben im Besitz des Gefälls waren; und ebenso fällt
auf dieser Seite ins Gewicht, daß das Besthaupt in der Grafschaft
Dagsburg, für welche nie offene Briefe ausgefertigt wurden, im Jahr
1782 gleichwohl allgemein entrichtet wurde.[1]

IV.
Die Grundherrschaft.

Weniger als alle anderen bedarf diese Institution einer genaueren
Schilderung. Es genügt vielmehr, in einem kurzen Überblick nachzu=
weisen, daß dieselbe im Elsaß, von einem einzigen, gleich hernach zu
berührenden Umstande abgesehen, die nämlichen Formen, wie im übrigen
Südwestdeutschland darbietet.

Vor allem geht der Grundherrschaft auch hier die Geschlossen=
heit vollständig ab. Weit entfernt, daß der Gerichtsherr in seinem
Gerichtsbezirk alle derartigen Berechtigungen ausschließlich besäße,
wie dies bei seinem lothringischen Nachbar häufig der Fall ist,[2]
sieht er vielmehr eine erhebliche Anzahl fremder Grundherren neben
sich auftreten, teils Gerichtsherren, wie er selbst, teils milde Stif=
tungen, Klöster ohne Obrigkeit und gewöhnliche Privatpersonen. So
erscheinen denn auch unsere Stände und Ritter innerhalb und außer=
halb ihres Gebietes an den verschiedensten Orten als Grundherren.[3]
Der Inhalt ihrer Berechtigungen ist sehr verschiedener Art.

---

[1] Vgl. hierfür jeweils die früher zitierten Akten, sowie die lett. pat.
[2] Darmstädter, Befreiung der Leibeigenen 153.
[3] Vgl. z. B. Kiefer, Balbronn, 316 ff, 319 ff. Im Bann dieses hanauischen
Dorfes gab es beim Ausbruch der Revolution folgende Grundherren: der Land=
graf selbst; der Deutschorden, dessen Besitz größer war, als derjenige des Landes=
und Gerichtsherrn; das Stift Haslach; die Johanniter; das Stift Zabern; das
Domkapitel Straßburg; der Bischof von Straßburg; die Pfarrei Bergbieten; die
Familie von Rathsamhausen. Vgl. die Renovation des Bannes von Brumath von
1636, Akten, B A U E. E. 1596; 1609. Vgl. auch die lehrreiche Übersicht über die
königlichen Lehen l. c. C. 324; ferner die Zusammenstellung des herrschaftlichen
Besitzes in Lützelstein, E 191, 200, 199, 493; endlich für die ritterschaftlichen Ver=
hältnisse z. B. E 1073, famille de Landsperg.

Überall findet sich ein oft nicht unbeträchtlicher ʼherrschaftlicher Eigenbesitz,[1]) bei dessen Bildung in sehr vielen Fällen das früher schon abgehandelte herrschaftliche Heimfallsrecht auf verlassene Güter sichtlich eine große Rolle spielte, und der darum verhältnismäßig jungen Datums ist.

Von diesem Besitz nützt die Herrschaft selbst regelmäßig nur sehr kleine Teile, meist Wiesen, die dann in der Fron bestellt werden. Die Regel ist, daß derselbe zu Zeitpacht auf drei bis neun Jahre verliehen wird.[2])

Anders verfuhr man unter besonderen Umständen in Rappolt=stein.[3]) Dort waren die durch Krieg völlig entvölkerten Thäler von Markirch und Urbeis infolge des Heimfallsrechts in ihrem ganzen Umfang an den Herren von Rappoltstein gelangt, dergestalt, daß hier noch im achtzehnten Jahrhundert jeder Fuß breit Boden dem Pfalzgrafen gehörte, wohl das bedeutendste Beispiel der durch jene Befugnis bewirkten Bildung von Herrschaftsland. Als nun seit dem sechszehnten Jahrhundert das Urbeisthal von Franzosen und Lothringern, das Gebiet von Markirch aber von Sachsen, Pfälzern und Schweizern neu besiedelt wurde, überließ die Herrschaft diesen Kolonisten den Boden weder käuflich zu freiem oder zinsbaren Eigentum, noch in ein=facher Zeitpacht, sondern in der Form der Emphyteuse, ein Verhältnis, welches hier technisch als Arrentement bezeichnet wird. Der Erwerber erhält das Gut, welches er meist erst urbar machen muß, mit dem Recht unbegrenzter Vererbung gegen eine einmalige Anzahlung (droit d'entrée) und einen kleinen Kanon; es fällt bei zweimaliger Zins=versäumnis dem Herrn zurück; über die Verleihung wird ein förm=licher Brief, wie bei Erblehen ausgefertigt. Noch im achtzehnten Jahrhundert geschahen zahlreiche Vergebungen dieser Art; im Jahr 1717 empfingen in den drei Gemeinden Urbach, Diebolshausen und Schnierlach (Fréland, Bonhomme und La Poutraye) im Urbeisthal neunzig Bauern auf einmal zu diesen Bedingungen gegen zusammen 1024 l. Entrée und entsprechenden Kanon Land.

---

1) Vgl. S. 88, Anmerkung 3.
2) Akten B A U E. E. 405; 3265, Amt Brumath; E 199, Lützelstein.
3) Akten B A O E. E. Extrab. Münch. 1898. III. 19. g; 20, Beilag. Cap. L XV.

Das Resultat des eben geschilderten Verfahrens ist, daß die Herrschaft nur ein Obereigentumsrecht für sich bewahrt. Eine solche Gewalt am Boden steht ihr aber nicht bloß hier, wo wir deren Entstehung genau verfolgen können, sondern auch in vielen anderen Einzelfällen seit alters zu. Bisweilen trägt sie auch hier die Züge der Emphyteuse, oft aber auch diejenigen des wesentlich nur durch ein abweichendes Erbrecht davon verschiedenen, gewöhnlichen deutschen Erblehens. Erblehen finden sich überall, aber doch nicht in besonders großer Zahl; vielfach sind es, wie in Baden, Mühlen, welche in diesem Verhältnis stehen und zu deren Lasten dann auch ein oder mehrere Mastschweine gehören. [1]

Weitaus an der größeren Masse der Güter im Lande aber steht das Eigentum nicht in der einen oder anderen Form unseren Herren, sondern den Bauern zu. Dasselbe ist indes fast niemals ein völlig freies, sondern meist ein reallastbeschwertes Eigentum; die Hebungsrechte aber, welche darauf ruhen, sind unendlich häufig in den Händen der Stände oder Ritter und stellen den zweiten, wichtigeren Bestandteil ihrer Grundherrschaft dar.

Unter ihnen ist das umfassendste der Zehnte, welcher in den protestantischen Landschaften in weitem Umfang in den Besitz der ehemaligen Landesherren übergegangen, anderswo aber, wie in Murbach, auch den geistlichen Inhabern geblieben ist. Vielfach ist die Berechtigung daher, wie in der Grafschaft Horburg-Reichenweier, ungemein zersplittert. Ihre außerordentliche Bedeutung aber lehrt ein Blick auf die Herrschaft Rappoltstein. Der Pfalzgraf besitzt hier im Jahr 1787 den großen Zehnten in 24 Orten, gelegentlich freilich nur ein Achtel oder selbst ein Fünfzehntel davon, meist aber das ganze; ferner in mehreren Dörfern den kleinen Zehnten, gewöhnlich immer bloß von einem einzelnen Gewächs an jedem Ort, bald Welschkorn, bald Rüben oder Kartoffeln oder Heu; endlich noch in zehn Dörfern, worunter Reichenweier, den Weinzehnten, welch letzterer im Jahr 1788 147 Maß

[1] Im Amt Brumath z. B. liegen an Erblehen 1787 2 Ziegelhütten, 2 Hanfreiben, 1 Wasenmeisterei, 1 Hofgut in Mittelhard — Akten B A U E. E. 3265; in Buchsweiler-Pfaffenhofen und Hatten sind bloß die Mühlen Erblehen — E. 3233, 3408; für die Ritterdörfer vgl. die Steuerlisten für 1788 — E 1374; für Cleeburg-Katharinenburg E 405.

Edel-, 332 Maß Rot- und 5065 Maß gewöhnlichen Wein brachte. Im Durchschnitt belief sich der Rohertrag aller herrschaftlichen Zehnten in der Grafschaft Rappoltstein damals auf 78 546 l. Andererseits ruhten darauf erhebliche Lasten für den Unterhalt von Kirchen und Pfarrhäusern, sowie die Herbstkosten allein 2156 l. betrugen; auch ließ die Qualität der Zehntfrüchte hier gewiß nicht weniger zu wünschen, als in Horburg, von wo einmal ein württembergischer Verwalter seinem Herzog schmerzlich die höhnische Äußerung eines Schweizer Käufers gemeldet hatte, daß bei ihm zu Hause das Wasser besser sei als hier der hochfürstliche Zins- und Zehntwein. Immerhin aber blieb der Herrschaft die ansehnliche Summe von 63 113 l. Hierzu kam noch der Noval- und selbst der Blutzehnte, letzterer allerdings nur in dem einen Dorf Weckolsheim in der bescheidenen Höhe von 19 l.[1]

Zum Zehnten gesellen sich weiter Gülten und Zinsen aller Art, welche nicht nur auf den landwirtschaftlich genützten Grundstücken, sondern regelmäßig auch auf vielen Häusern der einzelnen Orte liegen. Wie in Baden werden sie in der verschiedensten Weise, in Getreide, in Geflügel, besonders Kapaunen, in Wein und in Geld entrichtet; ebenso kehrt die Zersplitterung in sehr kleine Posten bei ihnen infolge der im Elsaß gleichmäßig herrschenden Parzellierung des Bodens wieder. Auch hier handelt es sich um bedeutende Einnahmeposten; die herrschaftlichen Grundzinsen in der Grafschaft Rappoltstein be- liefen sich auf 12 845 l.[2]

Alle diese Formen der Grundherrschaft bieten nun, wie gesagt, nichts eigentümliches dar; sehr merkwürdig aber ist, daß sich neben ihnen überall im Land noch die älteste Form grundherrschaftlicher Organisationen erhalten hat, der Dinghof. Dergleichen Höfe (colonges) giebt es z. B. in der Herrschaft Rappoltstein drei, zu Gemar, Jebsheim und Weier i. Th.; in Horburg-Reichenweier fünf, welche dem Herzog und zwei, welche dem Kapitel von St. Dié gehören; in den Ämtern Buchsweiler und Pfaffenhofen sechs; im Amt

---

[1] Vgl. für Murbach Rechnung von 1783, Alten B A O E. Murb. Rechn. II. Abt. Kart. 22; für Horburg Pfister, Horbourg, 37 ff, 47; für Rappoltstein Alten B A O E, E. Extrab. Münch. 1888. III. 19. a.

[2] Alten B A O E. E. Extrab. Münch. 1888. III. 19. g. Vgl. überdies die früher oft zitierten Rechnungen und sonstigen Alten.

Brumath zwei, in Weitbruch und Geubertheim, in den Ämtern Zabern und Kochersberg drei, im Amt Benfeld zwei; dagegen im Amt Hatten keinen. [1] Im allgemeinen gewinnt man den Eindruck, als ob sie im Oberelsaß häufiger wären, als im nördlichen Teil der Provinz, ein Unterschied, welcher höchst wahrscheinlich mit der verschiedenen Aus= bildung der Leibeigenschaft zusammenhängen dürfte. Die Verfassung dieser Höfe war noch um die Mitte des Jahrhunderts ganz in ihren altertümlichen Formen in Kraft. Die Herrschaft bezog daraus die Konventionsstrafen, soweit sie nicht dem Meier gehörten, die Grund= zinsen und beim Tod eines Dinghofmannes den Fall von seinen Gütern; [2] der Meier übt seine Strafgewalt und kann die Güter der= jenigen, welche mit ihren Bußen im Rückstand bleiben, auf dreimal vierzehn Tage verbannen. In Gegenwart des herrschaftlichen Amt= manns hielt er noch mit seinen beiden Schöffen und dem Weibel auf Martini in dem Hof zu Gottesheim das Dinggericht. Wie irgend einer seiner mittelalterlichen Vorgänger stellt er die uralten Hegungs= fragen und verliest die Namen der Kolonen, die Bauern rufen eilig ihr „bô" — denn wer zu spät kommt, büßt den Verstoß mit vier Maß Wein — und bezahlen ihren Zins mit 1¹/₂ ₰ vom Acker; sind Wahlen erforderlich, so werden sie hier vorgenommen und vom Amtmann bestätigt. Den Beschluß der Zusammenkunft aber bildet ein langdauerndes Gelage, das einzige, was dem Amtmann Kromeyer an der ganzen Einrichtung noch bemerkenswert und verständlich vor= kam und ihm das Urteil eingab, es sei „ein altes, ehrliches Sauff= gericht, und dieses heutiges nur ein schattenwerk von dem alten Ding= hofe." [3] Indes war das ehrwürdige Rechtsaltertum, welches freilich die rationalistischen Rappoltsteiner als „lächerliche Ungereimtheit" [4] ver= spotteten, doch dem Untergang sehr nahe; der alte Organismus er= schlaffte, bald hier, bald da setzte ihm der fürstliche Schaffner in seinen Büchern ein letztes Denkmal durch den Eintrag: ungiebig, die Censiten bleiben aus.

[1] Akten B A O E. E. Extrab. Münch. 1888. III. 19. g; Ch. Pfister, Horbourg 54; Akten B A U E. E. 3233; 3265; G. 2229; 2380; E 3408.
[2] Akten B A U E. E. 3265.
[3] Hanauer, constitutions 379 ff.
[4] Akten B A O E. E. Extrab. Münch. 1888. III. 19, g.

Die eben kurz skizzierte Natur der fürstlichen Grundherrschaft bietet nun auch den Schlüssel zu jener früher erwähnten Vorliebe der Gerichtsherren für das Frongeld anstatt der Naturaldienste. Ohne eigenen erheblichen Betrieb waren sie überall in Verlegenheit, auch nur die zwölf Tage auszunützen, welche sie noch wirklich fordern durften, es war für sie weit vorteilhafter, die runde Geldsumme ein- zuziehen und die wenigen Geschäfte, welche etwa vorfielen, durch be- zahlte Arbeiter verrichten zu lassen. Darum erklärte es Geheimerat Rühl geradezu für eine unerträgliche Bosheit, als drei Dagsburger Gemeinden für die Ableistung in Natura optierten[1]), und auch der Markgraf von Baden hätte viel lieber das ansehnliche Frongeld als die Dienste seiner Beinheimer bezogen, mit welchen er nichts anzu- fangen wußte; es lag eine eigentümliche Ironie darin, daß gerade die dem aufgeklärten Liberalismus der Zeit so widerwärtige Fortdauer der Institution der Zwangsarbeit hier dem praktischen Bauernverstand der Pflichtigen das Mittel dazu darbot, sich thatsächlich überhaupt jeder Schuldigkeit zu entledigen.

Versuchen wir zum Schluß, uns ein Bild von der allgemeinen Wirkung der eben geschilderten Zustände in unserer Provinz zu machen.

Für die Unterthanen unserer Stände und Ritter schlossen die- selben sicherlich mehrere große Vorteile ein. Sie genossen vor allem einer Rechtssicherheit, wie sie dem Bürger oder Bauern in gleichartigen Herrschaften diesseits der Reichsgrenzen nicht überall zu Teil wurde. Der Appell an das Reichskammergericht oder an den Reichshofrat war an energischer Wirksamkeit mit der Klage vor dem Hohen Rat in Colmar nicht entfernt zu vergleichen; Vorfälle wie diejenigen, deren Schauplatz zu Anfang des achtzehnten Jahrhunderts das Odenwälder Ritterdorf Michelfeld war,[2]) oder wie jene Erzesse, welche Kaiser Joseph II. zu seinem Aufsehen erregenden Verfahren gegen einige Reichs- grafen veranlaßten, konnten sich im Elsaß nicht mehr zutragen. Denn während im Reich die zu solchen Ausschreitungen am meisten geneigten Herren gerade in den engsten Beziehungen zu den Gewalten standen, welche sie allein im Zaum zu halten vermochten, so unterlagen um-

[1]) Akten B A U E. E. 4413.
[2]) Vgl. Ludwig, der badische Bauer, 76 ff.

gekehrt die elsässischen Herren einer ihnen im ganzen nicht freundlichen und darum jeden Mißbrauch streng unterdrückenden Staatsgewalt. Und nicht nur gegen neue unberechtigte Zumutungen fand sich der elsässische Unterthan geschützt; die mächtige Hand des Königs erleichterte ihm mehrere sonst drückend empfundene Lasten.

Mit Recht sind diese Vorzüge der französischen Verwaltung im Elsaß öfters stark hervorgehoben worden; [1]) nur darf man jedoch dar= über auch die ihr anhaftenden übeln Züge nicht vergessen. Daß das Protektionswesen viel zur Korruption der seigneurialen Beamten bei= trug, verspürte der Unterthan eben so sehr, wie der Herr. Und wie teuer ließ sich der mächtige Staat, der ihn gegen den Seigneur be= schützte, diese Hülfe bezahlen! Man hat darauf hingewiesen, daß die königlichen Abgaben in der Provinz Elsaß niederer waren als sonst im Königreich. [2]) Aber nicht nach Frankreich muß man hier sehen, sondern nach Deutschland! Ohne Zweifel blieben hier die Territorial= steuern in Gebieten von gleichem Umfang weit hinter den Anforderungen des Großstaates zurück; die badischen Landesfronen stehen in gar keinem Verhältnis zu der Schwere der corvée royale. Andererseits war der elsässische Seigneur eher zur rücksichtslosen Eintreibung der ihm übrig gebliebenen Bezüge geneigt, als ein deutscher Landesherr, der doch beide Eigenschaften in sich vereinigte und sich zwar darum einer unvergleichlich stärkeren Zwangsgewalt erfreute, aber auch immer durch sein eigenes Interesse an der Leistungsfähigkeit seines Gebietes in Schranken gehalten wurde. Das Zusammentreffen der königlichen und der seigneurialen Abgaben legte dem Elsässer darum eine Last auf, die vielleicht immer noch leichter als in anderen französischen Provinzen, aber sicherlich schwerer, als in den entsprechenden Ländern des Reiches war.

Die elsässischen Stände und Ritter ihrerseits waren gewiß auch noch zu Ende des achtzehnten Jahrhunderts sehr einflußreiche Leute. Auf der Seigneurie und ihrer territorialen Gliederung ruhte der Bau der königlichen Verwaltung, ihr war überall die Rechtsprechung erster

---

[1]) Diese Sätze waren bereits niedergeschrieben, als Reuss, l'Alsace I erschien; ich freue mich, mit diesem vielleicht besten Kenner der elsässischen Geschichte hier gleicher Meinung zu sein. Vgl. l. c. Conclusion. Vgl. Schricker, französische Ver= waltung; Pfister, l'Alsace sous la domination française 21 ff.

[2]) Krug=Basse 42; vgl. dagegen Pfister, l'Alsace sous la domination fran= çaise, 15.

Instanz anvertraut. Aber wenn der König doch schon hier vielfach mit beschränkenden Normen eingriff, so ließ er dem Seigneur an der Landesverwaltung, den Geschäften des eigentlichen Regierens, kaum den kleinsten Anteil. Was der Herr an Hoheitsrechten bewahrte, reichte wohl noch zur Erhaltung seiner Autorität bei seinen alten Unterthanen hin, aber es gab ihm doch kein Anrecht mehr auf landes= herrliche Stellung. So wird man denn den wichtigsten Inhalt der herrschaftlichen Rechte um so mehr in dem Bezug der verschiedenartigen Einnahmen finden dürfen, als der Seigneur selbst seine Jurisdiktion wesentlich als nutzbares Recht zu betrachten gewohnt war.

Der Gesamtbetrag dieser Einkünfte aber war nun allerdings sehr hoch. Der Bischof von Speyer bezog von den sechs oberqueichischen Ämtern 176 806 fl = 385 760 l., der Bischof von Straßburg im elsässischen Teile seines Territoriums 471 566 l., der Landgraf von Hessen=Darmstadt 408 226 fl., der Pfalzgraf in der Herrschaft Rappolt= stein 167 215 l., Murbach 193 679 l. ohne die Naturalien, und selbst das kleine Beinheim brachte Baden fast genau 9000 fl. ein.[1] Diese Ziffern geben einen Begriff von der materiellen Bedeutung der zuvor geschilderten Einkünfte; aber wie hoch sich dieselben immer be= laufen mochten, sie stellten doch keine wirklichen Regierungsrechte dar, die Thatsache bleibt immer bestehen, daß hier aus Landesherren, Fürsten und Reichsrittern, sehr angesehene Rentenempfänger geworden waren, die nebenbei auch einige öffentliche Funktionen ausübten.

Können wir aber den Wert der noch erhaltenen Anrechte der Fürsten für sie selbst unmöglich so hoch schätzen, als dies auf den ersten Blick etwa geschehen möchte, so steht es anders um seine nationale Bedeutung. Auf der Fortdauer dieser Herrenrechte beruhte die Er= haltung des Zusammenhangs der Provinz nicht nur mit dem Reich — denn dies wollte wenig genug besagen — sondern mit dem Deutschtum überhaupt; solange noch der Landgraf von Hessen und der Herzog von Württemberg ihre Amtleute und Schaffner über dem Rhein an=

---

[1] Akten G L A K. Bruchsal. Gen. 2399; Fischer, revenus 11 ff; Kiefer Steuern, Beilage II, IV; Akten B A O E. E. Extrab. Münch. 1888. III. 19. 1; 1795 berechnete Zweibrücken diese Einkünfte etwas höher auf 175 000 l., l. c. 19. g; Akten B A O E. Murbach. Rechnung. II. Abt. Karton 22; G L A K. Baden. Gen. Ausl. Beinheim. 623.

stellten, konnte das Land nicht wirklich französisch werden, weil kein unwiderstehliches Interesse, wie das Rechtsbedürfnis ist, das deutsch redende Volk dazu zwang, sich einer fremden Zunge zu bedienen: darum blieb auch jener Erlaß, welcher schon im Jahr 1685 dem Elsaß die französische Gerichtssprache aufzwingen wollte, bis zur Revolution in unseren Herrschaften ein toter Buchstabe. Es war ein Verhängnis, daß dem so war; denn als das Jahr 1789 herankam und die Provinz zu wählen hatte, ob sie ihre deutsche Nationalität bewahren wollte um den Preis des Fortbestandes der Feudallasten oder sie opfern sollte gegen die Freiheit des französischen Volkes, da fiel die Entscheidung, wie sie fallen mußte: es war nach Sybels Ausdruck der Tag, an welchem in warmer Freiheitsbegeisterung die innere Verschmelzung des Elsaß mit der französischen Nation begann.[1]

---

[1] Sybel, Geschichte der Revolutionszeit I, 197.

Viertes Kapitel.

Die letzten Reformen der alten Monarchie.

Eine der größten Überraschungen, welche Tocquevilles berühmtes Buch über die französische Revolution seinen Lesern bereitete, war der Nachweis der merkwürdigen Thatsache, daß diese Bewegung nicht erst im Jahr 1789 begonnen hat,[1]) oder, wie er sich ausdrückt, daß ihr eine andere, erste Revolution vorausgieng, welche für den Verlauf der zweiten die größte Bedeutung gewann, durch die gewaltigen Dimensionen der jüngeren Bewegung aber lange Zeit völlig verdeckt worden ist. Wir waren bereits früher an diesen Umstand zu erinnern genötigt, hier ist der Ort, ihm völlig gerecht zu werden.

Mit einer gewissen Resignation spricht ein so genauer Kenner der menschlichen Leidenschaften, wie Treitschke, von der Unmöglichkeit, die Ursachen der deutschen Aufstände des Jahres 1848 in völlig klares Licht zu setzen; man müsse sich nach Aufzählung vieler einzelner Momente, meint er, zuletzt doch mit der Einsicht begnügen, daß die Stimmung der Zeit reif war für eine Revolution.[2]) Nichts ist sicherer, als daß diese Betrachtung auch auf die große Umwälzung in Frankreich Anwendung findet. Dies vorausgeschickt, darf man aber doch, wie von jeher geschah, einen der allerwichtigsten Anlässe in der Finanzlage des Landes erblicken.

Im Jahre 1786 war es dahin gekommen,[3]) daß das gewöhn=liche Defizit, von der schwebenden Schuld abgesehen, den Betrag von

---

[1]) Tocqueville, l'ancien régime 285 ff.
[2]) Treitschke, deutsche Geschichte V, Vorwort.
[3]) Die folgende orientierende Übersicht beruht auf Chérest, la chute de l'ancien régime.

hundert Millionen Livres bereits überschritt. Nicht mehr einzelne Maßregeln für sich, sondern nur eine sehr einschneidende Änderung des französischen Steuersystems überhaupt vermochte hier Hülfe zu bringen; denn wie hoch man auch die in allen Zweigen der Verwaltung möglichen Ersparnisse veranschlagen mochte, so blieb doch immer ge= wiß, daß die Einnahmen des Staates für ein großes Land mit dem Fortgang der Zeit unzulänglich geworden waren. Calonne hielt für unvermeidlich, die bis daher privilegierten beiden oberen Stände mit zu der neuen Grundsteuer, welche er projektierte, der subvention terri= toriale, heranzuziehen, wie sie auch durch das zweite von ihm ent= worfene Steuergesetz über die Stempelgebühren (timbre) betroffen werden sollten. Der gewöhnliche Weg, die Einregistrierung beider Edikte beim Parlament von Paris und den übrigen höchsten Ge= richten, schien jedoch dem Contrôleur général ohne weitere Vorbe= reitung zu unsicher; er hoffte, an der ersten Notabelnversammlung, deren Berufung Ludwig XVI. am 27. Dezember 1786 verfügte, zu= nächst einen Rückhalt zu gewinnen und gedachte dann erst das Par= lament durch den Druck der in jener Körperschaft gleichsam repräsen= tierten öffentlichen Meinung zur Gefügigkeit zu zwingen. Allein auch die Zustimmung der Notabeln mußte erkauft werden: der Preis, welchen der Minister neben anderen Konzessionen bot, war eine ge= regelte Teilnahme der Nation an der Finanzverwaltung, die allgemeine Errichtung von Provinzialversammlungen. Der Gang der Ereignisse kehrte sich gegen Calonne! Mitten in den Beratungen der Notabeln wurde er gestürzt, und der bisherige Führer der Opposition, der Erz= bischof von Toulouse, Loménie de Brienne, trat nach einem kurzen Interregnum an die Spitze der Regierung. Aber auch er vermochte den Widerstand der Privilegierten gegen die jetzt von ihm vertretenen Pläne seines Vorgängers nicht zu überwinden. Als daher die Edikte doch nach der Auflösung der Versammlung dem Parlament von Paris unterbreitet werden mußten, kam der von Calonne befürchtete Conflikt mit voller Schärfe zum Ausbruch; Ludwig XVI. mußte es erleben, daß das erste Gericht seines Landes sich für inkompetent erklärte und ihn um die Berufung der Reichsstände, allerdings in ihrer alten feudalen Organisation, angieng. Zwischen der Unmöglichkeit, den Ver= pflichtungen des Staates zu genügen, und der Weigerung der Magi=

strate, die neuen Steuern zu registrieren, entschloß sich Brienne zu einem Staatsstreich. Die Edikte vom Mai 1788 entzogen den Parlamenten das Recht der Einregistrierung königlicher Ordonnanzen, welches fortan von einer einzigen Behörde, der neu gebildeten cour plénière, ausge=übt werden sollte, und veränderten zugleich die ganze bisherige Ge=richtsverfassung. Eine allgemeine Aufregung ergriff infolge dieser Er=eignisse das ganze Königreich: sehen wir zu, welche besonderen Formen sie im Elsaß angenommen hat.

Die neue elsässische Provinzialversammlung beruhte auf drei Ver=fügungen. Zwei davon, das allgemeine Edikt vom Juni 1787 über die Errichtung von Provinzialversammlungen [1] und die Verordnung vom 5. August desselben Jahres über die Geschäfte dieser neuen Körperschaften und ihre Beziehungen zu den Intendanten, [2] waren dem ganzen Königreich gemeinsam; dagegen gab das Reglement vom 12. Juli 1787 [3] ausschließlich die näheren Ausführungsbestimmungen zu dem Generaledikt für unsere Provinz allein.

Dadurch wurde nun der folgende Rechtszustand geschaffen. Im Land existieren fortan drei Arten von Versammlungen, nämlich Gemeindeversammlungen (municipalités), Distrikts= oder Bezirks=versammlungen (assemblés de district) und die Provinzialver=sammlung (assemblée provinciale), von denen die umfassendere stets der beschränkteren übergeordnet ist. Für den Anfang werden die beiden höheren Versammlungen direkt oder indirekt durch königliche Ernennung und Kooptation gebildet; in Zukunft aber und zwar mit dem Jahr 1790 beginnend sollen sie aus Wahlen hervorgehen, so daß die Gemeindeversammlungen eines Distrikts aus ihren Mitgliedern die Distriktsversammlung und die sechs Distriktsversammlungen auf dieselbe Art die Provinzialversammlung wählen. Der Schwerpunkt der ganzen Institution wird somit alsdann, nach Ablauf der Über=gangszeit, in den Municipalitäten liegen. Das aktive Wahlrecht zu

[1] Vgl. Isambert, recueil 28, 361 ff. Nr. 2350; P E P V Anhang 1 ff; vgl. dazu Lavergne, les assemblées provinciales 100 ff; Chérest, chute de l'ancien régime I, 399 ff. Vgl. für das Elsaß speziell Ch. Hoffmann, la Haute-Alsace à la veille de la révolution, Rev. cath. d'Als. N. S. III, 593 ff, 700 ff.

[2] P E P V Anhang 73 ff.

[3] P E P V Anhang 7 ff.

diesen ist überall an einen Census von zehn Livres Steuer, das passive an den dreifachen Betrag gebunden. Die Municipalität besteht aus gewählten Mitgliedern und solchen, die ihr von Rechts wegen angehören. Letztere sind der Seigneur des Orts oder sein Vertreter und der Pfarrer; gewählt wird ein Syndikus (syndic) und je nach der Größe der Gemeinde drei bis neun weitere Beisitzer. Die Seele der Versammlung ist der Syndikus; er führt in Abwesenheit des Seigneurs, welche doch die Regel ist, den Vorsitz und besorgt alle laufenden Geschäfte, ohne freilich selbst Beschlüsse fassen zu können, lediglich als ausführendes Organ der Municipalität. Distrikts- und Provinzialversammlung sind zwar noch in alter Weise ständisch gegliedert; aber da andererseits die beiden großen Prinzipien der doppelten Vertretung des dritten Standes und der Abstimmung nach Köpfen für ihre Verfassung bereits zur Annahme gelangt waren, entbehrten sie durchaus des feudalen Charakters. Geborene Mitglieder gab es unter ihnen nur bei der Distriktsversammlung, während in der Provinzialvertretung niemand mehr zu eigenem Rechte saß.

Die Kompetenz aller dieser Versammlungen ist allein auf die Finanzverwaltung beschränkt. Soweit es sich um allgemeine Auflagen des ganzen Königreichs handelt, steht ihnen keine Deliberation, sondern lediglich exekutive Gewalt zu; dagegen besitzt die Provinzialversammlung allerdings das Recht, über besondere Provinzialabgaben Beschlüsse zu fassen. Die einzelnen Geschäfte welche hierdurch unseren Vertretungskörpern zugewiesen wurden, sind die Veranlagung und Erhebung der königlichen Steuern, die Direktion der öffentlichen Arbeiten und die Verwaltung der Gemeindevermögen oder milden Stiftungen. Sie teilen sich in diese Thätigkeit nach ihrer hierarischen Gliederung, so daß die Provinzialversammlung die Steuern auf die Distrikte und diese wieder sie auf die Gemeinden veranlagt, welchen ihrerseits durch die Municipalität die Repartition auf die einzelnen Steuerzahler und der unmittelbare Einzug obliegt. Diese Verrichtungen verlangen aber eine ununterbrochene Wirksamkeit der Versammlungen. Dieselbe wird bei der Provinzial- und den Distrikts- versammlungen durch die Einsetzung permanenter Ausschüsse (commission intermédiaire und bureau de district) erreicht; in den Gemeinden dagegen dient als Exekutivorgan der schon erwähnte Syndik.

Dem Intendanten stehen die neu gebildeten Versammlungen nicht
so durchaus frei gegenüber, wie anfänglich die ersten, von Necker in's
Leben gerufenen Vertretungen. [1]) Vor allem besitzen sie gar keine
Jurisdiktion; alle aus dem Veranlagungsverfahren entspringenden
Streitigkeiten entscheidet nach, wie vor der Commissaire beparti.
Ebensowenig sind sie in der Lage, anderen Beamten, als ihren eigenen,
Befehle zu erteilen; kein Schultheiß oder Amtmann ist ihnen direkt
zu Gehorsam verpflichtet, sie können sich vielmehr an diese Personen
wieder nur durch Vermittelung des Intendanten wenden. Ihm sind
sie überhaupt insofern im ganzen untergeben, als alle Beschlüsse der
Provinzialversammlung diesem Würdenträger mitgeteilt werden müssen
und erst durch seine Genehmigung vollziehbar werden; der Intendant
ist der Vertreter des Königs gegenüber der Provinzialversammlung,
die er eröffnet und schließt; er kann jederzeit im Plenum und in der
Intermediärkommission erscheinen und hat dabei stets auf respektvollsten
Empfang Anspruch. Andererseits aber verkehrt die Provinzial=
versammlung auch direkt mit dem Hofe; ihre Berichte gehen an den
Großsiegelbewahrer; sie hat ein unbegrenztes Beschwerderecht. [2])

Mehrere Punkte in dieser Organisation mußten von Haus aus
die deutschen Reichsstände im Elsaß mit Bedenken erfüllen. Soweit
sie nicht nur dem Namen nach, sondern thatsächlich noch mit dem
Reich zusammenhiengen, wäre ihre persönliche Teilnahme an der
Provinzialversammlung auch dann ganz ausgeschlossen gewesen, wenn
der König nicht ausdrücklich die französische Staatsangehörigkeit zur
Bedingung der Mitgliedschaft gemacht hätte. Der Abt von Murbach
konnte wohl seinen Sitz da einnehmen, für den Herzog von Württemberg
war dies unmöglich. Aber auch indirekt waren sie nicht vertreten; denn
unter den vom König ernannten oder hernach kooptierten Mitgliedern
der ersten elsässischen Provinzialversammlung befanden sich wohl
mehrere Herren vom Direktorium der Ritterschaft, aber kein einziger
fürstlicher Beamter. [3]) Vielleicht war auch dieser Umstand kein Zu=

---

[1]) Chérest, chute de l'ancien régime I, 410; vgl. auch Lavergne, les
assemblées provinciales 1 ff; de Luçay, les assemblées provinciales 165 ff,
177 ff.

[2]) Vgl. X, Rev. cath. d'Als. N. S XIV, 670 ff.

[3]) Vgl. das Mitgliederverzeichnis P E P V, 2 ff.

fall, sondern die notwendige Konsequenz ihrer eigentümlich zweideutigen
Stellung, infolge deren sie doch immer einer allzu unzweifelhaften
Anerkennung der französischen Souveränität besonders dann auszu=
weichen suchten, wenn davon gefährliche Folgen zu befürchten schienen.
So kam es, daß sie dieser Versammlung, deren Beschlüsse doch auch
sie selbst und ihre Unterthanen verpflichten sollten, ganz fremd und
einflußlos gegenüberstanden, ohnmächtiger als je, so lange sie mit
dem Hof und seinem Vertreter allein zu unterhandeln hatten. Denn
die Rücksichten, welche dem König der allgemeine Zusammenhang seiner
Politik auferlegte, durften sie von der Versammlung in Straßburg,
deren Blick nicht auf das ganze, sondern auf die Provinz allein ge=
richtet war, nicht erwarten; sie mußten, besonders wenn die Ver=
sammlung sich erst einmal aus wirklichen Wahlen ergänzte, gewärtig
sein, daß sie den ihnen feindlichen Interessen Raum geben, daß ihre
Unterthanen dort Gelegenheit zu indirekter Bekämpfung der Herrschaft
finden würden, ohne daß sie selbst sogleich und auf demselben Boden
zur Verteidigung imstande gewesen wären. Ihnen blieb dann
nichts, als der Appell an den Hof. Weil sie auf die Beratung keinen
Einfluß üben konnten, waren sie auf den Widerspruch gegen vollendete
Beschlüsse angewiesen, der sie bald als Feinde der ganzen Institution
überhaupt hinstellen mußte; sobald die Nation eine, wenn auch vor=
erst noch so schwache Teilnahme an den Staatsgeschäften erlangte,
zeigte es sich, daß sie doch Fremde und keine Franzosen waren, welche
sich kaum in die neue Ordnung würden einfügen lassen und darum
leicht in einen Gegensatz zu ihr geraten mochten, wenn sich nicht
Mittel zur Beseitigung der ganzen Unklarheit fanden.

Nicht geringer schienen die Gefahren, welche aus der Ein=
teilung des Landes in Distrikte entspringen konnten. Der König
allerdings versuchte ihnen, soviel an ihm lag, vorzubeugen, indem er
ausdrücklich den Anschluß an die alte Gliederung in Departements
befahl; je acht bis zehn derselben sollten in den sechs neuen, höheren
Einheiten zusammengefaßt werden. Da die Departements ihrerseits
auf dem herrschaftlichen Amt beruhten, war durch diese Anordnung
der Abneigung der Seigneurs gegen eine administrative Zerreißung
ihrer Besitzungen freilich Genüge geleistet; aber da andererseits jene
Ämter vielfach durchaus nicht geschlossen waren, so übertrug sich die

Gemenglage der seignenrialen Besitzungen auch auf die neuen Distrikte. Es war vorauszusehen, daß dieselben so, mit höchst unregelmäßig ver= laufender Abgrenzung und vielen Enklaven, ihre Funktionen nur schwer erfüllen würden. In der That nahm die Provinzialversammlung nach einem vergeblichen Versuch, das vom König aufgestellte Prinzip durchzuführen, bald eine radikale Änderung vor, indem sie die Distrikte aus historisch bedingten in rein geographische Unterabteilungen des Landes verwandelte, welche den alten Herrschaftsgrenzen nur noch zufällige Rechnung trugen. [1]) Das kleine badische Ämtchen Beinheim wurde derart nach dem Lauf der Sauer entzweigeschnitten, daß das eine der drei Dörfer, aus welchen es bestand, zum Distrikt Hagenau, die beiden anderen aber zu Weißenburg gehörten. [2]) Eine solche Einteilung beruhte aber offenbar auf der Idee der gänzlichen Einheit des Landes, welche freilich ganz im Gedankenkreis der Intermediärkommission lag, wenn sie als ihr Ziel Necker und Montmorin gegenüber die Unter= werfung des Elsaß unter ganz gleichförmige Prinzipien hinstellte, [3]) andererseits aber allen Vorstellungen der deutschen Reichsstände durch= aus zuwider lief; das Verfahren konnte und sollte auf die Dauer dazu führen, daß jene Grenzen zwischen den einzelnen Sonderherrschaften gänzlich verwischt wurden, deren Bewahrung umgekehrt unseren Fürsten so sehr am Herzen lag.

Immerhin hieng die Bestätigung dieser Besorgnisse von dem zu= künftigen Gang der Dinge ab; es war auch eine solche Entwickelung nicht völlig ausgeschlossen, welche der alten Stellung der Fürsten ge= recht wurde, man dachte auf Mittel zu ihrer Repräsentation in der Provinzialversammlung. [4]) Es ist daher auch von diesen Fragen in den alsbald beginnenden Erörterungen kaum die Rede; sie konzentrieren sich vielmehr allein auf die Errichtung der Municipalitäten als die= jenige Folge der Neuordnung, welche die Fürsten sogleich und un= mittelbar betraf.

---

[1]) Vgl. P E P V Anhang, 12, Verordnung vom 12. Juli, Bezirksversamm= lungen, Art. I; l. c., Sitzungsprotokoll 93 ff, 144 ff; X, les premiers munici- palités dans la Haute-Alsace, Rev. cath. d'Als. N. S. XIV, 666, n. 1.

[2]) Vgl. Akten G L A K. Baden. Gen. Ausl. Beinheim. 605.

[3]) Schreiben der Intermediarkommission an Necker und Montmorin vom 30. Oktober 1788, Akten B A U F. C. 753, S. 98.

[4]) Vgl. das Anm. 3 zitierte Schreiben.

Das Reglement für Elſaß vom 12. Juli 1787 beſtimmte im
Einklang mit den für die übrigen Provinzen erlaſſenen Vorſchriften,
daß nur da Municipalitäten eingeſetzt werden ſollten, wo noch keine
ſolche exiſtierten, während die ſchon beſtehenden gleichartigen Ver=
tretungen weiter amtieren und als Municipalitäten im Sinne des
Edikts vom Juni 1787 gelten ſollten.[1]) Alles kam daher darauf
an, wie die im Elſaß in den reichsſtändiſchen Gebieten vorhandenen
Stadtmagiſtrate und Dorfgerichte beurteilt würden. Der Intendant
be la Galaizière war der Meinung, daß ſie nicht als Municipalitäten
anzuſehen ſeien, und ordnete daher am 10. Auguſt 1787 die Vor=
nahme der Wahlen zur Neubildung derſelben an. Sie wurden in
mehreren Gemeinden vollzogen und ergaben ſogleich das für den ganzen
Fortgang dieſer Dinge typiſche Reſultat, daß faſt ausſchließlich
Perſonen, welche mit den alten Beamten verfeindet waren, unruhige
Köpfe von oft ſehr ſchlechtem Leumund, ſelbſt vorbeſtrafte Subjekte
in die neue Behörde berufen wurden; wiederholt wurde der öffentliche
Friede geſtört. Dieſer Ausgang veranlaßte den Intendanten, die
weitere Ausführung ſeines Befehls zu ſuspendieren;[2]) geſchwächt, wie
ſeine Autorität war, empfand er den natürlichen Wunſch, die Ent=
ſcheidung in dieſer ſchwierigen Frage der Provinzialverſammlung zu=
zuſchieben, welche am 10. November 1787 zu ihrer zweiten und
letzten Sitzung zuſammentrat.

Hier herrſchte eine überraſchend gemäßigte Auffaſſung vor. Mit
Rückſicht auf die beſonderen Verhältniſſe der Provinz beſchloß die Ver=
ſammlung, prinzipiell alle Magiſtrate und Gerichte vorbehaltlich einiger
leichten Abänderungen ihrer Zuſammenſetzung für Municipalitäten zu
erklären. Die einzige weſentliche Neuerung würde infolge deſſen die nach
dem königlichen Reglement unumgänglich nötige Wahl eines Syndikus
in jeder Gemeinde gebildet haben; er ſollte nach dem Willen der Ver=
ſammlung entweder aus dem Gericht, wenn dieſes von den Einwohnern
frei gewählt würde, ſonſt aber aus denjenigen Bürgern genommen
werden, welche mindeſtens 30 l. Steuern bezahlten, ſo daß auf jeden

---

[1]) Vgl. P E P V, Anhang, 8, Abſchnitt Gemeindeverſammlung, Art. I;
Chérest I, 422; X, les premières municipalités, Rev. cath. d'Als. N. S. XIV, 668.
[2]) Vgl. X, les premières municipalités 668 ff; Akten G L A K. Baden.
Gen. Ausland. Beinheim 605.

Fall Garantien gegen die Wiederholung der im August gemachten unliebsamen Erfahrungen geschaffen waren.[1]) Die Ausführung dieser Beschlüsse lag nach der Auflösung der Provinzialversammlung am 10. Dezember 1787 vorschriftsmäßig der Intermediärkommission ob. Allein hier überwog eine andere An= schauung. Welches auch die in dem Ausschuß vorherrschenden Gründe gewesen sein mögen — zeitgenössische Beurteiler denken an eine gewisse Eifersucht der ritterschaftlichen Mitglieder gegen die vor ihnen bevor= zugten Reichsstände[2]) —, er unterließ es, dem König, wie seine Pflicht verlangt hätte, die Resolution der Provinzialversammlung vorzulegen, und entschloß sich vielmehr zur buchstäblichen Befolgung des Reglements vom 12. Juli.[3]) Einen Vorwand fand er in dem Auftrag des Plenums zur allgemeinen Untersuchung der elsässischen Gemeindeverfassung, welcher noch vor den speziellen Beschlüssen über die Municipalitäten erteilt worden war, und in dem Ergebnis dieser Enquête, welche fast überall mehr oder minder starke Abweichungen des Bestehenden von dem Wortlaut der königlichen Verordnung an den Tag brachte. Daß aber die Centralgewalt ihn nicht hindern würde, dessen war er durch eine Anmahnung des Controleur général Lambert[4]) versichert, der freilich bei deren Erlaß gerade von der Auffassung der Provinzial= versammlung selbst noch keine Kenntnis besaß. So sprach die Inter= mediärkommission denn am 11. März 1788 den Grundsatz aus, daß nur diejenigen Magistrate und Gerichte als Municipalitäten betrachtet werden könnten, welche aus der Wahl der Ortsbürger selbst hervor= giengen, und sandte ihre Kommissäre aus, um überall die Einsetzung der Syndiks und, wo nötig, auch die Ernennung einer wirklichen Municipalität vornehmen zu lassen. Einige Vorsichtsmaßregeln schienen

---

[1]) P E P V 156 ff, Sitzung vom 4. und 6. Dezember 1787. Der Bericht= erstatter de Cointour, königlicher Prätor in Hagenau, war offenbar ein Gegner der neuen Syndiks und meinte, daß „auf der anderen Seite alle Vorsicht angewandt werden müsse, damit die Macht dieses nämlichen Syndiks nicht zu weit ausgedehnt werde", und daß es sehr gefährlich sei, den Gemeinden die Wahl ganz freizulassen. Vgl. den oft zitierten Aufsatz von X, Rev. cath. d'Als. N. S. XIV, 674 ff.

[2]) [Stupfel], considérations 94 und öfter; vgl. X, Rev. cath. d'Als. N. S. XIV. 744.

[3]) X, Rev. cath. d'Als. N. S. XIV, 738 ff. Vgl. die Rechtfertigung ihres Verfahrens durch die Zwischenkommission selbst, précis des opérations 3 ff.

[4]) 1788, Januar 30, précis des opérations 5, n. 1.

auch ihr indes geboten, um den unvermeidlichen Gegensatz zwischen
der neuen Versammlung und den alten Gewalten nicht noch durch
persönliche Gehässigkeit verschärfen zu lassen; abgesetzte herrschaftliche
Beamte wurden des passiven Wahlrechts verlustig erklärt. [1])

Es ist kaum in Abrede zu stellen, daß das Verfahren der Inter=
mediärkommission mehr den Ideen des Gesetzgebers entsprach, als die
konservativere Haltung des Plenums. Am letzten Ende war der Sinn
des Juniedikts doch eine, wenn auch vorläufig fast ganz verwischte
und auch auf die Dauer sehr abgeschwächte, Teilnahme der Bevölkerung
selbst an der Steuerverwaltung. Diese aber konnte niemand in der
Mitwirkung ernannter oder aus Kooptation hervorgehender Ver=
sammlungen erblicken, die mit dem ganzen Odium des Nepotismus
und eigennütziger Ausbeutung ihrer Stellung beladen waren; jedermann
hielt für selbstverständlich, daß sie die alten Mißbräuche mit ihrer
frischen Gewalt nur um so unerschütterlicher verteidigen würden, das
allgemeine Mißtrauen, mit welchem man ihnen so häufig begegnete,
widersprach durchaus dem praktischen Zweck der neuen Gesetzgebung,
welche mit eine Besserung des Kredits von dem Vertrauen in die
neugeschaffenen Organe erhoffte. Ganz verschieden von dieser prinzi=
piellen Seite der Frage aber ist ihre politische Würdigung. Von
diesem Standpunkt aus betrachtet, war es ebenso sicher, daß der Ent=
schluß der Intermediärkommission Kämpfe hervorrufen mußte, welche
bei dem Verfahren des Plenums vermieden worden wären. Es be=
deutete noch wenig, daß die alten Gerichte und Magistrate selbst da=
durch zu Feinden der neuen Organisation gemacht wurden, sei es nun,
daß sie wirklich die Aufdeckung von Unregelmäßigkeiten befürchten, sei
es, daß sie bloß gegen ungerechten, doch überall lebendigen Argwohn
ankämpfen mußten. Die Hauptschwierigkeit, welche sich jetzt erhob,
gieng von den deutschen Reichsständen aus; bei der großen Ausdehnung
ihres Besitzes kam alles auf ihre Stellung an.

Es ist überall nicht die Absicht dieser Darstellung, die lokalen
Vorgänge im Elsaß näher zu schildern. Die Tendenz der Fürsten

---

[1]) X, Rev. cath. d'Als. N. S. XIV, 744 ff; im April und Mai 1788 fand die
Einsetzung der Syndits im Amt Beinheim statt, Akten G L A K. Baden. Gen.
Ausl. Beinheim. 605.

war offenbar dahin gerichtet, die Einsetzung der neuen Behörden mög=
lichst hinauszuziehen. In diesem Bestreben fanden sie an den alten
königlichen Beamten bisweilen Verbündete;[1]) allzu ungern sah ein
Teil dieser Männer begreiflicherweise seine Befugnisse auf die neu=
kreierten Versammlungen übergehen, um ihrer Wirksamkeit nicht die=
selben.Hindernisse in den Weg zu legen, welche später etwa die Ge=
sandten der alten Schule den völkerrechtlichen Doktrinen der Revolution
bereitet haben. Waren aber endlich die Municipalitäten durch die
Kommissare der Zwischenkommission eingesetzt, so lehnten die Fürsten
doch beharrlich die Entsendung eines Vertreters in ihre Mitte ab und
thaten so das Möglichste, um durch passiven Widerstand die legale
Wirksamkeit der neuen Behörde zu hindern.[2])

Die Entscheidung über die ganze Frage lag offenbar nicht im
Elsaß, sondern in Versailles; nur durch Verhandlung mit der Cen=
tralregierung war eine Abänderung der mißliebigen Gesetzgebung zu
erwarten. Der Gedanke an ein gemeinsames Vorgehen lag überaus
nahe und ist auch von einem der wenigst beteiligten Stände, von
Baden, im ersten Moment schon ausgesprochen worden.[3]) Gleichwohl
ist es nicht dazu gekommen. Schon jetzt zeigte sich unter diesen
Reichsständen eine Spaltung, welche während des ganzen Verlaufes
dieser fortwährend an Wichtigkeit zunehmenden Streitigkeiten nicht
beseitigt werden konnte. Während sich Pfalz=Zweibrücken durch die
Neuerung überhaupt nicht für beschwert erklärte und Baden entschluß=
los zwischen dem lebhaften Wunsche nach Erhaltung des Alten und
etwas matter Ergebung in die eingetretene Umgestaltung schwankte,
drängten der Fürstbischof von Speier und Landgraf Ludwig IX. von
Hessen=Darmstadt um so entschiedener auf Beibehaltung der über=
kommenen Ordnungen. Die Denkschriften, welche sie im Sommer des
Jahres 1788 dem französischen Hof überreichten, und die Bemerkungen,
durch welche die Zwischenkommission von Elsaß ihr Verhalten da=

---

[1]) So erklärte der Subdelegierte dem Schultheißen von Beinheim, er habe
nichts zu befürchten, wenn die Wahl eines Syndiks unterbleibe, Akten wie S. 106,
Anm. 1.

[2]) Vgl. den Protest des Kardinals Rohan und des Landgrafen von Hessen=
Darmstadt, Akten B A U E. C. 753, 1788, April 16; ferner das Verhalten des
Markgrafen von Baden in Beinheim, nach den wiederholt zitierten Akten.

[3]) Akten G L A K. Baden. Gen. Ausl. Beinheim. 605.

gegen zu rechtfertigen versuchte, führen uns in das innerste Wesen des Streites ein.[1])

Sehr verschieden an Bedeutung sind die Klagen der beiden Fürsten. Eine Reihe von Einzelbeschwerden bezieht sich nur auf die Geschäftsführung der Municipalitäten; allein an den Anfang stellte der Landgraf einen entschiedenen Protest gegen die Grundidee der ganzen neuen Organisation.

Betrachten wir zunächst die Punkte der ersten Art. Es versteht sich ohne weiteres, daß besonders in den kleineren Ortschaften nicht wohl zwei gleichberechtigte Körperschaften ohne Reibung nebeneinander existieren konnten, zumal da es an jeder sicheren Abgrenzung der Kompetenzen zwischen den Municipalitäten und den alten Magistraten oder Dorfgerichten gebrach.[2]) Die Intermediärkommission mochte wohl den Ortsversammlungen Beschränkung auf ihren Wirkungskreis ein= schärfen;[3]) die Frage war eben gerade die, worin dieser Wirkungskreis denn eigentlich bestehe. Wir wissen, daß er die Verwaltung des Gemeindevermögens, Veranlagung und Erhebung der königlichen Steuern in der Gemeinde und die Ausführung der öffentlichen Ar= beiten umfassen sollte.[4]) Aber zu jeder Zeit ist die Finanzverwaltung der Mittelpunkt der Geschäfte gewesen; wer sie beherrscht, vermag auch in alles Übrige einzugreifen. Die Municipalitäten aber hatten

---

[1]) Die Denkschrift von Speyer findet sich kurz skizziert bei Reuß, Staats= tanzley 25, 166 ff, 210 ff; sie war vom Dezember 1787 datiert, l. c., 216. Diejenige des Landgrafen liegt in Copie unter den Akten der Zwischenkommission, B A U E. C. 699. Die Entgegnung der Zwischenkommission auf dieselbe entnehme ich der Korrespondenz des Ausschusses mit dem Hofe, B A U E. C. 753; sie trägt das Datum des 15. Dezember 1788. Die folgende Darstellung beruht ausschließlich auf diesen bisher unbekannten Aktenstücken, auf welche hierdurch im allgemeinen ver= wiesen wird.

[2]) Vgl. z. B. die Konflikte im bischöflich straßburgischen Gebiet, zu Zabern — D. Fischer, étude sur l'organisation municipale de Saverne, Rev. d'Als. 1866, 138 ff — und in Sulz, Gasser, Soultz, Rev. d'Als. N. S. 1895, 234 ff.

[3]) Vgl. z. B. das Verhalten des als Kommissar fungierenden Schultheißen von Gambsheim in Leutenheim. Akten, G L A K. Baden. Gen. Ausl. Bein= heim 605.

[4]) Vgl. hierfür die „Summarische Erklärung derer Municipalitätspflichten", welche z. B. in Beinheim nach der Konstituierung der neuen Behörde verlesen wurde, Akten G L A K. Baden. Gen. Ausl. Beinheim. 613; vgl. X, Rev. cath. d'Alsace N. S. XIV, 750 ff.

ben natürlichen Drang, so weit zu gehen, als ihnen immer möglich
schien, und machten daher von den allgemeinen Beziehungen zwischen
Ortsfinanzen und Ortsverwaltung rücksichtslosen Gebrauch zur Ein=
schränkung der herrschaftlichen Behörde.

Es hat darum nichts Überraschendes, wenn der Landgraf über
Eingriffe in die Feldpolizei, das Schul= und Medizinalwesen, die
Verwaltung der Gemeindeforsten und die Ausführung der öffentlichen
Arbeiten, über kleinliche Feindseligkeit gegen die alten Behörden,
wie Entziehung von Einkünften oder Abnahme einträglicher Neben=
geschäfte Klage führt. Immer, gleichgültig, ob es sich um Geschäfte
aus dem Wirkungskreis der alten Gerichte oder um Angelegenheiten
aus dem früheren Bereich des Intendanten und seiner Beamten han=
delt, hält die Intermediärkommission seinen Ausführungen das unbe=
dingte Recht der Gemeinden auf die ausschließliche Verwaltung aller
sie überhaupt berührenden Geldangelegenheiten entgegen. Mochte sie
auch in einigen Punkten eine gewisse Nachgiebigkeit an den Tag
legen, mochte Necker, von neuem an die Spitze der Geschäfte berufen,
mit übrigens sehr schwächlichen Mahnungen im gleichen Sinne auf
den Ausschuß einwirken,[1]) das Resultat war und blieb doch, daß die
alten Gerichte auf die ihnen noch zustehenden richterlichen Funktionen,
in der Hauptsache bloß auf die Ausübung der niederen Polizei, be=
schränkt wurden. Und selbst dieser waren sie nicht völlig sicher; denn
da gewisse Bußen in die Gemeindekassen flossen, ließ sich, sobald der
Wunsch darnach rege ward, nur zu leicht ein Grund zur Einmischung
der neuen Municipalitäten auch in die Jurisdiktion geltend machen.[2])

Ohne Zweifel hatten die deutschen Reichsfürsten im Laufe der
letzten hundert Jahre Einschränkungen ihrer Macht hinnehmen müssen,
welche an Schwere diese neue Einbuße weit übertrafen. Aber dieses
Ungemach hatte sie inmitten einer großen und allgemeinen Verän=
derung betroffen, von der noch andere, schlimmere Folgen zu be=

[1]) Necker an die Commission intermédiaire, 1788, November 18, Akten
B A U E. C. 699.

[2]) Daß die Gerichte durch die Municipalitäten paralysiert wurden, wußte man
auf seiten der neuen Behörden sehr wohl. Vgl. die Äußerungen des Bureau von
Colmar vom 14. Juni 1789, wo es heißt: „qu'ils conservent [les seigneurs] leur
Gericht, tout inutile qu'il devient, par le nouveau régime". X, Rev. cath.
d'Als. N. S. XIV, 744, n. 1.

fürchten waren; etwas Anderes war es, jetzt, in äußerlich ruhigen
Zeiten, wiederum an ihre Rechte zu rühren, die ihnen im lang-
jährigen, im ganzen ungestörten Genuß von neuem den Charakter des
Unverletzlichen angenommen hatten.

Und zu wessen Gunsten mutete man ihnen den wiederholten Verzicht
zu? Der Landgraf konnte sich — und dies führt uns zu dem bemerkens-
werteren, prinzipiellen Teil seines Einspruchs — durchaus nicht an das
Maß unabhängiger Selbstverwaltung gewöhnen, welches die neue Organisation seinen Lichtenbergern gewährte. Für die rein absolutistische
Denkungsweise Ludwigs IX. war die Vorstellung ganz unerträglich,
daß sein Vertreter in den Municipalitäten neben seinen Unterthanen
sitzen und sich da dem Präsidium wiederum eines Unterthanen, des
Syndik, fügen sollte. Das hieße, rief er empört aus, sich nicht der
Souveränität des Königs, wie doch sein Vorfahr allein gethan habe,
sondern der des Volkes unterwerfen.[1] Es ist klar daß diese An-
schauungsweise im letzten Grunde darauf zurückgieng, daß sich der
Landgraf auch seinen elsässischen Unterthanen gegenüber als wirklichen
Landesherrn im deutschen Sinne ansah — und allerdings, der
kleinste der Herren auf dem rechten Rheinufer hätte seinen Unterthanen keine derartigen Rechte eingeräumt, wie sie die elsässischen
Bürger und Bauern durch das Edikt von 1787 ihren Seigneurs
gegenüber erhielten.

Wie sehr wich davon die Ansicht der Zwischenkommission ab!
Indem sie mit aller Schärfe die landgräflichen Hintersassen für
Unterthanen des Königs, den Landgrafen selbst aber lediglich für
einen großen Grundeigentümer erklärte, traf sie die tiefste Wurzel

---

[1] Ich gebe hier ausnahmsweise die entsprechenden Sätze der hessischen Denkschrift im Wortlaut wieder:
„Comme l'anteur de M. le Landgrave ne s'est soumis qu'à Sa Majésté immédiatement, ce Prince seroit bien à plaindre, s'il devoit soumettre l'ouvrage
des juges établis par lui à une Assemblée représentative du peuple: car ce
seroit se soumettre immédiatement au Peuple en place du Souverain.“
„M. le Landgrave aura donc le désagrément de voir les règlements faits
par ses officiers et en son nom soumis aux décrets d'une Assemblée popu-
laire.“
„M. le Landgrave ne pouvant sans compromettre Sa dignité Se faire
représenter dans une Assemblées de Ses justiciables présidées par un de
Ses justiciables.“

des Konflikts. Und während der Landgraf einen Gegensatz zwischen Königtum und Versammlungen zu konstruieren versuchte, betonte sie aufs stärkste, daß die Provinzialversammlung nicht wider den König, sondern an seiner statt als Nachfolgerin des Intendanten ihres Amtes walte; ihr Präsident sei vom Monarchen selbst ernannt und werde späterhin aus der Wahl dieser „hochansehnlichen Korporation" [1] hervorgehen, — was hindere den Fürsten, sich ihm unterzuordnen, wie er sich bisher dem königlichen Kommissar untergeordnet habe?

Ganz diametral liefen bei so verschiedener Grundanschauung die Wünsche beider Teile auseinander. Der Landgraf trug schlankweg darauf an, daß seine elsässischen Herrschaften von der Neuordnung erinnert und in ihrer bisherigen Verfassung belassen würden; zum mindesten sollten die Gerichte allgemein als Municipalitäten aner= kannt und ihre Mitglieder sowohl, als der Syndik vom fürstlichen Amt geprüft und vereidigt, der Vorsitz aber stets vom Schultheißen als Vertreter des Landgrafen geführt werden. Die Zwischenkommission dagegen berief sich überall, wo alle anderen Argumente ver= sagten, auf die Notwendigkeit einheitlicher, gleichmäßiger Anordnungen in der ganzen Provinz, von denen nicht die geringste Ausnahme zu= gestanden werden könne.[2]

Ratlos stand der Hof vor diesem Zwiespalt. Necker half sich für den Augenblick, indem er eine Neuordnung der Municipalitäten in Aussicht stellte;[3] in Wirklichkeit hat das ancien Regime diese Schwierigkeit niemals mehr geschlichtet.

Die eben geschilderten Zerwürfnisse entsprangen aus der einfachen Ausführung der königlichen Befehle, die Funktion der Versammlungen rief sie fast an sich hervor. Eine andere Bewandtnis hatte es mit einer weiteren Entzweiung, die wir nun betrachten wollen. Die wichtigste Angelegenheit für den französischen Staat, welche — wir erinnern uns

---

[1] „Un corps respectable", l. c.

[2] Ganz im Einklang damit hatte die Zwischenkommission schon am 30. Sep=
tember an Necker geschrieben: [la Commission intermédiaire] pense avoir prouvé
la bigarrure des anciennes municipalités, la nécessité d'un principe et d'une
administration uniforme pour soustraire le peuple à toutes les vexations.
Akten B A U E. C. 753.

[3] Vgl. sein Schreiben vom 18. November 1788, Akten B A U E. C. 690.

deſſen — zu allen anderen Bewegungen erſt den Anſtoß gegeben hatte, war die Vermehrung ſeiner Einnahmequellen. Unter den Pro= poſitionen, welche der Intendant Herr de la Galaizière als königl= licher Kommiſſar der elſäſſiſchen Provinzialverſammlung in ihrer zweiten Seſſion am 12. November 1787 vortrug, war demgemäß der Abſchnitt über die Steuern nicht der unwichtigſte. Der König er= klärte es hier, wie auch ſchon zuvor in einem allgemeinen Edikt, für ſeinen Willen, die beiden Zwanzigſten vom Jahre 1788 an nach den urſprünglich für ihre Erhebung feſtgeſetzten Grundſätzen, alſo ohne alle Befreiungen, ſelbſt die Krongüter nicht ausgenommen, einziehen zu laſſen; die Provinz Elſaß müßte dabei 1 711 000 l. aufbringen, über welchen Betrag er, der König, ihr auch ein Abonnement zuzu= geſtehen bereit ſei. [1]

Der Zahlungsvergleich der Provinz belief ſich, die Erhebungs= koſten nicht eingerechnet, bisher für den erſten und zweiten Zwanzigſten zuſammen auf 960 919 l., alſo nicht ſehr viel über die Hälfte der neuen Forderung. [2] Die Bewilligung dieſer letzteren war darum kaum möglich und wurde wohl auch vom Hofe, eine ſo ernſte Miene er übrigens auch annahm, doch nicht wirklich erwartet; aber ſehr auffallend war die Wendung, welche die Verſammlung der Sache gab. Ihr Berichterſtatter in dieſen Fragen war der Syndikus der unter= elſäſſiſchen Ritterſchaft, Schwendt, ein entſchiedener Gegner der Pri= vilegien der Reichsfürſten, „dieſer ſich frey glaubenden Eigentümer", die „ihre Eßwaaren außer Landes verzehren, das Geld aus der Provinz ziehen, ohne das Mindeſte an ihren Beſchwerden tragen zu helfen"; [3] er nahm keinen Anſtand, eines ihrer allerwertvollſten Vorrechte bei dieſer Gelegenheit rückſichtslos anzugreifen. Der König wolle, davon gieng ſeine Argumentation aus, ohne Zweifel nicht die Laſten der alten Steuerzahler vergrößern; wenn er daher trotzdem eine Steuererhöhung vornehme, ſo beabſichtige er nur, dadurch die bisher gefreiten Güter zu treffen. Nun betrage im Elſaß die eximierte

---

[1] P E P V, Anhang 23 ff, beſ. S. 50.

[2] P E P V, 24 ff, 90 giebt 764 461 l. ohne Straßburg und den Klerus, mit dieſen 955 005 l. an; nach précis des opérations 28, n. 1 iſt indes dieſe Ziffer irrig und die im Text genannte Summe der Wirklichkeit gemäß.

[3] P E P V, 88 ff, Sitzung vom 22. November 1787.

Bodenfläche etwa ein Sechstel der steuerbaren; um ein Sechstel also könne das bisher gültige Abonnement erhöht werden,[1] wenn alle Ausnahmen aufhörten und alle Eigentümer, wer sie auch seien, dazu beitragen würden. „Folglich müßten alle Güter, wem sie immer zugehören mögen, diese Auflage an den Orten bezahlen, wo sie liegen."[2] Um dies zu erreichen, wäre die Anlage eines Katasters nötig, wozu sich die Versammlung, um jede Einsprache der „großen Eigentümer, vorzüglich" der „auswärtigen Fürsten" im voraus abzuschneiden, einen Beschluß des Staatsrats auswirken müßte. Die Veranlagung der Steuer hätte in der Art zu erfolgen, daß jeder Eigentümer, „von welchem Stand, Beruf, Würde dieser letztere immer seie", vor einer eigenen Schatzungskommission, bestehend aus dem Gericht und einigen besonders erwählten Beisitzern, seine Fassion machen würde.[3]

Sogleich bei Beginn der Beratung über diese Anträge erhob sich in der Mitte der Versammlung ein Protest dagegen. Während Schwendt zuvor namens der Ritterschaft deren Bereitwilligkeit erklärt hatte, die Zwanzigsten, welchen sie für ihren Teil ja auch schon bis dahin unterworfen gewesen war, fortan in foro rei sitae zu bezahlen,[4] legte der Bischof von Dora im Auftrage des Kardinals von Rohan, damals Bischof von Straßburg, eine doppelte Verwahrung zu gunsten des Kardinals selbst und des Klerus seiner Diözese ein, mit der Be= gründung, daß die elsässische Geistlichkeit, wie die ganze französische Kirche, dem Staat stets in Form des Don gratuit gesteuert habe und daher jetzt die Weglassung ihrer Güter aus dem Kataster verlangen könne. Die Provinzialversammlung trug dem nicht im geringsten Rechnung; sie verweigerte selbst die Aufnahme des Protestes in ihr Protokoll, wodurch er amtlich zur Kenntnis des Königs gebracht worden wäre, und nahm die Anträge Schwendts in vollem Umfang an.[5]

Dieser Beschluß enthielt nun aber unverkennbar eine doppelte Herausforderung der Fürsten. Er bedrohte sie zunächst mit einer

---

[1] P E P V, S. 80.

[2] P E P V, 80/81, Sitzung vom 21. November 1787.

[3] P E P V, S. 148 ff, Sitzung vom 3. Dezember 1787. Der Staatsrats= beschluß betr. das Kataster ist nie erfolgt, vgl. précis des opérations 30.

[4] P E P V, S. 92.

[5] P E P V, S. 154. Vgl. das Schreiben der Zwischenkommission an Brienne und Dietrich, 1787, Dezember 28, Akten B A U E. C. 753.

recht fühlbaren finanziellen Einbuße, ein Punkt, in welchem diese mäßig begüterten Herren an sich stets höchst empfindlich waren. Vor allem aber — er ignorierte jene Überbleibsel landesherrlicher Stellung in der Provinz so vollständig wie möglich, auf welchen sie kraft der Verträge und Lettres patentes zu bestehen gewohnt waren. Nicht genug, daß sie fortan, gieng es nach den Wünschen der Provinzial= versammlung, auf völlig gleichem Fuße mit ihren eigenen Unter= thanen steuern sollten — sie sahen sich auch auf diesem Feld dem Urteil derselben eben so unterworfen, wie sie es bereits in der Person ihrer Vertreter in den Munizipalitäten waren.

Die Verlegenheit des Hofes spiegelt sich deutlich in der Ant= wort des Contrôleur général Lambert auf die Beschlüsse der Provinzial= versammlung wieder. Er acceptierte den angebotenen, hinter der ursprünglichen Forderung so äußerst erheblich zurückbleibenden Betrag des Abonnements samt seiner Voraussetzung, der Aufhebung aller Exemptionen, ließ aber sogleich im Nachsatz die Möglichkeit einer Befreiung der Fürsten auf Grund der Verträge wieder offen[1]). Die Zwischenkommission, welche auch in dieser Angelegenheit radikaler als das Plenum verfuhr, befahl darauf zwar den Munizipalitäten, zur Einforderung der Steuerdeklarationen zu schreiten. Allein die Folge waren lebhafte Proteste des Landgrafen und des speyerischen Klerus bei Hofe, selbst das gefügige Zweibrücken zeigte sich verletzt. Necker ergriff ihnen gegenüber denselben Ausweg, wie in der Frage der Muni= zipalitäten: er wies die Zwischenkommission vorläufig zur Nachgiebig= keit an und sprach davon, insbesondere die Ansprüche des Klerus den demnächst zusammentretenden Reichsständen zu unterbreiten.[2]) Eine

---

[1]) Vgl. das Schreiben Lamberts an die Zwischenkommission vom 16. Juni 1788, Akten B A U E. C. 699:

„à l'égard des biens appartenants à des princes étrangers l'intention de Sa Majesté est qu'ils contribuent également dans l'abonnement accordé à la Province; mais s'il arrivoit qu'en vertu de traités conclus entre le Roi et quelques uns de ces Princes étrangers, Sa Majesté fût dans le cas d'après la teneur de ces traités d'accorder à quelques uns d'entre eux l'exemption de l'imposition des vingtièmes", so kann der König der Provinz deswegen nichts nachlassen.

[2]) Die Zwischenkommission an Necker, 1788, November 15. und Dezember 11., Akten B A U E. C. 753.

Entſcheidung iſt auch in dieſer Angelegenheit durch die alten Ge=
walten nicht mehr erfolgt. Wie ſehr indes die Aufregung unter den Parteien anhielt, ſieht
man daraus, daß beide Teile bereits an die öffentliche Meinung zu
appellieren begannen. Die Zwiſchenkommiſſion veröffentlichte zwei
Rechenſchaftsberichte, [1]) in welchen ſie ihrer Abneigung gegen das
Alte rückſichtsloſen Ausdruck gab, [2]) und ihre Bemühungen um die
finanzielle Erleichterung des Landes, alle Vorteile ihrer Verwaltung
ſo ſehr immer möglich hervorhob, ſo daß die übrigens nicht eingehender
berührten Proteſte der Fürſten von ſelbſt als frevelhafte Attentate
auf das öffentliche Wohl erſchienen. Dagegen übte wieder eine heftig
geſchriebene Flugſchrift an ihrem Vorgehen die ſchärfſte Kritik im
Sinne der Fürſten. Alle die Argumente der heſſiſchen Denkſchrift
wurden hier unter das Publikum geworfen und ſelbſt Dinge ge=
ſtreift, welche man dem Hof amtlich noch nicht einmal anzudeuten
wagte, von denen aber bald um ſo mehr die Rede ſein ſollte, nämlich
die Beteiligung des deutſchen Reiches ſelbſt an dieſem Streit. Noch
affektierte dieſe Broſchüre eine unbedingte Zuverſicht auf den König:
ihm hätten die Fürſten ihre Sache anheimgeſtellt, mit der Provinzial=
verſammlung, ſchloß ſie hochmütig, ließen ſie ſich auf keinen Streit ein. [3])

Nicht wenig wurden die eben geſchilderten Schwierigkeiten nun
aber dadurch geſteigert, daß, wie wir wiſſen, in kurzer Zeit auf die
Reform der Verwaltung diejenige der Gerichtsverfaſſung folgte.

Die unter einer humanen Präambel nur ſchlecht verſteckte Abſicht
des Edikts vom Mai 1788 [4]) war zunächſt die indirekte Beſchränkung
der Parlamente durch Erweiterung der Kompetenz der niederen Gerichte.
Zu dieſem Behuf wurde zwiſchen den bisherigen höheren königlichen
Gerichten, den Préſidiaux und den ſouveränen Höfen, unter dem

---

[1]) Darſtellung der Verrichtungen der Zwiſchenkommiſſion der Provinz Elſaß,
Straßb. 1789; précis des opérations da la commission intermédiare provinciale
d'Alsace jusqu'au quinze février 1789. Strasbourg. 1789.

[2]) „Tout ce qui tient à la féodalité porte un caractère de servitude inad-
missible dans une société bien constituée". Précis des opérations, S. 13.

[3]) Observations impartiales sur le mémoire imprimé sous le nom de la
commission intermédiaire provinciale d'Alsace. 1788.

[4]) Vgl. Isambert, recueil 28, 534 ff. Nr. 2466; Lavergne, les assemblées
provinciales 499 ff; Chérest, chute de l'ancien régime, 1, 495 ff, 507.

Namen Grand=Bailliage eine Mittelstelle eingeschoben. Dieselbe diente in Zivilsachen bis zum Wert von 20000 L. und außerdem in den meisten Strafsachen als Berufungsinstanz gegen die Urteile der Präsidialgerichte und fällte innerhalb dieser Grenzen endgiltige Sentenzen, war also im Sinne des französischen Staatsrechts inso= weit ebenfalls souverän, wie die Parlamente; außerdem urteilten die Grand=Bailliages in allen Zivilsachen von über 4000 L. Wert in erster Instanz. Den Parlamenten blieben darnach neben einigen besonderen Fällen regelmäßig nur noch die großen Zivilsachen, deren Objekt 20000 L. Wert überstieg, und die Strafsachen der Privilegierten.

Allein das Edikt verfolgte noch einen anderen Zweck: neben der gegen die Parlamente gerichteten Spitze enthielt es noch eine zweite gegen die private Jurisdiktion der Seigneurs. Fortan sollte in Zivil= sachen dem Kläger die unbeschränkte Option zwischen dem herrschaft= lichen und königlichen Gericht freistehen. Bei der geringen Achtung, in welcher die herrschaftlichen Gerichte vielfach standen, war anzu= nehmen, daß ihre Übergehung die Regel bilden und die Rechtsprechung der Seigneurs auf die Kriminalfälle beschränkt werden würde. Da nun bei diesen die Einnahmen aus den Strafgeldern gewöhnlich hinter den Kosten der Jurisdiktion zurückblieben, so war es nach dieser Richtung nur ein Akt der Billigkeit, daß der König den Seigneurs erlaubte, zu gunsten seiner Gerichte überhaupt auf die Strafjustiz zu verzichten. Andererseits aber trug er Sorge, ihre Neigung zu dieser Überweisung durch die Erklärung zu erhöhen, daß die königlichen Richter den herrschaftlichen ganz allgemein zuvorkommen und deren Jurisdiktion dadurch ausschließen könnten. Nimmt man hierzu noch die weiteren Bestimmungen, welche die genaueste Beobachtung der Vorschriften über die Qualifikation der privaten Richter und vorzüg= lich die Einhaltung der Residenzpflicht einschärften, so ist klar, daß die Inhaber privater Jurisdiktionen sich überall aufs höchste bedroht fühlen mußten. Offenbar war es die Absicht des Königs, teils im Interesse der Rechtspflege selbst, teils aber auch um die Stellung der widerspenstigen Privilegierten zu erschüttern, der privaten Jurisdiktion in unauffälliger Weise ein Ende zu machen.

Die elsässischen Reichsfürsten vermochten sich auch in diesem Fall nicht über ein gemeinsames Vorgehen zum Schutz ihrer bisherigen

Rechte zu einigen,[1]) obwohl besonders zwischen Baden und Speyer wiederholt über den Gegenstand verhandelt wurde. Jeder für sich trugen Württemberg, der Kardinal Rohan, Hessen-Darmstadt und Speyer dem König ihre Gegenvorstellung vor.

Analysieren wir einen Moment die fast ganz identischen, offenbar nach vorhergegangener Vereinbarung abgefaßten Denkschriften der beiden letzteren Höfe. Ganz wie gegenüber der Verwaltungsreform beginnen sie mit dem prinzipiellen Einwand, daß die Neuordnung eine Verletzung der allgemeinen Verträge und der besondern, ihnen erteilten offenen Briefe mit sich bringe. Daß dies aber nicht der Wille des Souveräns sein könne, dafür vermochten sie sich auf keinen geringeren Zeugen als Ludwig XVI. selbst zu berufen: erst am 13. März 1788, nicht zwei Monate vor Erlaß des Ediktes, hatte er sich in einem Schreiben an den Hohen Rat zu Colmar wegen des pfalz-zweibrückenschen Amtes Kleeburg verpflichtet bekannt, sowohl des Westphälischen Friedens als der späteren Erklärungen halber alle mit der französischen Souveränität verträglichen Rechte der „seigneurs territoriaux" im Elsaß aufrecht zu erhalten.[2]) Nach jenen Abmachungen, fuhren die Fürsten fort, hätten sie nun ein Recht darauf, daß ihre und ihrer Unterthanen Rechtshändel in zweiter Instanz vom Conseil souverain entschieden würden; wie sie in Verwaltungssachen allein die Autorität des Intendanten als des unmittelbaren Vertreters des Königs anerkennen, so wollen sie also auf diesem Gebiete ebenfalls unmittelbar unter der höchsten, wiederum den König selbst repräsentierenden Stelle stehen. Dazu betonen sie den grundsätzlichen Unterschied zwischen ihnen und den französischen Gerichtsherren. In Frankreich sei die Feudaljustiz in letzter Instanz doch ebenfalls vom König ausgegangen und möge darum auch von ihm wieder zurückgenommen werden; die deutschen Reichsfürsten aber leiteten ihre Justizhoheit nicht vom König her — wie vermöge er ihnen zu entziehen, was er nicht gegeben habe? Hierauf gehen sie zu den einzelnen Nachteilen über, welche die Neuordnung ihnen zufüge. Man wird keine Richter mehr finden, weil die Disciplinargewalt der Grand-Bailliages

über sie allzu unumschränkt ist, die Vermehrung der Gerichte wird
die Anstellung neuer herrschaftlicher Advokaten notwendig machen, in
Straffachen wird das königliche Gericht den fürstlichen stets zuvor=
kommen, weil ihm die Maréchaussée zu Gebote steht, und also der
Seigneur die Kosten haben, der König aber die Strafgelder einziehen:
mit einem Wort, „die Jurisdiktion der Amtleute wäre nur noch eine
Illusion". Wie sie die Exemption von der Gewalt der Provinzial=
versammlung beanspruchen, so fordern sie darum auch die Aufrecht=
erhaltung der alten Gerichtsverfassung in ihren Herrschaften.

Ein seltener Bundesgenosse erstand ihnen für dieses Verlangen.
Wie oft seit der Reunion des Elsaß hatte der Hohe Rat zu Colmar
die Hoheit des Königs den Fürsten gegenüber in der schroffsten Form
zur Anerkennung gebracht: jetzt sah man ihn, dem bis dahin die
Erhaltung und Ausdehnung der königlichen Rechte das Höchste ge=
schienen hatte, die Fürsten im Ungehorsam gegen ein königliches Edikt
unterstützen — ein Edikt freilich, das ihn so hart, wie jene traf.
Offenbar im Einverständnis mit dem Landgrafen überreichte der Erste
Präsident, Baron von Spon, dem Hof zwei Denkschriften,[1] welche
die Argumente der Fürsten völlig billigten. Er gieng so weit, zu
erklären, daß diese Ordonnanz das Grab der Gerichtsbarkeit der
Seigneurs, ihrer Rechte und Privilegien sein und das öffentliche Recht,
welches feierliche Verträge begründeten, völlig umstürzen würde, und
scheute sich nicht, das äußerste zu berühren, was sowohl der Bischof
als der Landgraf auch dieses Mal noch nicht vorzubringen den Mut
gehabt hatten, wenn auch die Gedanken Augusts daran zu haften
begannen,[2] die Möglichkeit einer Berufung an Kaiser und Reich
durch die geschädigten Fürsten.

So drohend indes, als es den Anschein haben mochte, waren in
Wirklichkeit die Verhältnisse gerade für die deutschen Reichsfürsten im
Elsaß nicht gelagert. Wie wenig die französische Regierung daran

---

[1] Vgl. die S. 117, Anm. 1 genannten Akten.
[2] Denkschrift Speyers, Akten G L A K. Baden. Gen. Ausl. Beinheim. 604.
Man solle den kaiserlichen Gesandten in Paris — Graf Mercy — interessieren,
um „die Unterstützung des obersten Lehensherrn, wo nicht gleich zu benutzen, doch
wenigstens nach und nach vorzubereiten", „da es um Gerechtsame zu thun ist,
welche ehemals mit der Reichs Unmittelbarkeit verbunden waren, und womit auch
jetzt noch die mehresten Stände vom Kaiser belehnt werden."

dachte, um jeden Preis die veränderte Gerichtsverfassung hier einzu=
führen, daraus machte Lamoignon schon wenige Tage nach dem
Erlaß des Ediktes dem Kommandanten der Provinz, Herrn von
Flachslanden, gegenüber kein Hehl.[1]) Er bemühte sich in jenem
Briefe allerdings noch, nachzuweisen, daß die herrschaftlichen Gerichte
auch nach der neuen Ordnung immer noch unmittelbar unter einem
höchsten Gericht blieben, weil auch Présidiaux und Grand=Bailliages
innerhalb ihrer Kompetenz souverän wären. Aber den Eingang seines
Schreibens bildete das prinzipielle Zugeständnis, daß für den Fall,
daß die Justiz im Elsaß ein absolutes Eigentum der Reichsstände
und nicht, wie im übrigen Frankreich, ein Ausfluß der königlichen
Gewalt sei, daß dann der König dieselbe nicht aufheben und folglich
den Unterthanen nicht erlauben dürfe, das herrschaftliche Gericht ab=
zulehnen. Gerade das Ablehnungsrecht der Parteien aber war, wie
wir wissen, das Pressionsmittel, wodurch man den Seigneurs ihre
Gerichtsbarkeit überhaupt zu entwinden hoffte; dasselbe aufgeben, hieß
die herrschaftliche Jurisdiktion von neuem anerkennen. Der Siegel=
bewahrer stand also ganz auf demselben Boden, wie der Bischof von
Speyer und der Landgraf von Hessen=Darmstadt selbst; er schob den
Fürsten nur einen leicht zu führenden Beweis zu.

Lamoignons Ansicht ward auch, wie der speyerische Geschäfts=
träger Hermant in Paris später berichten konnte, von Brienne und
Montmorin völlig geteilt. Gleichwohl versuchte die französische Regierung
doch zunächst die äußere Form der Neuerung zu retten. Der bekannte
Diplomat Pfeffel hatte darüber mit dem vorhin genannten Agenten
zwei nicht uninteressante Gespräche. Auch er unternahm gar nicht,
die Grundanschauung der Reichsfürsten zu bekämpfen, sondern ver=
sicherte den Vertreter Speyers, daß die königlichen Kommissare im
Elsaß angewiesen seien, alles rückgängig zu machen, was gegen die
Vorrechte der Stände verstoße. Ohne weiteres gab er zu, daß jene
Erklärung des Königs wegen Kleeburgs, auf welche sich der Bischof
von Speyer berufen hatte, auch die Jurisdiktion der übrigen Herren
schütze, weil die Auslegung der Friedensschlüsse und Lettres patentes
die irgend einem Reichsfürsten gemachten Zugeständnisse auch für alle

---

[1]) Schreiben von Lamoignon an Flachslanden vom 24. Mai 1788, Akten
G L A K. Baden. Gen. Ausl. Beinheim 604.

übrigen gelten lassen müsse. Allein er meinte, die so geschützten Rechte könnten auch bei der Reorganisation bestehen. Der König sei bereit, den Fürsten ihren eigenen Gerichtsstand vor dem Conseil souverain durch eine besondere Deklaration zu gewährleisten, wenn das Objekt auch nur einen Sol zu schätzen wäre, und hinsichtlich der Prozesse ihrer Unterthanen die Présidiaux innerhalb ihrer Zuständigkeit für Cours suprêmes zu erklären, statt der Grand=Bailliages aber eine eigene Kammer am Hohen Rat selbst zu errichten. Von der Ablehnung der fürstlichen Gerichte war gar nicht mehr die Rede. Als nun aber Hermant trotzdem bei seinen Einwendungen beharrte, gab der elsässische Diplomat der Unterredung eine unerwartete Wendung, indem er erklärte „alles würde in dem alten Stand gelassen werden", wenn die Fürsten sich der Verwaltungsreform fügen und — dies bezog sich natürlich bloß auf die bestrittenen Ämter, zu welchen der speyerische Besitz gehörte — die Besteuerung ihrer Unterthanen durch den König dulden würden. Pfeffel folgte dabei nicht etwa einem plötzlichen Einfall; der premier commis du bureau des assemblées provinciales äußerte sich zu Hermant in gleicher Weise. Diese Wertschätzung also hatte der Hof für sein Werk; er erblickte in der Gerichtsreform nur noch ein zweckmäßiges Konzessionsobjekt zur Erreichung anderer Ziele. Allein auch dazu ist sie nicht mehr brauchbar gewesen: am 23. September 1788 wurde nach dem Sturze Briennes und Lamoignons das ganze Edikt widerrufen. [1])

Ein wichtiger Anlaß zur Besorgnis für die deutschen Reichsstände war damit beseitigt. Und nicht nur dies. Sie sahen nicht allein den Fortbestand eines bestimmten Einzelrechtes gesichert, sie wußten vielmehr auch den König eins mit der Grundanschauung, welche sie selbst von ihrer gesamten Rechtsstellung hegten. Trotzdem aber war die fortdauernde Spannung mit der Intermediärkommission und schließlich, in der Frage der Besteuerung, auch mit der Provinzialversammlung selbst, Grund genug, auch weiterhin in ängstlich gereizter Stimmung zu verharren.

---

[1]) Vgl. Brette, recueil de documents I, 25, Nr. 3.

Fünftes Kapitel.

Die Verhandlungen Frankreichs
mit den Ständen von der Berufung der Reichsstände
bis zum Scheitern der Verwendung Leopolds II.

Am 24. Januar 1789 ergiengen die Verordnungen Ludwigs XVI.
über die Wahlen zu den Etats généraux:[1]) gleich dieser erste Schritt
auf der neuen Bahn der französischen Politik wurde der Ausgangs=
punkt frischer Verwickelungen mindestens mit demjenigen Teil der
elsässischen Reichsstände, welcher schon den Edikten von 1787 und
1788 opponiert hatte. Es läßt sich nicht verkennen, daß sie dem
Reichstage gegenüber ganz in derselben Lage waren, wie der Provinzial=
versammlung in Straßburg; hielten sie es für unmöglich, dort selbst
oder durch Vertreter zu erscheinen, so noch viel weniger in Versailles,
wo die ihnen widrigen Tendenzen der Institution von 1787, un=
bedingte Unterwerfung unter die Autorität des französischen Staates,
repräsentiert durch eine gewählte Vertretung der Unterthanen, noch
mit ganz anderer Energie hervortraten. In abweichender Lage be=
fanden sich dagegen diejenigen unserer Herren, welche bereits die
Kompetenz der Provinzialversammlung anerkannt und an ihren Be=
ratungen teilgenommen hatten; für sie war die Beschickung des Reichs=
tages die einfache Konsequenz ihrer früheren Haltung. Sieht man
genauer zu, so liegt hinter dieser Erscheinung nichts anderes, als der
uns wohlbekannte Unterschied zwischen den im Elsaß residierenden
Ständen samt der Ritterschaft und den im Reich angesessenen Fürsten.
Wie jene von jeher der Hoheit des Königs unbedingter unterworfen
waren, weil sie eben mit ihrer ganzen Existenz im Bereich seiner

---

[1]) Vgl. Brette, recueil de documents I, 64, Nr. 38a; 66, Nr. 38b; vgl. I,
37, Nr. 12.

Macht lagen, so gaben sie sich auch dem neuen Impuls des fran=
zösischen Staatslebens seit 1787 und besonders auch noch jetzt, zu
Anfang 1789, weit widerstandsloser und vollständiger hin, als etwa
Württemberg oder Hessen=Darmstadt.

Die Spaltung ward in der Wahlversammlung zu Hagenau am
26. März 1789 jedermann deutlich. Auf der einen Seite hörte man
die Amtleute v. Montlong und Spitz namens des Markgrafen von
Baden und des Bischofs von Speyer einen förmlichen Protest gegen
die an ihre Fürsten gerichtete Einladung vortragen, der übrigens sehr
unangenehm empfunden und vom Präsidium anfangs überhaupt zurück=
gewiesen wurde; dann sah man wieder den Kardinal=Bischof Rohan
und die Mitglieder der unterelsässischen Ritterschaft nach dem Reglement
ihre Stimme abgeben. [1]

Diese Differenz war nun aber keineswegs nur von augenblick=
licher Bedeutung, sondern schuf vielmehr für beide Teile einen voll=
ständig verschiedenen Rechtsboden. Alle diejenigen, welche an der
Wahl teilgenommen hatten und mithin folgerichtig in Versailles in
aller Form vertreten waren, konnten mit Fug als durch die Beschlüsse
der Generalstände mitverpflichtet und verbunden gelten, vollends, wenn
sie, wie der Kardinal Rohan, in eigener Person ihren Sitz in den=
selben einnahmen; bloß diejenigen, welche sich von den Wahlen fern
gehalten hatten, waren in der Lage, den Dekreten der National=
versammlung ungeschmälerte Rechtstitel entgegenzusetzen.

Hatte es sich zunächst bei der Berufung des Reichstags um
einen passiven Widerstand gehandelt, so schlug dieser sehr schnell in
eine immer aktivere Opposition gegen die Thätigkeit der Versammlung
selbst um. Diese Wandlung war die Folge der Augustbekrete und
des weiteren gesetzgeberischen Ausbaues ihrer Prinzipien. Wie wir
uns zuvor die Gesamtheit der Rechte unserer Stände vergegenwärtigen
mußten, um zu einer richtigen Würdigung ihrer elsässischen Interessen
zu gelangen, so ist jetzt ein kurzer Überblick über die ihnen in rascher

---

[1] Vgl. hierfür besonders den Bericht Montlongs vom 28. März 1789, Akten
G L A K. Baden. Gen. Ausland. Beinheim. G14, wonach auch der badische Rent=
kammerpräsident von Gahling in Hagenau zugegen war. Vgl. auch den speyrischen
Protest, Reuß, Staatskanzley 25, 207; ferner den Bericht des Darmstädtischen Amt=
manns Bernard bei Kiefer, Balbronn 80 ff.

Folge zugefügten Beeinträchtigungen, so bekannt diese Vorgänge ja auch sind, doch nicht wohl zu entbehren.

Die Dekrete, welche in der Nacht des vierten August in über= strömender Begeisterung entworfen und in der darauf folgenden Woche genauer redigiert wurden, haben eine große Ähnlichkeit mit den in mehreren modernen deutschen Partikularverfassungen niedergelegten Grundrechten. Es sind prinzipielle Erklärungen über allgemeine Rechtsverhältnisse, welche eben deswegen zunächst der praktischen An= wendbarkeit entbehren. Man weiß, daß Frankreich damals gerade dessen bedurfte; die Dämpfung der Unruhen in den Provinzen konnte nur von einem gesetzgeberischen Manifest erhofft werden, welches wenigstens im großen das Fortbestehende von dem Aufgegebenen unterschied. [1])

Betrachten wir zunächst den Hauptinhalt dieser Erklärung, [2]) die Bestimmungen über das Schicksal der Seigneurie.

Man kann nicht leugnen, daß ein konsequent festgehaltener Grundsatz hier die Trennung beherrscht hat; es war der Gedanke, den Seigneur aller autoritativen Gewalt zu entkleiden und zum bloßen Eigentümer zu machen, also nichts anderes, als was schon die Bestrebungen der elsässischen Provinzialversammlung bezweckt hatten. So erhielt man zwei Gruppen von Rechten: auf der einen Seite die Jurisdiktions= befugnis, die Zwangs= und Bannrechte, gewisse Einkünfte, alle An= sprüche aus dem Verband der Mainmorte oder der Leibeigenschaft, auf der anderen die im engeren Sinne grundherrlichen Anrechte, alle Forderungen, welche sich auf ein dingliches Recht begründeten. Der Beschluß, die erste Kategorie ohne Entschädigung zu unterdrücken, war ebensosehr eine Wirkung rationalistischer Auffassung ihrer Entstehung, als eine politische Notwendigkeit; sie waren das Opfer, womit wenigstens die bedingte Fortdauer der zweiten Klasse, welche immerhin für ab= löslich erklärt wurde, zu erkaufen schien.

Erst nach ziemlich langer Frist erschienen die nötigen Ausführ= ungsgesetze. [3]) Die Scheidung der ohne Entschädigung aufgehobenen von den ablöslichen Rechten war hier ins einzelne durchgeführt. Noch

[1]) Sybel, Revolutionszeit I, 67.
[2]) Vgl. die Dekrete vom 4., 6., 7., 8., 11. August 1789.
[3]) Hauptsächlich das Dekret vom 15. März 1790.

schärfer, als in den Augustdekreten, war der bestimmende Grund=
gedanke mit den Worten ausgedrückt, daß für fortbestehend alle Rechte
gelten sollten, welche sich als Entgelt für ursprüngliche Überlassung
von Land darstellten,[1]) also alle Besitz= und die damit verbundenen
Verkaufs= und Veränderungsabgaben.

Dies war aber doch nur der
kleinere Teil der alten Befugnisse des Seigneurs; alles übrige verlor
er, die Ehrenrechte, die Justizhoheit, die Bürgerabgaben, das Geleits=
und Wachtrecht, die Verkaufsabgaben von Mobilien, Accise und
Ohmgeld, die Zoll= und Brückenrechte, die Aufsicht über Maß und
Gewicht, das Markt= und Standgeld, seine Bannrechte, alle Personal=
fronen, alle Leibeigenschaftsrechte. Spezialgesetze holten nach, was
hier vergessen war, die Aufhebung des Abzugs und des Judenschutzes.[2])

Aber auch jene noch aufrecht erhaltenen Bezüge, in deren Besitz die
Seigneurs weiterhin ausdrücklich geschützt wurden,[3]) konnten fortan ihre
Natur gegen den Willen des Berechtigten ändern, weil das Ablösungs=
gesetz jedem Pflichtigen den Abkauf gestattete.[4]) Die hier aufgestellten
Normen wahrten das grundherrliche Interesse wenigstens leidlich; die
Ablösung der ständigen Gefälle mit dem zwanzig= bis fünfundzwanzig=
fachen Geldbetrage ihres mittleren Wertes stimmte mit den unter
ganz anderen Verhältnissen wenig früher in Baden und Savoyen ge=
wählten Sätzen überein.[5])

Hiermit ist die französische Seigneurie vernichtet, deren Lebens=
nerv die Gerichtshoheit war; es erübrigt nur noch, ihren Inhaber
derselben Besteuerung, wie die anderen Unterthanen zu unterwerfen.[6])

Alsbald erhebt sich das regelmäßige Gebäude des neuen Staates.
Sein Territorium gliedert sich nicht mehr nach den alten, mitsamt
ihren Vorrechten verschwundenen Provinzen, sondern nach neugebildeten
Departements und ihren Unterabteilungen. Verwaltet wird jeder

---

[1]) „Tous les droits et devoirs féodaux ou censuels utiles qui sont le
prix et la condition d'une concession primitive de fonds", Dekret vom 15. März
1790, Titel III, Art. I.

[2]) Dekrete vom 20. Juli und 6. August 1790.

[3]) Dekret vom 15. März 1790, Titel III, Art. V; vom 15. Mai; vom 3. August.

[4]) Dekret vom 3. Mai 1790.

[5]) l. c. Art. XIII bis XXIV; vgl. Ludwig, der badische Bauer, 171; Darm=
städter, Befreiung der Leibeigenen in Savoyen ꝛc. 48.

[6]) Dekret vom 28. November 1789.

Bezirk von einer gewählten Versammlung, gewählte Richter von neuer hierarchischer Ordnung sprechen Recht, gewählte Munizipalitäten be= sorgen die Geschäfte der Gemeinden, deren alte Gerichte jetzt also endgültig ihren neuen Rivalen das Feld zu räumen hatten.[1]

Nicht minder vollständig war der Umsturz im Geistlichen. Auch hier hatten die Augustdekrete den Gang der Bewegung bereits deutlich angekündigt: das Eigentum der Kirche war nach der entschädigungs= losen Aufhebung aller Kirchenzehnten ebensosehr bedroht, wie ihre Ver= fassung durch einige auf die päpstlichen Rechte bezügliche Bestimmungen. Zuerst sank dann die feudale Machtstellung des Klerus durch jenes Dekret völlig dahin, welches seinen ganzen Besitz für Nationaleigen= tum erklärte und den Geistlichen zu einem besoldeten Staatsdiener umschuf.[2] Zahlreiche Beschlüsse regelten die Aufnahme dieser Güter= masse, ihre Übernahme durch den Staat, ihre Verwaltung und schließ= lich den Verkauf. Dann brachte der Sommer des Jahres 1790 dem Lande die neue Verfassung seiner Kirche[3], das treue Abbild der bereits vollendeten weltlichen Organisation. Groß war der Greuel des Kirchenraubes; aber er wurde weit überboten durch dieses neue Gesetz, welches freilich unlöslich verwickelte Zustände zu ordnen hatte, aber andererseits sicherlich in jedem einzelnen Artikel dem kanonischen Recht ins Gesicht schlug, und dem trotzdem, so verlangte man bald weiter, jeder Priester Gehorsam schwören sollte.[4] Darnach waren alle die alten, ehrwürdigen Diözesangrenzen aufgehoben, neue Bischofssprengel nach willkürlichen Prinzipien gebildet, jeder Priester vom einfachen Pfarrer bis zum Bischof verdankte sein Amt der Wahl der Bürger; und das Gebiet dieser neu gegliederten Kirche sollte so weit sein, wie das Reich selbst, kein auswärtiger Bischof fortan Jurisdiktion innerhalb der französischen Grenzen üben.

Es war menschlich, begreiflich, daß die elsässischen Reichsstände dem Programm dieser ganzen Umwälzung, den Augustdekreten, sofort den entschiedensten Widerspruch entgegensetzten. Die bisher unter ihnen

---

[1] Dekrete vom 14. Dezember 1789; vom 22. Dezember; vom 15. und 16. Januar 1790; vom 26. Februar.

[2] Dekret vom 2. November 1789.

[3] Dekret vom 12. Juli 1790.

[4] Dekret vom 27. November 1790.

hervorgetretene Spaltung verschwand angesichts dieser Gefahr sehr rasch; auch Rohan und die Ritterschaft erhoben ohne Rücksicht auf ihre Beteiligung an den Generalständen sogar unter den ersten Einsprache.

Zugleich aber erweiterte sich infolge dieser Ereignisse der Kreis, welchem wir unsere Aufmerksamkeit zuwenden. Es ist bekannt, daß auch in Lothringen mehrere Reichsstände in ähnlicher Lage waren, wie die von uns bisher allein betrachteten elsässischen Herren. Ohne auf diese Verhältnisse näher einzugehen, genügt die Beobachtung, daß infolgedessen der Kurfürst von Trier[1]), besonders als Metropolit der drei Bistümer Metz, Toul und Verdun, die Abtei Wadgassen, die Häuser Nassau, Löwenstein und Salm ähnliche Interessen, wie die elsässischen Reichsstände zu verteidigen hatten und darum fortan gleich= mäßig an ihren Bestrebungen teilnahmen.

Ohne Zweifel lag der Gedanke sehr nahe, der gemeinsamen Gefahr einen vereinigten Widerstand entgegenzusetzen.[2]) Wahrscheinlich hat Landgraf Ludwig IX. von Hessen=Darmstadt dazu den ersten Anstoß gegeben[3]); aber auch Speyer suchte sogleich auf die erste Nachricht

---

[1]) Vgl. für Trier Reuß, Staatskanzley 25, 242 ff; für Wadgassen l. c. 34, 10 ff; für Salm, Die dem Hause Salm zugefügten Kränkungen, 1793.

[2]) Die Darstellung dieses und des folgenden Kapitels beruht von hier an vorzüglich auf der Korrespondenz des Bischofs August von Speyer. Dieselbe be= findet sich auf dem General=Landes=Archiv zu Karlsruhe, Abteilung Bruchsal, Generalia, und ist bisher noch völlig unbenutzt geblieben. Leider ist der Briefwechsel nicht ganz lückenlos, wie sich aus der folgenden Übersicht ergiebt. Es liegt vor:

Korrespondenz vom 24. Dez. 1789—29. März 1790 — Nr. 2365.
„　　　„　　April　　—　Juli　1790 — Nr. 58.
„　　　„　　Juli　　—31. August 1790 — Nr. 2366.
„　　　„　Januar und Februar 1791 — Nr. 2380.
„　　　„　1. März　—31. Mai　1790 — Nr. 2381.
„　　　„　1. Juni　—31. Dez.　1791 — Nr. 2382.

Somit fehlt also das Jahr 1789, wofür jedoch aus den in der Korrespondenz Karl Friedrichs von Baden verwerteten badischen Akten einiger Ersatz zu gewinnen ist, ferner die vier letzten Monate des Jahres 1790 und das Jahr 1792. Da diese Akten im folgenden unaufhörlich benutzt werden, zitiere ich sie nicht mehr ausdrücklich; überall, wo kein Fundort angegeben ist, sind sie zu vergleichen; bei der vortrefflichen chronologischen Anordnung der Korrespondenz bereitet das Aufsuchen eines beliebigen Stückes mit Hülfe der oben gegebenen Übersicht keine Schwierigkeiten.

[3]) Schreiben des darmstädtischen Ministers Gazert an August von Speyer, 1790, April 19.

von jenen Vorgängen ein Einverständnis unter den wichtigsten Stän=
den herbeizuführen. [1]) In der That traten mehrere von ihnen mit
dem Fürstbischof in Verbindung, [2]) nur der Kardinal Rohan blieb
trotz mancher Versuche noch lange Zeit von dem Meinungsaustausch
ausgeschlossen, weil Speyer und Württemberg übereinstimmend fanden,
daß er durch jene Beteiligung an den ersten Arbeiten der National=
versammlung, ebenso wie die Ritterschaft im Unterelsaß, seiner Stellung
viel vergeben habe, [3]) und vielleicht auch, weil sie Bedenken trugen,
ihre gute Sache mit diesem geschändeten Namen zusammen zu bringen.
Ein greifbares Resultat hatten diese Verhandlungen aber nicht, die
Höfe beschränkten sich auf gegenseitige Mitteilung der von ihnen unter=
nommenen oder beabsichtigten Schritte.

Diese hielten im Laufe des Herbstes noch die gewohnten Wege
ein. Wie die Stände sich früher in ihren Kämpfen mit den Inten=
danten oder dem Hof zu Colmar an den König zu wenden pflegten,
so giengen sie auch dieses Mal mit ihren Beschwerden die französische
Centralgewalt an; noch war der Streit eine innere französische An=
gelegenheit. Freilich, wer war in diesem Augenblick in Frankreich
die Regierung? Die überwiegende Mehrzahl der Beschwerdeführer
wandte sich an die Nationalversammlung; soviel ich sehe, richteten
nur Speyer, Baden und der unterelsässische Klerus ihre Vorstellungen
an den Hof. [4])

Von keiner Seite wurde in diesen überaus einförmigen Denk=
schriften die französische Grundanschauung bestritten, daß durch den
Westphälischen Frieden die Souveränität über ganz Elsaß an den
König gekommen sei; auch der Bischof von Speyer giebt dies zu,
weiß aber freilich diese Einräumung für sich selbst durch den Hinweis
auf die Thatsache, daß die speyerischen Ämter historisch 1648 nicht

[1]) August an Karl Friedrich von Baden, 1789, August 20, P C K F I,
339, Nr. 311.
[2]) Karl Friedrich an August, 1789, August 25, P C K F I, Nr. 339, 312; Pro=
tokoll des bad. Geheimen Rates vom 8. Oktober, l. c. Nr. 316; 319; Schreiben
des Württembergischen Ministeriums an den bad. Geheimen Rat vom 18. Januar
1790, l. c. Nr. 323.
[3]) Herzog Karl Eugen an August, 19. Januar 1790; August an seinen
Reichstagsgesandten von Haimb, 11. Februar 1790.
[4]) Vgl. die Denkschriften Reuß, Staatskanzley 25, 26.

zum Elsaß gehörten, alsbald wieder unschädlich zu machen und erkennt darum nur das durch den Vertrag von 1646 und den Frieden selbst begründete französische Protektionsrecht an. Die Stände hielten sich somit noch vollständig innerhalb der durch die Entwickelung des achtzehnten Jahrhunderts geschaffenen Rechtssphäre. Den Schutz ihrer Rechte auch unter der königlichen Souveränität finden sie natürlich im Paragraphen teneatur, dessen bedenkliche Schlußklausel sie ruhig beiseite lassen, und in den Separatverträgen, auf Grund deren die Lettres patentes ergiengen. Jede Verletzung dieses Komplexes von Abmachungen, wird warnend hinzugesetzt, schwächt und vernichtet zugleich Frankreichs eigenen Rechtstitel auf das Elsaß, welcher in nichts anderem als in jenen Verträgen besteht. Sie verfehlen nicht, zugleich ein materielles Moment zu ihrer Verteidigung anzuführen: die Befugnisse der Stände sind keine Feudalrechte, wie die Gerechtsame der Seigneurs im inneren Frankreich, sondern territorialrechtlicher, landeshoheitlicher Natur; sie werden also durch die Beschlüsse der Nationalversammlung, welche nur jenen zu Leibe wollen, gar nicht berührt. An diese allgemeinen Gedanken reiht sich eine lange Kette individueller Ansprüche auf gnädige Behandlung; der Bischof von Straßburg mahnt an die freiwillige Unterwerfung seines Vorgängers, die Ritterschaft an ihre stets bewährte Opferwilligkeit; aus den eigenen Beschlüssen der Nationalversammlung über die Garantie der Staatsschuld, wie den Sätzen des Naturrechts von der Unverletzbarkeit des Eigentums werden Argumente entlehnt.

Ludwig XVI. beurteilte diese Klagen nicht anders, als ein Jahr zuvor. Schon ehe der allgemeine Umsturz erfolgt war, im Mai 1789, hatte der Minister Montmorin dem speyerischen Geschäftsträger Hermant versichert, daß alle Vertragsrechte beobachtet werden sollten und weder der König noch die Minister an ihre Beseitigung dächten.[1] Jetzt, als im September die Augustdekrete zur Sanktion vorgelegt wurden, gab der König auch der Nationalversammlung dieselbe Erklärung ab, indem er nachdrücklich an die vertragsmäßigen Rechte der deutschen Fürsten im Elsaß und ihre hierauf begründeten sehr ernsthaften Beschwerden erinnerte;[2] wie er selbst, äußerte sich

[1] Reuß, Staatskanzlei 25, 173, 228.
[2] Lettre du roi à l'assemblée nationale, 18. September 1789.

auch der Siegelbewahrer gegen die Straßburger Deputierten Türkheim und Schwendt: die Beschlüsse müßten für das Elsaß, das eine von den übrigen Provinzen total verschiedene Verfassung habe, notwendig modifiziert werden.[1]) Vielleicht war der Hof über dieses Hindernis gegen die Ausführung der Augustbeschlüsse nichts weniger als unglücklich; schlechthin unaufrichtig aber darf man die Haltung Ludwigs XVI. doch auf keinen Fall nennen, weil sie eben ganz der Meinung entsprach, welche er schon zu einer Zeit geäußert hatte, wo seine absolute Gewalt wenigstens formell noch unerschüttert dastand.

Allein, wenn die ihnen wohlbekannte Ansicht des Monarchen vor kurzem noch den Fürsten völlige Sicherheit zu gewähren schien, so war dies jetzt, wo dieselbe kaum noch einen Rat bedeutete, anders geworden. Alles kam auf die Haltung der Nationalversammlung an, und diese erzwang ohne Rücksicht auf alle Einwände vom König die Unterschrift der Dekrete; wenn sie auch eine Prüfung der besonderen Verhältnisse des Elsaß in Aussicht stellte, so ließ sie doch darum nicht die geringste provisorische Ausnahme zu. Die Regierung war hiergegen völlig machtlos; es klang fast wie Hohn, wenn Montmorin den Bischof von Speyer auf seine erneute Klage an den Hof zu Colmar verwies, dasselbe Gericht, welches die Nationalversammlung soeben mit allen übrigen Parlamenten suspendiert hatte, und an welchem überdies jeder Anwalt die Vertretung einer solchen Klage weit von der Hand wies.[2])

Versagte indes so Frankreich zunächst die Aufrechterhaltung ihres alten Rechtsstandes, so schien den Geschädigten doch noch eine andere Instanz offen zu stehen: das Reich. Allerdings war die Anrufung seines Beistandes ein gefährlicher Schritt: die ganze Angelegenheit wurde dadurch aus einer rein französischen zu einer internationalen Streitfrage. Indem nur ein Teil dieser Reichsstände sich sogleich zu einer so weit aussehenden, folgenschweren Maßregel entschloß, trat unter ihnen eine neue Spaltung ein, welche nie mehr ganz beseitigt worden ist.

Mehr und mehr ragt unter allen Beteiligten die Gestalt des Grafen August von Limburg-Styrum, Bischof von Speyer, hervor.[3])

---

[1]) Reuss, l'Alsace pendant la rév. I, 176, Nr. 48, Schreiben von Türkheim und Schwendt an den Straßburger Magistrat, 18. September 1789.

[2]) Reuß, Staatskanzlei 25, 176, u. 26 u. 28, 223.

[3]) Bischof Damian August Philipp Karl von Limburg-Styrum, 29. Mai 1770—26. Februar 1797.

Ein eigensinniger, etwas enger, aber unerschütterlich konsequenter Kopf
war er allein vielleicht jederzeit seines Zieles gewiß und hat darum
auf den Verlauf dieser Angelegenheit den größten Einfluß aus=
geübt; er wurde bald der anerkannte Führer eines Teiles der Ge=
schädigten, in dessen Kabinet alle Fäden dieser Verhandlungen aus
ihrer Sphäre sich vereinigten. Dieser Mann lebte der festen Ueber=
zeugung, daß an den alten Rechten der Reichsstände kein Jota ge=
ändert werden dürfe und schreckte vor keinem Mittel zu ihrer Ver=
teidigung zurück. Im gegenwärtigen Stadium der Angelegenheit hielt
er es für die nächste Aufgabe, den Streit einzelner Stände zur all=
gemeinen Reichssache zu machen und also auszuführen, was er noch
ein Jahr zuvor nur in vertraulichen Depeschen anzudeuten gewagt hatte.

Dagegen richtete Herzog Karl von Zweibrücken von seinem
schönen. Schloß Karlsberg, das schon sobald dem Krieg zum Opfer
fallen sollte, einen ängstlichen Brief an den streitbaren Prälaten,[1]
worin er zur Fortsetzung der Verhandlungen mit dem französischen
Hofe mahnte, und denselben Rat bekam August auch von Württemberg
und Baden[2] zu hören: die Abhängigkeit der kleinen deutschen Fürsten
von Frankreich wurde wieder erschreckend deutlich; der zweibrückensche
Gesandte in Regensburg machte kein Hehl daraus, daß sein Herr die
französischen Pensionen nicht entbehren könne.[3]

Es liegt in der Natur der Sache, daß die Aktion dieses Teiles
unserer Reichsstände gegenüber den Maßregeln Augusts und seiner
Anhänger in den Hintergrund tritt; das Verfahren dieser letzteren ist
es gewesen, auf welchen der Fortschritt der ganzen Angelegenheit be=
ruhte. Zunächst freilich sahen sich auch diese von dem ganz selbständig
handelnden Kardinal Rohan überholt; schon im November 1789 trug
der seine Beschwerden beim oberrheinischen Kreis und im Januar 1790
am Reichstag zu Regensburg selbst vor.[4] Bischof August folgte sogleich
seinem Beispiel,[5] nachdem er zuvor von Montmorin nochmals feierlichst,
aber vergeblich die Respektierung seiner alten Rechte verlangt hatte;[6]

---

[1] 13. Januar 1790.
[2] 19. resp. 18. Januar 1790.
[3] Halms an August, 22. Januar 1790.
[4] Reuß, Staatskanzley 24, 342; 25, 1 ff.
[5] l. c. 25, 131 ff.
[6] Note vom 20. Januar 1790, l. c. 25, 227.

zugleich erschöpfte er die Kräfte seiner Kanzlei in einer endlosen Reihe
direkter Anschreiben an alle deutschen Höfe.[1]) Nach einander schlossen sich
die übrigen bis auf Zweibrücken, Württemberg, Baden, Leiningen, Löwen=
stein, Hohenlohe und Basel an;[2]) mehrere wandten sich, wie der Landgraf
von Hessen, noch besonders an den schon dem Tode nahen Kaiser Joseph II.
selbst.[3]) Allerdings war es mehr als zweifelhaft, ob manche der Kläger
in der That ihren politischen Gerichtsstand vor dem Tribunal an der
Donau hatten; die oberelsässische Ritterschaft, der unterelsässische Klerus
und vor allem der Reichslandvogt Prinz von Montbarey machten an
dieser Stelle eine äußerst seltsame Figur.[4]) Und ferner war die Frage
nicht ohne weiteres zu verneinen, ob nicht auch von den Reichsständen,
deren Reichsunmittelbarkeit der Westphälische Friede unangetastet ge=
lassen hatte, ein Teil, wie Straßburg und Murbach, oder die Ritter=
schaft durch jene bereits hervorgehobene Teilnahme an den Anfängen
der in Frankreich eingetretenen Umwälzung sich die Appellation an
das Reich ebenso sehr verscherzt hatten, wie sie dadurch der National=
versammlung verpflichtet waren.

Auf lange Zeit schien jetzt der Reichstag des heiligen Reiches
in eine gelehrte Akademie verwandelt, vor der in immer neuen, lang=
atmigen, übergründlichen Promemorias die ganze Geschichte der Streitig=
keiten zwischen Deutschland und Frankreich von den Karolingern an
aufgerollt wurde. Merkwürdig kontrastiert der greisenhaft umständliche,
weinerliche Ton dieser Klagen mit dem selbstbewußten Pathos der
Freiheitsmänner; wer vermochte sich selbst unter den Freunden eines
Lächelns zu erwehren, wenn er die unterelsässische Klerisey wimmern
hörte,[5]) „sie kann sich nicht entbrechen, mit Schaudern zu gedenken,
daß so viele Kapiteln, Abteyen, so viele ehrwürdige Geistliche theils
unterdrückt werden und eingehen; die beybehaltenden in die Klasse
willkührig besoldeter Kirchendiener herabgesetzt werden sollen . . . .

---

[1]) Die Schreiben waren vom nämlichen Tage, wie die an Montmorin ge=
richtete Note datiert. Die Antworten, welche darauf einglengen, finden sich Akten
G L A K. Bruchsal. Gen. 1130; Friedrich Wilhelm II. fehlt hier, das Schreiben
liegt in Nr. 2365, unter dem 14. Februar.
[2]) Vgl. Reuß, Staatskanzley 24, 25, 26, 29, 30, 33, 34, 35, 36, 37, 38.
[3]) 1790, Januar 16, l. c. 29, 210.
[4]) l. c. 29, 290 ff; 25, 64 ff; 31, 48 ff.
[5]) l. c. 25, 69.

Sie sieht mit innigster Wehmuth, daß die der Elsaßischen Klerisei in dem westphälischen Frieden heilig zugesicherten Rechte, das ihr garan= tirte, anerkannte, bestätigte Eigenthum ihrer Güter entrissen werden solle". Der Kern aller Ausführungen war naturgemäß stets derselbe Satz, welcher schon dem französischen Hof entgegengehalten worden war. Nur Hessen=Darmstadt verschärfte seine Deduktion schon jetzt zu der Behauptung, daß Frankreich 1648 so wenig, als später ein Recht von seiten des Reiches auf Hanau=Lichtenberg erhalten habe und darum ein erheblicher Teil des Elsaß rechtlich noch Bestandteil des Reiches sei. Rüttelte aber auch die überwiegende Mehrzahl der Stände durch= aus noch nicht an der französischen Souveränität selbst, so hielten sie doch derselben ungeachtet die Vertretung ihrer Sache durch das Reich für unzweifelhaft zulässig und rechtmäßig; sowohl infolge seiner Schutz= pflicht gegenüber den einzelnen Ständen, wie als Garant des nach ihrer Behauptung zu ihrem Nachteil verletzten Friedens riefen sie seine Hülfe an. Freilich standen ihnen bei diesem Verfahren ihre eigenen Sonderabkommen mit dem König äußerst störend im Wege, da sie durch dieselben doch unzweifelhaft den Boden des Westphälischen Friedens, so wie gerade sie denselben verstanden, verlassen hatten. Man half sich durch starke Betonung des freiwilligen und darum doppelseitig verbindlichen Charakters jener Unterwerfungsakte, infolge= dessen Frankreich durch seinen Rücktritt von den damals stipulierten Festsetzungen die ganze Vereinbarung hinfällig mache. Außerdem aber erinnerte man sich plötzlich, daß ein getreuer Lehensmann ohne den Konsens seines Lehensherren sein Lehen nicht verändern könne; unzweifelhaft aber war eine solche Einwilligung von seiten des Reiches nie erteilt worden.

Es war der Fluch einer unglücklichen Vergangenheit, daß jetzt, wo die deutschen Fürsten sicher mit ihren Klagen im Recht waren, doch zu ihrer Verteidigung auch Sophismen nicht verschmäht werden durften. Auch an Versuchen, das eigene Interesse der unbeteiligten Stände ins Spiel zu bringen, ließ man es nicht fehlen. Der Kardinal Rohan wies auf die erschütternde Wahrscheinlichkeit des Wegfalles der hoch= fürstlich straßburgischen Matrikularbeiträge hin und hob hervor, daß noch jetzt sechszehn Präbenden in seinem Domkapitel notwendig mit deutschen Herren aus fürstlichen oder altgräflichen reichsunmittelbaren Häusern besetzt werden müßten; und wer die Bedeutung kennt, welche

die Domherrenstellen für die katholischen Dynasten des deutschen Süd=
westens hatten, fühlt den Eindruck nach, welchen eine solche Perspektive
auf sie hervorbringen mußte.

An einen weiteren Kreis von Lesern, als diese vorwiegend für
die amtlichen Stellen berechneten offiziellen Denkschriften, wandten sich
die raschen Federn einer großen Reihe ausnahmslos anonymer Autoren.[1]
Unter der Wolke von Flugschriften, welche sich jetzt und in den
nächsten Jahren erhob, überwogen die deutschen, im Sinne der Stände
gehaltenen Broschüren weitans. Viele von diesen Hervorbringungen
teilen durchaus den ephemeren Charakter, welcher dieser Litteratur=
gattung in der Regel anhaftet; leicht gezimmert ist das Gerüst ihrer
Beweisführung, die Argumente oft von überraschender Gefühlsseligkeit,
ohne eine Spur von Einsicht in die elementare Gewalt der furcht=
baren Umwälzung westlich des Rheines.

Unbedeutend sind vor allem die Pamphlete, welche sich direkt an das
elsässische Volk wenden. Wohl mochte es ja richtig sein, daß, wie hier immer
wieder hervorgehoben wurde, alle Excesse von einer Minderheit meist übel
beleumundeter Menschen begangen wurden, deren Terrorismus die
große Majorität sich resignierten Sinnes beugte; aber der Hinweis
auf die erhöhten Lasten der Zukunft, auf die kleinen Vorteile des im
rosigsten Lichte vorgemalten patriarchalischen Verhältnisses zwischen
Schloß und Dorf wird von den einen niemanden bekehrt, von den
anderen keinen zum Handeln angespornt haben, und selbst dem ein=
fachen Leser mußte es doch Befremden erregen, wenn er die Steuer=
freiheit der Privilegierten mit dem naiven Argument verteidigen hörte,
daß der Bauer eben ihnen seine Produkte soviel teurer verkaufe und
sich auf diese Weise schadlos halte.[2] Häufig kehrt der Versuch wieder,
die Unzufriedenheit von den Ständen auf die königliche Verwaltung
abzulenken. Nicht was der Unterthan der Herrschaft prästiert, heißt
es, drückt ihn, sondern die königlichen Steuern, welche der Provinz
gegen alles Recht aufgebürdet wurden;[3] ein Gedanke, welchem man

---

[1] Vgl. hierfür die besondere Bibliographie dieser Schriften am Schluß des
vorliegenden Buches.

[2] 3. B. [P. S. C. Saul, B. ?] Gespräch zweier französischer Flüchtlinge,
1789; Gespräch zwischen einem Pfarrherrn, einem Schultheißen, 1789; letzte War=
nung eines treumeinenden Elsässers, 1790.

[3] 3. B. réflexions sommaires et impartiales, 1789.

die Richtigkeit nicht absprechen wird, der aber gerade in diesem Mo=
ment politisch bedeutungslofer war als je. Nach einiger Zeit fließt
dann die religiöse Erbitterung, der Kampf für den wahren Katholi=
zismus auch in diese Flugschriften ein; den radikalen Gegnern schienen
bald auch hier Aristokraten und Anhänger der Eidesweigerer dasselbe.[1])

In den für das deutsche Publikum bestimmten Arbeiten nimmt
die historische Beweisführung, welche den elsässischen Lesern gegenüber
nur in stark popularisierter Form verwendet wurde, breiten Raum
ein. Mit Vergnügen bemerkt man unter der großen Schar dieser
Litteraten auch ein paar wirklich wohl unterrichtete, scharffinnige
Männer von großer dialektischer Gewandtheit. Die Betrachtungen
für Pfalz=Zweibrücken, deren Verfasser Bachmann sein soll, beruhen
auf guter Kenntnis der Litteratur und des fürstlichen Archivs, sie sind
für die Rechtsverhältnisse jener Herrschaften noch heute belehrend.
Vor allem aber ragt der Elsässer Stupfel, Hofrat in speyerischen
Diensten zu Bruchsal, sowohl durch die große Anzahl als den eigen=
tümlichen Gehalt seiner Schriften hervor.[2]) In der historischen Be=
weisführung schritt er von der ursprünglichen Annahme, daß Frank=
reich 1648 die Souveränität über ganz Elsaß erworben habe, in der
Ausübung derselben aber sowohl durch den Paragraphen teneatur, als
die Lettres patentes vertragsmäßig beschränkt sei,[3]) zu dem schroffen
Satze fort, daß vielmehr damals nichts als der österreichische Terri=
torialbesitz, und dazu das Landvogteirecht samt dem leeren Titel
der Landgrafschaft abgetreten worden sei, und auch dies nur mit dem
Verbot irgendwelcher Abänderung des eben gegebenen Zustandes,
während Frankreich über die Gebiete der Reichsstände erst durch die
späteren, von ihnen notgedrungen anerkannten Usurpationen ein Recht

---

[1]) Vgl. z. B. die von gröblichen Beschimpfungen strotzenden Briefe über das
Elsaß, 1792.
[2]) Vgl. über Stupfel persönlich Akten G L A K. Bruchsal. Gen. 330, wo=
durch die kurze Notiz bei Meusel, VII, 728 vielfach berichtigt und ergänzt wird.
Aus diesen Akten ergiebt sich auch großenteils die Autorschaft der ihm von mir
zugeschriebenen, ausnahmslos anonym erschienenen Schriften mit absoluter Gewiß=
heit; in einigen anderen Fällen ist dieselbe aus Andeutungen im Text der Bro=
schüren selbst zu erschließen. Soweit übrigens Meusel darüber Aufschluß giebt, ist
das Verhältnis bereits von Herrn Bibliothekar Dr. Marckwald von der Uni=
versitätsbibliothek zu Straßburg klar gestellt worden.
[3]) Considérations, 1789, II, 12 ff.

auszuüben begonnen habe;[1] wenn ich nicht irre, ist dies die früheste
Formulierung, welche die streng deutsche, neuerdings von Kirchner,
Marcks und auch Jacob aufgenommene Ansicht in der Litteratur er=
fahren hat. Diese Deduktion, deren Schwäche in der Unbestimmtheit
seines Begriffes der Landgrafschaft liegt, verteidigte Stupfel fortan
in immer neuen Abhandlungen mit ebensoviel Eifer, als Scharffinn.

Merkwürdig aber, wie auch diesem aufgeweckten Kopf, der in dem
Gewirr so durch und durch bestrittener, oft dunkler und mehrdeutiger
Vertragsartikel so sicher seinen Weg zu finden wußte, sich das helle
Urteil trübte, so wie er von der historischen zur politischen Betrach=
tung übergieng; alle die schlimmen Folgen der mangelnden Vertraut=
heit mit der Behandlung großer Geschäfte, die notgedrungene Gewöh=
nung dieser kleinstaatlichen Beamten an kleinliche Gesichtspunkte kamen
da auch bei ihm zum Vorschein. Doch beherrschte ihn als Politiker
außerdem noch eine ganz bestimmte Vorstellungsreihe. Er kannte die
engen Beziehungen, welche beim Ausbruch der Revolution noch zwischen
dem Reich und Elsaß bestanden, ebenso genau, wie der Straß=
burger Theologe Blessig, welche dafür einmal die ebenso knappe,
wie glückliche Fassung fand: „Besage jeder Landkarte und jedes
Geschichtsbuchs sind es [die Elsässer] Deutsche unter französischer
Botmäßigkeit",[2] und hat darum ihre Fortdauer geradezu das
wichtigste Provinzialinteresse genannt.[3] Aber man würde irren,

---

[1] Questions d'état, 1790, IV, 179—267.

[2] Vgl. Barrentrapp, die Straßburger Universität in der franz. Revolution,
Zeitschr. f. Gesch. d. Oberrh. N. F. XIII, 449, n. 1.

[3] Questions d'état 113 ff: Ce ne sont que les localités qui peuvent
vainement prononcer sur le sort de l'Alsace et la première des localités pour
nous dans le général consiste dans nos rapports et nos connexions indisso-
lubles avec l'Allemagne. Demeurons Français de cœur, comme nous l'avons
été depuis notre réunion. Mais soyons Allemands de principes et de constitution, comme nos intérêts politiques l'éxigent et que les traités de réunion
nous l'ont assuré. Notre situation physique met par les montagnes des Vosges
une séparation plus forte entre nous et la France que le Rhin n'en met une
entre l'Allemagne et nous. Or c'est cette situation physique qui détermine
les intérêts politiques de l'Alsace. Les traités ont consacré ces intérêts et
l'expérience d'un siècle et demi à apprise (!) à la France à ne point déranger
l'économie de ces intérêts pour le plus grand intérêt de l'état. L'indispen-
sable conservation de cet ordre des choses est donc dans le vrai esprit du
patriotisme l'obstacle le plus insurmontable à l'éxécution des décrets qui en
détruiroient la précieuse harmonie.

wenn man ihn darum einen schlechtweg deutschen Politiker heißen wollte. Was ihn vollständig beherrschte, war vielmehr jener elsässische Sondergeist,[1]) welcher sich frühzeitig in dieser territorial so außeror= dentlich zerklüfteten Landschaft entwickelte und ihr einen gewissen Ersatz für das fehlende Band politischer Einheit gewährt hatte. So ist sein Ideal für das Elsaß eine Zwischenstellung zwischen Frankreich und Deutschland, bei welchem das Land an den Vorteilen der Zugehörig= keit zu jedem der beiden Reiche participieren, den Lasten derselben aber entgehen würde. Die Errungenschaften der Revolution, die bürgerliche Freiheit soll die Provinz voll und ganz genießen;[2]) soll der Elsässer aber zu den französischen Staatseinnahmen beitragen, so rechnet er sehr genau, erinnert sich, daß er gar keinen Grund hat, sich für diese Normannen oder Gascogner anzustrengen und will seinen Patriotis= mus strikt nach den reellen Vorteilen bemessen, die ihm selbst zu= fallen.[3]) Unzweifelhaft würde diese Sonderexistenz des Elsaß sehr viel mehr französische als deutsche Züge aufweisen; die Verbindung mit dem Reich würde der Provinz bloß dazu dienen, die lästigen Anforderungen des französischen Staates abzuwehren, über diese ne= gative Bedeutung jedoch nicht hinausreichen. Worauf beruht aber dieser Zusammenhang mit Deutschland? Einzig und allein auf der Herrschaft der Reichsstände im Elsaß. Nimmt man sie weg, so ist das Land völlig Frankreich preisgegeben. Als Bollwerk des elsässischen Partikularismus also betrachtet Stupfel die Berechtigungen der Fürsten, und aus diesem Grunde kämpft er für sie. Nicht das Interesse dieser Herren ist ihm das ursprüngliche, sondern seine These ist vielmehr diese: Elsaß bedarf der Herrenrechte, weil sie ihm die Möglichkeit bieten, eine Sonderstellung in Frankreich zu behaupten, im Vergleich zu deren Vorteilen diese Lasten kein zu hoher Preis sind, oder, wie

---

[1]) Considérations z. B. 164: demeurons aussi bons Alsaciens pour notre constitution que nous sommes bons Français par affection; vgl. die Forderung, daß die Fürsten nur geborene Elsässer als Beamte anstellen sollen, l. c. 132.

[2]) Questions, 134.

[3]) Archives d'Alsace, 1790, 102: „Or par les traités de paix et les lettres patentes le peuple d'Alsace ne fait point partie de la nation française. Quel motif auroit-il donc de s'épuiser pour soulager les Normands, les Gascons, les Champenois. Il ne pourroit compter l'esprit patriotique pour un supplé- ment de reconnaissance qu'autant qu'on le feroit naître en lui par des soulage- ments réciproques et des bienfaits réels.

er sich häufig ausdrückt, die Erhaltung der alten Verfassung ist das wirkliche Interesse des Landes. [1]) Deswegen strengt er seinen Scharf-sinn an, um diese Herrenrechte zunächst historisch aus dem Wortlaut der Verträge zu begründen, deswegen bemüht er sich, sie mit tausend kleinen Zugeständnissen und Abschwächungen dem elsässischen Leser als erträglich hinzustellen. Aus demselben Grunde bestreitet er andrer-seits den Ständen mit den Argumenten des deutschen Reichsrechtes die Befugnis zu Separatabkommen mit Frankreich, welche einen Ver-zicht auf ihre Rechte einschließen würden.

Phantasievoll genug malt er die zukünftige Lage des Landes aus. [2]) Wenig kommt bei diesem „Entwurf eines Abkommens" zwischen dem Reich und Frankreich darauf an, daß Stupfel die scharfe, übrigens wegen des auch ihm unsicheren Begriffs der Landgrafschaft doch nicht ganz unzwei-deutige Formulierung der Rechtsverhältnisse im Elsaß im Sinne seiner historischen Erörterung an die Spitze stellt. Praktisch denkt er sich dieser Theorie zum Trotz die französische Oberhoheit, das ganze System der Lettres patentes, die Jurisdiktion des Hohen Rates fortbestehend, wie vor dem Jahr 1789. Nur ihre Wirkung wird eine andere sein. Die eigentliche Regierung der Provinz wird nämlich in den Händen der elsässischen Provinzialstände liegen, welche, anders als die Pro-vinzialversammlung von 1787, in erster Reihe aus den elsässischen Reichsständen bestehen wird, zu welchen noch Deputierte der drei Stände des französischen Rechts hinzutreten sollen. Diese Versamm-lung, welche sich also zugleich aus den verschiedenen Landesherren des Elsaß und ihren Unterthanen zusammensetzt, wird von einem Kommissar präsidiert, welchen der König von Frankreich in seiner Eigenschaft als Landgraf ernennt, der aber lediglich dasselbe Stimm-recht, wie jedes andere Mitglied besitzt. Die Kompetenz der so ge-bildeten Provinzialstände soll die allgemeine Gesetzgebung für die Provinz und namentlich auch das gesamte Steuerwesen, einschließlich der Festsetzung der Höhe der Abgaben umfassen. Prinzipiell wird in letzterer Hinsicht bestimmt, daß bloß der ehemals österreichische Besitz dem König steuerpflichtig ist, die reichsständischen Unterthanen aber

---

[1]) Considérations, 1789, VI, 88—103.
[2]) Archives d'Alsace, 1790, 491 ff.

nicht. Es werden daher hier alle königlichen Abgaben aufgehoben und durch zwei Steuern ersetzt; die eine davon ist für die allgemeinen Bedürfnisse der Provinz bestimmt, die andere stellt das Don gratuit dar, welches die Stände dem König etwa freiwillig zubilligen. Ihre eigene Steuerfreiheit dauert dabei fort.

Ein von der Versammlung gewählter Ausschuß, äußerlich unter dem Präsidium des königlichen Kommissars, thatsächlich unter der Leitung des von den Provinzial= ständen gewählten ständigen Direktors, wird als oberste Verwal= tungsbehörde fungieren. In der That, ein Idealbild provinzialer Autonomie, dessen unmöglich erreichbarer Zweck war, das Land, während rings umher die finanziellen Ansprüche der Staatsgewalten an ihre Unterthanen im schnellen Steigen begriffen waren, auf dem Niveau der mäßigen Lasten des siebzehnten Jahrhunderts zu erhalten. Dies sollte eben durch das Gleichgewicht der französischen und deut= schen Ansprüche an dasselbe erreicht werden; für den Fall der Ver= letzung von Seiten Frankreichs würde das eingangs anerkannte strenge Recht des Westphälischen Friedens zu gunsten des Reiches wieder auf= leben, die Reichsstände aber sollte das der Provinz vorbehaltene Recht, jederzeit für die neue Ordnung der Dinge in Frankreich optieren zu können, von jedem allzu scharfen Gebrauch ihrer Rechte abschrecken.[1]

Es ist begreiflich, daß Stupfels Projekte trotz der den deutschen Ansprüchen so entgegenkommenden Interpretation der Verträge bei einem Mann, wie Bischof August, keinen Anklang fanden. Schon daß sein Hofrat unbedenklich die Ausdehnung des Elsaß bis an die Queich zugab und damit die besonderen Waffen Speyers gegen die französische Oberherrschaft ihrer Schärfe völlig beraubte, empfand er als Beleidigung. Vor allem aber wollte er von der ganzen Unter= ordnung der Fürsten unter Frankreich überhaupt nichts mehr hören, welche doch den Kern von Stupfels Plan bildete. Die politische Absicht trennte die beiden Männer, deren historische Auffassung sich so nahe berührte. Es blieb nicht bei einem allgemeinen Gegensatz. Der Bischof verweigerte den Schriften Stupfels jede materielle Unter= stützung,[2] ordnete wiederholt ein Disziplinarverfahren gegen den Ver=

---

[1] Considérations, 1789, X, 140—165.
[2] Akten G L A K. Bruchsal. Gen. 2221.

faſſer an. [1]) Die Folgen älterer Mißhelligkeiten vermiſchten ſich mit dem neuen Streit und trugen das ihrige dazu bei, ihm ſehr gehäſſige und bittere Formen zn verleihen.

Der Biſchof glaubte ſich berechtigt, Stupfels ganzer publiziſtiſchen Thätigkeit niedrig-egoiſtiſche Motive unterzuſchieben; er behauptete, ſeine ganze Abſicht ſei, die Wieder= herſtellung der ſpeyeriſchen Regierung in Lauterburg zu erzwingen, bei welcher er früher Fiskal geweſen war, um von dort aus die el= ſäſſiſchen Ämter des Hochſtiftes ſo gut, wie unabhängig zu verwalten. Es läßt ſich nicht leugnen, daß in Stupfels Darlegungen ein etwas intereſſierter Anteil an den fürſtlichen Regierungen im Elſaß zu be= merken iſt, wie er in der That ſchon in früherer Zeit in mehreren Denkſchriften der ſelbſtändigen Verwaltung der oberqueichiſchen Ange= legenheiten das Wort geredet hatte; daß er aber lediglich, um ſich eine Stelle in der elſäſſiſchen Verwaltung zu verſchaffen, eine ſo um= fangreiche Thätigkeit entfaltet haben ſollte, iſt doch offenbar unglaublich, da ihm zur Erreichung dieſes Zieles ſehr viel kürzere Wege freiſtanden.

Stupfels Beziehungen zu Biſchof Auguſt haben übrigens ſchließlich eine jähe Löſung gefunden: im Dezember 1792 ward der Verfaſſer der Archives d'Alſace nach Wien berufen. Dort ſcheint er einige Zeit eine gewiſſe Rolle geſpielt zu haben, die der ſpeyeriſche Agent mit vielem Mißtrauen verfolgte. Schon Mai 1793 wurde er jedoch zu= nächſt mit Penſion entlaſſen, dann als Hofrat in Freiburg angeſtellt, wo er am 26. Oktober 1795 geſtorben iſt.

Stupfels Schriften kommt keine der im franzöſiſchen Sinn ge= ſchriebenen Broſchüren auch nur annähernd gleich. Die Schuld mag vielleicht daran liegen, daß die ungebundene Freiheit der franzöſiſchen Preſſe und mehr noch die Rednertribüne der Nationalverſammlung der kritiſchen Erörterung dieſer Fragen ein anderes und weit günſtigeres

---

[1]) Für dies und das folgende Akten G L A K. Bruchſal. Gen. 390; vgl. auch die Klage Auguſts gegen Stupfel am Reichskammergericht, Loslandt, Supplicæ, unterthänigſte pro gratiosissime decernenda excitatione Fisci Cæsarei in Sachen des Herrn Fürſten und Biſchofs zu Speier wider den Verfaſſer, Drucker und Verbreiter der Druck= und Schmähſchrift: Patriotiſche Anzeige an Kaiſer und Reich wider den Verfaſſer und Verleger der unter dem Titel: Bemerkungen ꝛc. über die Considérations sur la province d'Alsace ꝛc. nebſt flüchtigen Betrachtungen über die gegenwärtige Lage der Elſäſſer Angelegenheiten und einige Vor= ſichten ꝛc. Colmar. 1793. ausgebreiteten Druckſchrift. s. l. 1793.

Feld darzubieten schien; wurden doch alle die großen oratorischen Leistungen sogleich als Einzeldrucke im Lande verbreitet. So wird es sich erklären, daß wir in diesen Blättern im Gegensatz zu der senti= mental konservativen Sprache mancher Deutschen so oft nur die vollen Töne der modernen, republikanischen Phrase vom Recht des Volkes, der Freiheit der Bürger, und die Ausdrücke des Hasses gegen „die großen Hansen", die Privilegierten, [1]) vernehmen. Nicht minder aber klingt in ihnen die national französische Saite an, die Tendenz der Revolution, das Elsaß enger als je mit Frankreich zu verschmelzen, der Widerwille gegen die starken und lebenskräftigen Reste des alten Zusammenhangs mit dem deutschen Reich. An einer ausführlicheren historischen Darstellung versuchte sich nur ein Mann, der unsere Auf= merksamkeit noch später in Anspruch nehmen wird, Rühl, selber ein ehemaliger Tyrannenknecht. [2]) Aber seine Argumentation, mit welcher er die Abtretung von ganz Elsaß bis zur Queich im Jahr 1648 beweisen will, ist trotz des gelehrten Apparates dürftig, wo sich Schwierigkeiten erheben, weicht sie denselben schmählich aus und bleibt so in der Beherrschung des Stoffes, wie in der Kunst spitzfindiger Interpretation weit hinter dem Gegner zurück; dafür schließt auch diese ernsthafteste unter den Flugschriften französischer Parteirichtung mit einer heftigen Diatribe gegen die „hassenswürdigen Aristokraten", deren „eiserne Rute" das Land so lange gefühlt habe — und die doch kein anderer mit über ihm geschwungen hatte, als der Verfasser selbst.

Die Verfolgung dieser publizistischen Erörterungen, in welchen doch mancher beachtenswerte Zug hervortritt, hat uns weit von dem Punkte abgeführt, bis zu welchem wir die Entwickelung des ganzen Streites begleitet hatten. Es war die Frage, welche praktischen Forde= rungen die Geschädigten auf Grund ihrer Rechtsdeduktionen bei den Kreisen und am Reichstag erheben würden.

Ihre Anträge waren an beiden Stellen noch durchaus gemäßigt; keiner gieng darüber hinaus, die einfache Vermittelung des Kaisers bei Frankreich zu erbitten. Wirksam wurden sie zunächst nur bei den Kreisen. Schon am

---

[1]) Z. B. Gespräch zwischen Meister Junkus und Herrn Urian, u. a.
[2]) R [ühl] exposé analytique, 1790.

siebenten Januar 1790 beschloß der Oberrheinische,[1]) die Beschwerden dem Kaiser anzuzeigen und den Beistand des Reiches zu erbitten, auch den kurrheinischen, schwäbischen und fränkischen Kreis zu der gleichen Ver= wendung zu ermahnen. Aber wie wenig drohend dies gemeint war, zeigt der weitere Beschluß, daß die geschädigten Stände ihre Separatverhand= lungen mit Frankreich fortsetzen sollten. Ähnliche Konklusa faßten später auch der fränkische[2]) und, mit noch schwächerer Formulierung, der schwäbische Kreis.[3]) So wenig jedoch diese Erklärungen bedeuteten, eines war doch damit geschehen: eine Reihe deutscher Stände, welche an dem ganzen Streit nicht beteiligt waren, hatten den Geschädigten Recht gegeben und ihren Anspruch auf Vermittelung des Reiches gebilligt. An eine Thätigkeit dieses selbst war freilich vorerst nicht zu denken; der Tod Kaiser Josephs II. und die Streitigkeiten über das Reichsvikariat lähmten den Reichstag,[4]) es war unmöglich, wie Herr von Haimb dem unermüdlich drängenden Bischof August von Speyer immer von neuem versichern mußte, Beschlüsse zu fassen, bevor ein neuer Kaiser gewählt war. Phantastische Projekte tauchten auf, um mit der gleichen Schnelligkeit wieder vergessen zu werden; allen Ernstes hat August einmal den Vorschlag gemacht, der Kurfürst von Mainz solle jetzt namens des Reiches bei Frankreich intervenieren[5]). Unter diesen Umständen, indem zwar nicht die Klagen, wohl aber jede Thätigkeit am Reichstage aufhörten, wo sich manchmal nur drei Gesandte[6]) im Beratungszimmer einfanden, erhielt Frankreich die günstigste Gelegenheit, die ganze Streitfrage zwischen sich und den Ständen zu erledigen, ehe noch das Reich in dieselbe eingreifen konnte.

Die Stimmung der Nationalversammlung war ursprünglich den „lächerlichen Beschwerden",[7]) wie sich Rewbell,[8]) der radikale Ver=

---

[1]) Reuß, Staatskanzley, 24, 342.

[2]) Konklusum vom 2. März 1790, l. c. 26, 268.

[3]) Konklusum vom 18. Juni 1790, l. c. 26, 169.

[4]) Haimb an August, 28. Juli 1790, P C K F I, 371, Nr. 364.

[5]) August an Mainz und an Haimb, 1790, März 5.

[6]) Haimb an August, 24. August 1790, P C K F I, 382, Nr. 381.

[7]) „réclamations dérisoires", Sitzung vom 9. Oktober 1789, Arch. parl. 9, 392; vgl. Rewbells heftige Rede vom 18. September, l. c. 9, 35, von welcher auch Türkheim und Schwendt nach Straßburg berichteten, Reuss, l'Alsace pendant la rév. I, 183, Nr. 51.

[8]) Vgl. über ihn Barth, notes biographiques, 437.

treter von Colmar, ausdrückte, wenig holb; diese Haltung erklärt sich leicht aus dem noch ungebrochenen Doktrinarismus der Constituante und ihrer Unkenntnis der im Elsaß gegebenen Besonderheiten. Sie hätte nur durch eine Aktion der Deputierten der Provinz geändert werden können. Daran aber war nicht zu denken. Gerade der Mann, welcher in der Provinzialversammlung von 1787 die Fürsten aufs empfindlichste angegriffen hatte, der Syndikus Schwendt, saß auch als zweiter Vertreter Straßburgs in der Nationalversammlung, und der Deputierte des Adels, Prinz Broglie, war so weit von einer Ver= tretung der reichsständischen Interessen entfernt, daß er in der Nacht des 4. August den Verzicht der Provinz auf ihre Privilegien mit erklärte. [1] Ganz entschieden überwog unter den elsässischen Abgeordneten zur Nationalversammlung die fürstenfeindliche Richtung von 1787. Die Konservativen unter ihnen, wie der andere Vertreter Straßburgs, Herr von Türkheim und der Bailli von Flachslanden, legten bald ihre Mandate nieder, da sie sich bei der errgten Stimmung der Ver= sammlung in ihrer Redefreiheit beengt fühlten, und auch der geistliche Deputierte Abbé d'Eymar konnte keine Erfolge erzielen. Und wie hätte es auch gelingen können, die Versammlung für die Ansprüche teilweise landfremder Herren zu gewinnen, wo selbst eine französische Stadt, wie Straßburg, ganz vergeblich den letzten Kampf um ihr altes, durch ein Königswort garantiertes Recht ausfocht! [2]

Lag aber nicht eben darin, daß es sich um Ausländer handelte, nicht auch bei ruhigerer Erwägung ein Antrieb zu größerer Rücksicht= nahme? Die öffentliche Meinung wurde zunächst im entgegengesetzten Sinn bearbeitet; eine Korrespondenz im Moniteur über die Be= mühungen der Fürsten bei den Reichskreisen verkündete das Recht des Volkes zur Annullierung von Verträgen, bei welchen es nicht mitge= wirkt habe. [3] Aber schon im Januar 1790 zeigte sich bei der Ver=

---

[1] Arch. parl. 8, 352.

[2] Vgl. Einer, die politischen Verhältnisse in Straßburg i. E. i. J. 1789.

[3] Moniteur 11, 507:
Qu'est-ce qu'un contrat où l'on a violé l'intérêt d'un tiers? et peut-il être opposé à ce tiers, lorsqu'il réclame des droits imprescriptibles? (Mit Bezug auf die Friedensverträge.) Si le roi de France prétend violer les conditions qu'il a stipulées avec l'Empire.... que l'Empire.... demande l'exécution des traités. Mais si la commune appelle de nullité contre des traités où la viola-

sammlung selbst Neigung, die Elsässer Angelegenheit in Erwägung zu nehmen. [1]) Es unterliegt wohl keinem Zweifel, daß die Regierung, welcher jene zweite Betrachtungsweise naturgemäß weit näher lag, diese Stimmung wenn nicht geradezu hervorgerufen, so doch möglichst gefördert hat.

Ihre Lage war grausam. Montmorin und sein erster Sekretär Rayneval gaben im Grund ihres Herzens den Deutschen unumwunden Recht, sprachen mehr als einmal diese Überzeugung auch den eifrig antichambrierenden Agenten der gekränkten Herren offen aus; aber immer mußten sie wieder hinzusetzen, daß von ihnen nichts, alles vielmehr lediglich von der Nationalversammlung abhänge, daß sie nur noch zu raten, jene allein zu entscheiden hätte. Welch' ein Umschwung der Dinge! Wie stolz pflegte sonst ein französischer Staatssekretär oder sein Vertreter mit diesen Kleinfürsten zu verfahren; jetzt fand Montmorin oft keinen anderen Ausweg mehr, als seine regelmäßigen Empfänge auf Wochen zu unterlassen, nur um auch diesen ungestümen Mahnern nicht zu begegnen, die sich ehemals so glücklich geschätzt hatten, überhaupt vor das Angesicht des Gewaltigen gelassen zu werden. [2]) Und doch war in ihnen der alte Respekt selbst jetzt noch so überaus lebendig, daß die Agenten von Speyer, Köln, Württem= berg und Basel einmal den vorsichtigen Beschluß faßten, gemeinsame Schritte zu unterlassen, die doch so natürlich waren, weil sie dem Hof mißfallen könnten; sie fürchteten sozusagen das Verbrechen des Kom= plotts zu begehen. [3])

Als nun am 11. Februar ein Schreiben des Ministers der Versammlung das Konklusum des oberrheinischen Kreises mitteilte, stellte der Abgeordnete Goupil de Prefeln nach einer Besprechung mit Montmorin selbst den entscheidenden Antrag: die vollziehende Ge=

---

tion de ses droits a été consacrée sans sa participation, quiconque s'élève en faveur de pareils traités est fauteur d'une violence et non garant d'un droit.

[1]) Sitzung vom 13. Januar, Arch. parl. 11, 179.

[2]) Bericht des speyerischen Agenten Hermant an August vom 28. April 1790; Montmorin erklärte, er wolle sein bestes zu gunsten Speyers thun, „mais (qu'il) ne pouvait répondre que de son zèle"; August an den Fürsten von Leiningen, 20. August 1790.

[3]) Bericht des kölnischen Agenten, 26. Januar 1790.

walt solle mit Verhandlungen über die Entschädigung der gekränkten Herren beauftragt werden. Noch konnte sich die Versammlung zu einer so prinzipiellen Erklärung nicht entschließen; auf Mirabeaus Antrag vertagte sie den Gegenstand.[1]) Aber vier Wochen später war bereits ein neuer Fortschritt des Verhandlungsgedankens zu erkennen: dem Dekret, welches das Schicksal der Fendalrechte im einzelnen regelte, wurde der Vorbehalt eingefügt, wenn dazu Anlaß vorliege, über die Entschädigung Bestimmung zu treffen, welche die Nation möglicherweise kraft der Verträge gewissen elsässischen Lehensträgern schulden würde.[2]) Am 28. April endlich folgte der Beschluß, daß der König der Nationalversammlung Denkschriften über die Entschädigungsforderungen selbst, über die betreffenden Rechte und über die Stellung der Lehensleute vorlegen lasse.[3]) Alle diese Dekrete waren freilich noch sehr unbestimmt; sie hemmten die Ausführung der neuen Gesetze auch im Elsaß nicht im geringsten, sie erkannten weder eine Entschädigungspflicht an sich an, noch gaben sie vollends über die Art der Schadloshaltung den geringsten Aufschluß, und ihr Fundament war offenbar die felsenfeste Überzeugung von der unbedingten Souveränität Frankreichs über ganz Elsaß, wie schon die thatsächlich ganz unzutreffende Bezeichnung der Stände als Lehensleute zu erkennen gab, aber sie boten dennoch die Möglichkeit, überhaupt zu Verhandlungen zu schreiten.

Die Erwägungen, von welchen sich Montmorin bei diesem Versuche leiten ließ, traten sehr deutlich in der Instruktion hervor, welche er seinem Abgesandten, dem Ritter von Ternant, mit auf den Weg gab.[4]) Gleich der erste Teil derselben sprach wieder unumwunden aus, daß die Forderung der Gegenpartei rechtlich völlig begründet sei. Was den Minister trotzdem mit einer gewissen Hoffnung des Erfolgs erfüllte, war die Erwägung, daß diese Fürsten im Elsaß im Grunde genommen doch nur Nutzungsrechte besäßen, ihre politische Stellung aber auf ihren deutschen Territorien beruhe; wenn

---

[1]) Sitzung vom 11. Februar 1790, Arch. parl. 11, 547.

[2]) Dekret 1790, März 15. Art. XXXIX, 3. Il est réservé de prononcer, s'il y a lieu: sur les indemnités dont la nation pourroit être chargée envers les propriétaires de certains fiefs d'Alsace, d'après les traités qui ont réuni cette province à la France.

[3]) Sitzung vom 28. April, Antrag Merlins, Arch. parl. 15, 316.

[4]) P C K F IV, 532 ff.

man ihnen also die Unmöglichkeit einer Ausnahme von der gleich=
förmigen Verfassung, welche Frankreich kraft seiner Souveränität sich
gegeben habe, recht lebhaft vorstelle, an die Schwierigkeiten erinnere,
welche ihnen durch den fortdauernden Widerstand ihrer Unterthanen
selbst im Fall der Gewährung erwachsen würden, an die Verluste,
welche sie auch zuvor schon regelmäßig zu erleiden pflegten, und da=
gegen das Gerechtigkeitsgefühl der Nationalversammlung hervorhebe,
welche ihnen allein eine Entschädigung bewilligen wolle — dann
würden sie nachgeben und den Vorschlag annehmen.

Die deutschen Fürsten wurden durch die Mission Ternants nicht
überrascht. Schon Ende Februar hatte der österreichische Gesandte
Mercy Bischof August die, wie er meinte, freudige Botschaft gemeldet,
daß Montmorin den Ausschuß für die Feudalsachen dazu gebracht
habe, ein Entschädigungsprojekt auszuarbeiten.[1] Immer bestimmter
drang dann das Gerücht an die Ohren der kleinstaatlichen Agenten,
eifrig berichteten sie, was sie davon erfahren konnten, zu Hause tauschte
man seine Vermutungen aus.

Mit gewohnter Energie versuchte Bischof August, seine unbedingt
ablehnende Haltung zur allgemeinen Regel zu machen und seine Mit=
stände also zu bewegen, sich im Voraus zu verpflichten, die französischen
Anerbietungen unbesehen abzulehnen. Es gelang ihm natürlich nicht,
ein so radikales Verfahren durchzusetzen; nur darüber wurde man
einig, erst nach erneuten Besprechungen endgültige Entschließungen zu
fassen und inzwischen jede bindende Äußerung gegenüber Ternant zu
vermeiden[2] — ein Beschluß, welcher den schon bei diesen Vorver=
handlungen hervorgetretenen Dissens in keiner Weise beseitigte, sondern
bloß seinen Ausbruch auf einen späteren Zeitpunkt verschob.

Ternant entledigte sich seines Auftrages mit Geschick. Natur=
gemäß lag die Stärke seiner Ausführungen nicht auf dem rechtlichen
Gebiet; den Einwürfen des badischen Ministers von Edelsheim hatte
er nichts entgegenzusetzen, als daß die französische Verfassung nun
einmal keine Ausnahme zulasse, so wünschenswert sie an sich wäre.
Um so mehr hob er die praktischen Momente hervor; freilich, sehr

---

[1] Mercy an August, 23. Februar 1790.
[2] Vgl. hierfür zahlreiche Briefe in der Korrespondenz Augusts vom Frühjahr
und Sommer 1790, sowie auch P C K F I.

würdig klangen auch diese Gründe nicht, denn sie besagten zuletzt nichts anderes, als daß die Regierung die Rechte der Fürsten, selbst wenn sie wollte, doch nicht schützen könnte und gaben somit die kläg= liche Hülflosigkeit der bourbonischen Monarchie gleichsam von Amts= wegen zu.

Zuletzt trat der Gesandte mit einem dreifachen Ent= schädigungsplan hervor, der allerdings zunächst nur für seine persön= liche Ansicht gelten sollte: Frankreich könnte den Fürsten für ihre Rechte entweder die rechtsrheinischen Besitzungen des Bistums und der Stadt Straßburg oder Kirchengüter und Domänen oder Geld bieten. Er setzte voraus, daß die Höfe sich hierüber nur im Ein= verständnis entscheiden würden und beantragte daher die Entsendung eines gemeinsamen Vertreters zu diesen Verhandlungen nach Paris.[1]

Ähnlich, wie er sich dem Minister Karl Friedrichs gegenüber vernehmen ließ, hat sich der Bevollmächtigte Montmorins auch an den übrigen Höfen geäußert; er erschien nacheinander bei Bischof August, Herzog Karl von Pfalz=Zweibrücken, in Stuttgart, Darmstadt, bei den beiden geistlichen Kurfürsten von Trier und Köln und sogar beim Fürsten von Leiningen.[2]

Die Antworten, welche Ternant erteilt wurden, stimmten insofern überein, als sie, gemäß dem zuvor unter den Beteiligten erzielten Einverständnis, überall ausweichend lauteten, so daß Montmorin später sagen konnte, seine Anträge seien weder verworfen noch angenommen worden.[3] Allein die Motivierung dieser Haltung war keineswegs bei allen Höfen dieselbe, vielmehr in ihrer Verschiedenheit äußerst lehr= reich. Bischof August[4] berief sich einfach auf das Staatsrecht des Reichs, welches den Fürsten Einzelverhandlungen über eine bereits beim Reich anhängig gemachte Sache ebenso streng untersage, wie die einseitige Verfügung über ihre Territorien als über Bestandteile

---

[1] Vgl. die Aufzeichnungen Edelsheims über seine Unterredungen mit Ternant, P C K F I, 353 ff, Nr. 330, 340; 395 ff, Nr. 357, 358.

[2] Vgl. hierfür die Schreiben dieser Höfe an Bischof August.

[3] Note vom 16. Dezember 1790, Reuß, Staatskanzley 26, 125; auch Rayneval nannte speziell die speyerische Antwort gegen Hermant très déclinatoire, Bericht Hermants vom 13. Juli 1790, auch P C K F I, 365, Nr. 353.

[4] Vgl. vorzüglich sein Schreiben an Herzog Karl Eugen von Württemberg 20. Juli 1790, in kurzem Auszug auch P C K F I, 366, Nr. 356; ferner August an Edelsheim, l. c. 363, Nr. 351, 22. Juli 1790.

des Reichsgebiets, ein Grund, der seltsam genug in dem Munde eines Mannes klang, welcher sich im gleichen Atem eben auf jene Ab= machungen und offenen Briefe berief, deren wesentlicher Inhalt die einseitige Entfremdung von Reichsgut war! Zu Darmstadt, Koblenz und Bonn äußerte man sich ähnlich.[1]) Ein ganz anderes Argument führten dagegen jene Höfe an, welche sich, wie Zweibrücken, Württem= berg, Baden und Leiningen[2]), bisher noch nicht an den Reichstag ge= wendet hatten. Diese Fürsten bemerkten dem Unterhändler, daß ihr Urteil über die Möglichkeit der Annahme einer Entschädigung von der vor= hergehenden Kenntnis ihrer Beschaffenheit abhänge, oder, wie sie sich ausdrücken, daß die quaestio an nicht ohne und vor der quaestio quomodo entschieden werden könne. Also auf der einen Seite eine rein formelle Ausflucht, offensichtlich darauf berechnet, das Projekt zu vereiteln, auf der anderen ein aus der Natur des Antrages selbst geschöpftes, daher trotz der momentan noch ablehnenden Haltung bereits ein halbes Ein= gehen auf denselben einschließendes Bedenken.

Es ist doch nicht ohne Interesse, die Gründe einen Augenblick näher zu betrachten, mit welchen die beiden Gruppen ihr Benehmen gegen einander zu rechtfertigen suchen. Bischof August wußte ohne Zweifel die Schwächen des Vorschlages mit unbarmherziger Kritik aufzu= decken, wenn er jeden Gedanken an die Verwertung der rechtsrheinischen Straßburger Besitzungen weit von der Hand wies, die Unsicherheit der Assignaten verspottete und selbst hinsichtlich des relativ besten Entschädi= gungsmodus, der Uebergabe von Kirchengütern und Domänen in Natura an die Fürsten, an die Möglichkeit einer Restauration erinnerte, wie sie die Zeitgenossen eben mit den von Joseph II. säkularisierten Kirchen= gütern in Österreich erlebt hatten. Die Gegenpartei betont hinwieder

---

[1]) Köln an August, ohne Datum, jedenfalls Anfang Juli; Trier an Köln, 5. Juli 1790; der darmstädtische Minister von Gazert an August, 1. Juli 1790; Darmstadt an Leiningen, 21. Juni 1790. Vgl. auch die hessische Darstellung Reuß, Staatskanzley 29, 235 ff; ferner Präsident v. Rathsamhausen in Buchsweiler an den Rentkammerpräsidenten Gayling, 23. Mai 1790, P C K F I, 352, Nr. 334.

[2]) Karl Eugen an August, 7. und 16. Juli 1790, letzterer Brief im kurzen Auszug auch P C K F I, 306, Nr. 315; Leiningen an August, 16. Juni, 26. Juni und 20. August 1790; Herzog Karl von Zweibrücken an Montmorin, 16. Juni 1790; an August, 17. Juni; für Baden P C K F I, Nr. 311, 343, 346, 349, 359, 353, 365, 371, 372, 373, 378.

ebenso einseitig die allgemeinen Umstände, den guten Willen der Nationalversammlung, die Unmöglichkeit, im Elsaß eine Ausnahme von der Regel zu machen und sieht bereits mit Schrecken aus der Vermittelung des Reiches den Reichskrieg entspringen. So führte die Korrespondenz nicht zur Herstellung der Einigkeit, sondern diente nur zur helleren Beleuchtung der Gegensätze, welche vorläufig bloß durch die ängstliche Abneigung aller Beteiligten gegen endgültige, unwider= rufliche Schritte und die etwa daraus entspringende Vereinzelung noch einigermaßen unterdrückt wurden.

August verharrte mit seinem Anhang dabei, die Angelegenheit zur Reichssache zu machen und der Aktion des Reiches die Wieder= herstellung der alten Ordnung als Ziel zu stecken. In der dadurch bewirkten Hinschleppung der ganzen Angelegenheit sah er keinen Nach= teil, vielmehr Gewinn,[1] weil inzwischen — noch hatten sich eben die Heere Preußens und Österreichs an der schlesischen Grenze feindlich gegenüber gestanden — der Friede zwischen den deutschen Mächten und damit die Möglichkeit einer europäischen Intervention zu stande kommen werde. Die andere Gruppe hingegen wollte die Freiheit der Einzelterritorien in keiner Weise beschränkt wissen und war nicht gemeint, das Entschädigungsprojekt ohne Prüfung von der Hand zu weisen, wenn sie auch andererseits so lange, wie möglich an der Idee eines gemeinsamen Vorgehens festzuhalten wünschte und in materieller Hinsicht wenigstens einen Teil der Entschädigung, freilich ebenfalls wieder mit mehr oder weniger Bestimmtheit, in äquivalenten Objekten, d. h. also in Land und Leuten, verlangte.

Beide Teile gingen darauf ihre eigenen Wege. Die Anhänger einer freundschaftlichen Verständigung eröffneten in Paris Verhand= lungen, welche freilich vorläufig keinen rechten Fortgang nehmen wollten, weil Montmorin hartnäckig jede Äußerung über die Natur der Ent= schädigung vor der Annahme des Grundsatzes selbst durch die Fürsten ablehnte.[2] Bischof August aber wandte sich von neuem an das Reich.

Der Augenblick war inzwischen herangekommen, welcher diesem selbst seine Handlungsfähigkeit zurückgab: das Kurkolleg vereinigte sich in Frankfurt zur Wahl des neuen Kaisers. Dieser Versammlung

---

[1] August an Gazert, 23. Juni 1790.
[2] Berichte Hermants, 4. und 17. August 1790; Montmorin an Herzog Karl von Zweibrücken, 30. Juni 1790.

unterbreiteten jetzt Speyer und Hessen nahezu identische Denkschriften[1]) mit der doppelten Forderung, daß der Nachfolger Josephs II. einmal durch einen besonderen Artikel seiner Wahlkapitulation dazu verpflichtet werden sollte, eine schleunige Proposition über die Beschwerden an den Reichstag zu bringen und die Reichsstände in wirksamer Weise gegen jede Beeinträchtigung zu schützen, und daß er zum zweiten durch ein eigenes Kollegialschreiben des Wahlkonvents in förmlicher Weise auf= gefordert werden sollte, bald die nötigen Maßregeln zur Abwendung des Fürsten und Reich drohenden Schadens zu treffen. Der Vorschlag fand sogleich im Schoß des Kurkollegs selbst Vertreter; Trier und Köln trugen darauf an, ihn zum Beschluß zu erheben. Aus formellen Gründen sowohl, als weil dieser Schritt von Kurböhmen für allzu provokatorisch erachtet wurde, stand man indes von dem ersten Teil ab und begnügte sich demgemäß, ein Kollegialschreiben an Leopold II. abzulassen.[2]) Es enthielt die förmliche Erklärung, die Rechte der Reichsstände und Ritter seien entgegen den Friedensschlüssen und be= sonderen Abmachungen von der Nationalversammlung verletzt worden und verlangte die vollständige Wiederherstellung derselben; zu diesem Zweck soll der Kaiser zunächst beim König seine Verwendung eintreten lassen, wenn diese erfolglos bleibt, weitere Schritte mit dem Reich beraten.

Hiermit wurde die eben beginnende Aktion des Reiches von vornherein auf denselben Boden gestellt, wie die Entschlüsse der Kreise: der Standpunkt der beschwerten Fürsten hinsichtlich der Rechtslage wurde ohne weiteres adoptiert und ferner hinsichtlich des beabsichtigten Erfolges die extreme Auffassung, welche der Fürstbischof von Speyer verfocht, zur Reichsforderung erhoben. Allerdings trägt dieselbe dessen ungeachtet immer noch den Charakter vorsichtiger Zurückhaltung. Die schwierigen, aus der entgegengesetzten Interpretation der großen Friedens= schlüsse entspringenden Fragen über die Ausdehnung der französi= schen Souveränität im Elsaß und die Verpflichtungen des Königs auch in den ihr unzweifelhaft unterworfenen Teilen der Landschaft

---

[1]) Denkschrift Augusts vom 12. August 1790; Memoire von Darmstadt, August 1790; vgl. Reuß, Staatskanzley 30, 137 ff. Vgl. auch das Verzeichnis anderer damals eingereichter Beschwerdeschriften, l. c. 32, 334.

[2]) l. c. 35, 136, Nr. III.

liegen zwar bereits im Gesichtskreis der Kurfürsten, werden aber mit warnender Absichtlichkeit zur Seite geschoben; man begnügt sich für dieses Mal, die Saiten nur leise zu berühren, von welchen bald so stürmische Weisen ertönen sollten. Das Reich begehrt nicht mehr, als die Erhaltung des vor dem 4. August 1789 bestehenden Rechts= zustandes; wird diese bewilligt, so hat es keinen Anlaß zu einer Prüfung seiner Grundlagen, welche sich nur zu leicht zu einer Ver= werfung derselben gestalten könnte; das alte unklare Verhältnis mag von Reichswegen dann ruhig fortdauern.

Man weiß, in welcher Lage das kurfürstliche Schreiben Leopold II. erreichte. Eben hatte er den Vertrag zu Reichenbach geschlossen und durch diese immerhin schwer empfundene Demütigung seinen Staat aus dringender Gefahr errettet; seine ganze Aufmerksamkeit war auf die Angelegenheiten des Ostens, den Friedensschluß mit den Türken und die Verhandlungen des Warschauer Reichstages gerichtet. Hatte er sich durch die Hülferufe seiner Schwester nicht zu einer lebhafteren Teilnahme an den französischen Wirren bewegen lassen, so war noch weniger zu erwarten, daß er dem Reich zuliebe sich in den Konflikt mit Frankreich stürzen würde.

In der That mußten die Äußerungen der kaiserlichen Diplomatie einem Manne, wie Bischof August, trostlos klingen. Der Gesandte Graf Mercy in Paris war zwar von Kaunitz zu freundschaftlichen Vorstellungen am französischen Hofe instruiert; aber er konnte über die Meinung des Staatskanzlers nicht im Zweifel bleiben, wenn er weiter las, daß man „aus Freundschaft für den französischen Hof die billige und baldige Beilegung dieser Irrungen sehnlichst wünschen müsse, weil sonst die unangenehmsten Weiterungen und unangenehmsten Auftritte vorzusehen sind".[1] So blieb er für den eifrigen speyerischen Geschäftsträger Hermant und seinen intimen Kollegen, den Darm= städter Kern, wochenlang auf seinem Landsitze vor der Stadt unsicht= bar, von wo er nur selten zu Konferenzen mit Montmorin nach Paris fuhr; sein Sekretär Blumendorf aber sagte etwas früher[2] ganz trocken: aller Voraussicht nach würden die Fürsten ihre Rechte

---

[1] Vivenot, Quellen I, 488, Nr. 340, 19. Juni 1790.

[2] Bericht Hermants, 30. März 1790.

nicht behalten, sondern einfach entschädigt werden, Leopold werde sich
nicht einmischen. Gerade so äußerte sich der preußische Gesandte Baron
v. b. Golz zu Kern, während er Hermant überhaupt keiner Antwort
würdigte;[1]) die Haltung des tief in die Parteikämpfe der National=
versammlung verflochtenen Mannes, der eben damals in den Debatten
über das Kriegsrecht der Krone die Jakobiner unterstützte und die
ganze Revolution nur mit den Augen des Kenners der europäischen
Gesamtpolitik als eine willkommene Gelegenheit zur Schwächung der
österreichisch=französischen, feindlichen Allianz ansah, blieb Bischof
August und seinem Vertrauten, dem darmstädtischen Minister Gazert,
angesichts der wenigstens nicht ganz ablehnenden Äußerungen Friedrich
Wilhelms selber so unverständlich, daß sie sich dieselbe nur durch
Bestechung zu erklären vermochten. Solche Wahrnehmungen machten
doch auf die kleinstaatlichen Residenten in Paris einen nieder=
schmetternden Eindruck; Hermant gestand seinem Bischof offen, Kern
und er seien mit ihrer Weisheit zu Ende, und fast allesamt waren
sie, als Ternant seine Mission unternahm, der Meinung, daß nichts
übrig bleibe als die Entschädigung zu acceptieren.[2])

Dieser Stimmung der österreichischen Regierung entsprang also
das Schreiben, welches Leopold II. als Reichsoberhaupt nach längerem
Zögern erst am 14. Dezember 1790 an Ludwig XVI. abgehen ließ.[3])
Man kann nichts versöhnlicheres lesen, als dieses Aktenstück;
von all den scharfen Ausdrücken, deren sich die Beschwerden der
Stände bedienen, hat kein einziger Aufnahme gefunden, der Kaiser
betont aufs nachdrücklichste, daß er nur infolge der an thn ergangenen
Aufforderung eingreife, jede Erklärung für den Fall einer Ablehnung
fehlt. Was er freilich forderte und die Gründe, womit er sein An=
sinnen rechtfertigte, mußten durchaus dem kurfürstlichen Schreiben
entsprechen. In den abgetretenen Teilen von Elsaß und Lothringen,
führt er aus, wurden doch den Reichsständen ihre geistlichen und
weltlichen Rechte vorbehalten: ihre Aufhebung ist ein Bruch der Ver=
träge; die Souveränität über die vom Reich nicht abgetretenen Teile

[1]) Bericht Hermants, 12. Mai 1790.
[2]) Bericht Hermants vom 7. Mai 1790; der kölnische Agent an den Kurfürsten, 20. Mai.
[3]) Reuß, Staatskanzley 35, 183, Nr. VII.

— der Kaiser unterläßt, zu sagen, welche Territorien dies sind — aber können die Reichsstände nicht einseitig aufgeben. Das Reich verlangt daher, daß die Beschlüsse der Nationalversammlung ihm gegenüber eingeschränkt und alles wieder auf den Stand vor dem August 1789 gebracht werde.

Das Schreiben traf in Paris eine erheblich geklärtere Situation an, welche wahrscheinlich für seine ganze Fassung nicht ohne Bedeutung geblieben sein wird. Am 28. Oktober 1790 hatte Merlin der Versammlung ausführlich über die Beschwerden der Fürsten berichtet.[1]) Er beantwortete zunächst die prinzipielle Frage, ob die Dekrete die Gerechtsame der elsässischen Feudalherren wirklich zu Recht unterdrücken konnten, unbedenklich mit ja, indem er sich die Argumentation der älteren französischen Historiker völlig aneignete, daß die Friedensschlüsse von 1648 und 1679 ganz Elsaß unter die französische Souveränität brachten, welche dann durch die Reunionen praktische Geltung gewann und zuletzt durch den Frieden von Ryswick zu definitiver Anerkennung gelangte. Die Antinomien des Vertrags von Münster vermochte er freilich bei dieser Deduktion nicht aufzulösen; um so nachdrücklicher aber wies er auf die zahlreichen, unzweifelhaften Akte der französischen Oberhoheit im achtzehnten Jahrhundert hin und überbot schließlich seinen ersten Satz, daß dem König die unbedingte Souveränität über ganz Elsaß zustehe, durch den anderen, daß infolge deren Ausübung die Stände auch die ihnen ursprünglich noch belassene Landeshoheit eingebüßt und sich in einfache Seigneurs verwandelt hätten. Also, schloß er, sind die Besitzungen der Fürsten nur Privateigentum und darum dem Willen der Allgemeinheit unterworfen, welche diese Rechte im öffentlichen Interesse unterdrücken kann. Eine Entschädigung, fuhr er fort, ist an und für sich überflüssig; denn die Verträge aus welchen man sie herleiten könnte, sind mit dem Sturz der königlichen Gewalt zerrissen, der Rechtstitel Frankreichs ist nicht mehr der Vertrag zu Münster, sondern der Wille des elsässischen Volkes, welches sich mit Frankreich vereinigt hat. Schroffer konnte niemand das neue Recht der Revolution den alten Grundlagen des europäischen Völkerrechtes entgegensetzen; als es der Redner mit dem

---

[1]) Arch. parl. 20, 75 ff; vgl. Sorel II, 95 ff.

kurzen Satze that: „die Rechte der Nationen werden nicht durch die Verträge der Fürsten geregelt". Hier schien ein Bruch unvermeidlich. Aber Merlin entgieng ihm als der Realpolitiker, der er war, trotzdem mit einer gewandten Wendung: nicht weil sie dazu verpflichtet ist, sondern aus freiem Willen, der guten Beziehungen zu Deutschland halber, gewährt die Nation den Fürsten dennoch eine Entschädigung. So kam das zuletzt von Mirabeau endgültig formulierte Dekret zu stande, wodurch die Versammlung zwar die Vollziehung ihrer Gesetze im Elsaß anordnete, zugleich aber den König ersuchte, mit den Fürsten über die Entschädigung für ihre Rechte und sogar über den Erwerb ihrer Besitzungen selbst zu verhandeln. Auch jetzt wieder ward das Prinzip der unbedingten Souveränität Frankreichs im Elsaß, das Vermächtnis des ancien Regime, unerschütterlich gewahrt. Es war nur eine Konsequenz dieser Auffassung, daß die Versammlung sogleich auch den Kreis der Entschädigungsberechtigten selber zu bestimmen unternahm; alle, welche sich an den Wahlen im Mai 1789 beteiligt und sich dadurch den zukünftigen Gesetzen unterworfen haben, vor allem die Ritterschaft, sind davon ausgeschlossen.

Dieser Beschluß gab Montmorin die Möglichkeit, die größten= teils abgebrochenen Unterhandlungen mit den geschädigten Höfen von neuem aufzunehmen. Ehe noch das kaiserlichen Schreiben in Paris eingetroffen war, richteten, am 16. Dezember, die verschiedenen fran= zösischen Gesandten identische Noten an die beteiligten Reichsstände; [1] wieder wurde die Unmöglichkeit einer Ausnahme von den Dekreten stark betont, aber auch ebenso entschieden auf die nun unumwunden erfolgte Anerkennung der Entschädigungspflicht verwiesen und darum die Entsendung eines Bevollmächtigten nach Paris zum Abschluß des Geschäftes erbeten.

Die Haltung der aufgeforderten Höfe war ebenso uneinig, wie im Sommer. Speyer antwortete wieder völlig ablehnend: [2] die Sache schwebe jetzt vor dem Reichstag und müsse daher dort entschieden werden; übrigens wies es jede Entschädigung in herben Ausdrücken zurück und beharrte auf der unbedingten Wiederherstellung im Welt= lichen und Geistlichen. Ganz umsonst stellte der französische Gesandte,

---

[1] Reuß, Staatskanzlei 26, 125; vgl. P C K F I, 387. Nr. 392.
[2] l. c. 26, 129 ff.

Baron von Groschlag, dem Bischof nochmals vor,[1]) daß hier ein
Konflikt zwischen Recht und Politik vorliege, welcher einzig mittelst
der Entschädigung zu lösen sei, und fügte treffend hinzu: „wenn
es sich hier darum handelte, in eine Besprechung streitiger Grundsätze
einzutreten, so würde der Gegensatz unlöslich". Fürstbischof August
blieb bei seinem Wort und erwiderte dem Franzosen:[2]) „Sie be=
trachten die Sachen nach den Grundsätzen der Konvenienz, welche die
Nationalversammlung leiten; ich für meine Person kann sie nur
nach den Prinzipien des Völkerrechts und unter dem Gesichtspunkt
der deutschen Reichsverfassung ansehen." Darmstadt beobachtete eine
ähnliche Haltung,[3]) wenn es auch das Prinzip der Entschädigung
dieses Mal nicht völlig von der Hand wies.

Ganz anders benahm sich dagegen, entsprechend seiner früheren
Haltung, Zweibrücken. Die völlige Wiederherstellung der Reichsstände,
schrieb Herzog Karl seinem bischöflichen Nachbar, sei nur noch durch einen
gefährlichen Krieg möglich. Es sei daher „eine fruchtlose Standhaftigkeit",
welche die Nationalversammlung nur erbittern werde, nicht mehr am
Platze, sondern man müsse sich „einigermaßen den Umständen fügen", um
noch möglichst günstige Bedingungen zu erlangen. Er habe daher, be=
kennt der Herzog, auf die französische Note zur Antwort gegeben
„er sei bereit mit dem König nach billigen Grundsätzen. in Verhand=
lung zu treten", verlange aber zuerst Ersatz des Schadens und der
Rückstände; wir werden den Verlauf der hiermit eröffneten Negotiation
später noch eingehender zu verfolgen haben. Es hatte unter diesen
Umständen nur die Bedeutung einer höflichen Wendung, wenn Zwei=
brücken trotz alledem den Wunsch äußerte, sich von den übrigen Höfen
nicht zu trennen.[4]) Auf ähnlichen Bahnen schritt Württemberg einher.[5])
Die kleineren Herren aber fühlten sich ganz hilflos. Fürst Löwenstein,
der noch am 18. Januar Bischof August versichert hatte, er werde
stets wie Speyer handeln, sprach schon einen Monat später in höchst

---

[1]) l. c. 26, 166 ff. 1. Februar 1791.
[2]) Note an Groschlag, 3. Februar 1791.
[3]) l. c. 29, 243 ff. Note vom 10. Januar 1791.
[4]) Karl an August, 5. Januar 1791.
[5]) P C K F I, 302, Nr. 304, Seckendorff an Edelsheim, 21. Februar 1791; vgl.
den Bericht Haimbs über Seckendorffs Äußerungen in Regensburg, 26. Januar 1791.

bedenklichen Tone von den Rücksichten, welche ihm die Gefahr einer
Sequestration seiner großen lothringischen Einkünfte auferlege.[1]) Der
Fürst von Leiningen aber schrieb Leopold II. selber einen ver=
zweifelten Brief, worin er ausführte, wie schwer es für ihn sei,
die erneuten französischen Auerbietungen abzuweisen, und dringend um
einen Reichsschluß, sei es nun auf völlige Restauration oder auf An=
nahme der Entschädigung, bat.[2]) Nicht viel anders stand es mit Baden,
wo man schon mit Schrecken an den Ausbruch eines Krieges dachte;
seiner abschlägigen Antwort[3]) hört man deutlich die innere Geneigt=
heit zum entgegengesetzten Entschluß an, welchen besonders der geheime
Rat Schlosser immer von neuem in seiner stürmisch rücksichtslosen
Art verlangte,[4]) während der leitende Minister von Edelsheim doch
nicht so vollständig auf eigene Faust vorgehen zu können glaubte.

Die eben geschilderte Unterhandlung ließ den Inhalt der Ant=
wort unschwer zum Voraus erraten, welche König Ludwig XVI. am
22. Januar 1791 seinem Schwager erteilt hat[5]), und die am 19. März
in Wien übergeben wurde.[6]) Hatte der Kaiser ohne weiteres sich für
zur Vermittelung berechtigt angesehen, so nahm der König ebenso ent=
schieden den entgegengesetzten Standpunkt ein. Die Sache, schrieb er,
habe gar keinen Zusammenhang mit dem Reich, sie interessiere die Fürsten
nur als französische Vasallen und müsse durch freundschaftliche Verhand=
lung zwischen der Krone und ihnen beigelegt werden. Sehr viel deutlicher
drückte sich Montmorin bald darauf gegen den Landgrafen von Hessen
aus.[7]) Indem er ihm zu bedenken gab, welche Folgen die elsässischen
Schwierigkeiten nach sich ziehen könnten, erklärte er zugleich kurz=
ab, der Landgraf möge seine Verpflichtungen gegen das Reich er=
füllen, wie er wolle, Frankreich werde niemals eine fremde Intervention

---

[1]) Fürst Löwenstein an August, 18. Januar und 22. Februar 1791.
[2]) 17. Januar 1791, Reuß, Staatskanzley 34, 245 ff; vgl. das Schreiben
des Fürsten an Bischof August vom nämlichen Tage, wonach er im Einverständnis
mit Zweibrücken handelte.
[3]) 3. Januar 1791, P C K F I, 389, Nr. 394.
[4]) P C K F I, Nr. 346, 371, 393. Vgl. über die Haltung Badens Lenz,
Preuß. Jahrbuch, 70, 671 ff.
[5]) Reuß, Staatskanzley 35, 195.
[6]) l. c. 35, 201.
[7]) Note vom 11. März 1791, l. c. 29, 235 ff.

in dieser Angelegenheit zulassen. Diesen Standpunkt nahm die fran=
zösische Diplomatie stets und überall ein; auch der Kurfürst von
Mainz mußte von dem Gesandten O'Kelly die schärfste Abweisung
seiner Verwendung zu gunsten der Reichsstände hinnehmen.[1]) Es war
die Frage, ob diese barschen Einschüchterungsversuche ihr Ziel erreichen
oder nicht vielmehr eine um so heftigere Reaktion der Betroffenen her=
vorrufen würden.

---

[1]) Note O'Kellys vom 19. März 1791.

Sechstes Kapitel.

Die Elsässersache am Reichstag und die Kriegserklärung.

Man kann die Haltung des Bischofs von Speyer in diesem jahrelangen Kampf sehr verschieden beurteilen; aber selbst wer an ihm die wichtigste Gabe des Staatsmannes, das Gefühl für die wirklich lebendigen Kräfte und somit die Fähigkeit, zwischen Erreich= barem und Unerreichbarem zu unterscheiden, die Kunst, stets nur das Mögliche zu wollen und sein Schiff mit dem vollen Strom zu steuern, wer, wie dies meine Meinung ist, diese Eigenschaften an Bischof August vollständig vermißt, wird doch immer seiner zähen Konsequenz eine gewisse Achtung nicht versagen können. Ihn kümmerte die Sprache Montmorins wenig; nach, wie vor waren alle seine Anstrengungen darauf berechnet, gerade das herbeizuführen, was jener um jeden Preis verhindern wollte, die Intervention des Reiches.

Schon am 6. Februar 1791 erwiderte er seinem Vertrauten Gazert auf dessen Anfrage,[1] man müsse, wenn der Kaiser erst durch sein Kommissionsdekret dem Reichstag die Antwort Ludwigs XVI. mitgeteilt habe, in Regensburg die völlige Restitution der geschädigten Fürsten durch die Hülfe des Reiches und der Garanten des West= phälischen Friedens beantragen. Was der Bischof damit meinte, über= setzte sein Vertreter am Reichstag, Herr von Haimb, dem österreichischen Gesandten von Borié in verständliches Deutsch mit den Worten, es müsse den Ständen „mit bewaffneter Faust" geholfen werden.[2]

---

[1] Gazert an August, 23. Januar 1791; August an Gazert, 6. Februar 1791.
[2] Haimb an August, 20. Februar 1791.

So politisch unerfahren waren indes auch August und seine
Partei nicht, um zu verkennen, daß die Erfüllung ihrer Wünsche
wesentlich von der Haltung der drei im Reich einbegriffenen Groß=
mächte abhieng. Besonders Mainz gab sich viele Mühe, die Unter=
stützung Österreichs und Preußens zu gewinnen; es griff sogar auf
den schon halbvergessenen Fürstenbund zurück und mahnte, gestützt
auf diesen Rechtstitel, Preußen, Hannover und Sachsen „zu unions=
mäßiger Hülfe" auf. [1]) Allein der Erfolg blieb überall aus. Friedrich
Wilhelm II. erklärte sich wohl im allgemeinen zur Hülfe bereit, [2])
schwächte diese Zusage aber sogleich wieder durch die ernstliche Mah=
nung ab, zunächst die Antwort Ludwigs XVI. und das kaiserliche
Kommissionsdekret abzuwarten, überhaupt eher zu zögern. Ähnlich
redete sein Gesandter am Reichstag, Graf Görz; der speyerische Agent
von Haimb aber wollte wissen, daß der preußische Hof den französischen
sogar über diese zahme Auslassung mit der Bemerkung beruhigt habe, „daß
ihre Ministerialnote nicht so bös zu nehmen sei". [3]) Noch zurückhalten=
der erwies sich aber Österreich. Nachdem der Reichsvizekanzler schon
am 27. Januar dem Kurerzkanzler eine höflich ablehnende Antwort
erteilt hatte, [4]) gab Fürst Kaunitz selbst am 12. April dem eifrigen
Dränger zu bedenken, [5]) daß Österreich „wie jeder große Staat auch
große Vorsichten und Rücksichten zu beobachten habe" und meinte
kurzab, „irreführend wäre die Hoffnung, daß Österreich ganz allein
das Reich vor Gefahren dieser Art schützen könnte". Seine Absicht
war offenbar auch jetzt noch ein vorwiegend passives Verhalten. [6]) Er
ließ gleichsam die Großmacht Österreich hinter dem Schatten von
Reiche verschwinden, wenn er in demselben Briefe zusammenfassend
erklärte: „es kömmt nun alles auf die Entschließungen des Reiches

---

[1]) Köln an August, 16. Februar und 11. März 1791; Mainz an August,
4. April 1791.

[2]) Vivenot I, 120, Nr. 81.

[3]) Bericht Haimbs, 23. April 1791.

[4]) Vivenot I, 77, Nr. 46.

[5]) l. c. I, 122, Nr. 83; vgl. 118, Nr. 79.

[6]) l. c. [da die Revolution unaufhaltsam fortschreitet] „so ist nun zu wünschen
— ich getraue mir es noch nicht zu hoffen — daß die versammelten Reichstände ein
ausführbares Mittel anzeigen mögen, wie auf dem durch gewaltsame Erschütterung in
seiner Art so wesentlich veränderten französischen Terrain das alte System der
deutschen Fürsten einen sichern Grund finden kann."

an, die ich, soviel es von mir abhängt, durch zweckmäßige Weisungen
an die k. k. Minister zu befördern nicht entstehen werde". Das hieß
nichts anderes, als Österreich hat an der ganzen Angelegenheit kein
eigenes Interesse, nimmt vielmehr an derselben nur als Glied des
Reiches soviel Anteil, als es muß.

So ungünstig nun aber auch die Aussichten nach dieser Seite
waren, die fieberhafte Thätigkeit des Bischofs von Speyer erlahmte
deswegen nicht. Er mußte allerdings den Schmerz erleben, daß der
bis dahin so zuverlässige, unerschütterliche Landgraf Ludwig in seiner
Abneigung gegen alle Entschädigungsvorschläge wankend wurde; mehr
und mehr macht seit dem Frühjahr 1791 das früher so enge Ein=
vernehmen beider Fürsten einem recht konventionellen, spärlichen Gelegen=
heitsverkehr Platz. Um so enger schloß sich August mit den drei
geistlichen Kurfürsten zusammen; unaufhörlich korrespondiert er besonders
mit Mainz und Trier über die Antwort auf das bald zu erwartende
kaiserliche Kommissionsdekret. Außerdem aber nahm er jetzt auch die
Hand eines anderen, bisher zurückgewiesenen Verbündeten an. Es wurde
früher bereits erwähnt, daß die deutschen Reichsstände aus verschiedenen
Gründen ihre Sache von der des Kardinals Rohan getrennt gehalten
hatten. Gleichwohl hatte dieser nie völlig aufgehört, um ihre Unter=
stützung zu werben; jetzt, im Frühjahr 1791, fand er zuerst bei Bischof
August Gehör.[1] Anfangs noch ziemlich zurückhaltend und gemessen,
nimmt der Verkehr beider Prälaten schnell an Herzlichkeit zu; die
auf eine Gegenrevolution im Elsaß gerichteten Machinationen des
Kardinals schreckten den Bischof nicht mehr ab.

So bemerken wir nun die auffallende Erscheinung, daß die Verfechter
der extremen Anforderungen auf deutscher Seite, seitdem Darmstadt
seine Stellung zu ändern beginnt, ausschließlich geistliche Fürsten sind.
Der Grund ihres engen Zusammenhaltens, besonders auch der An=
näherung zwischen August und Rohan, ist nicht schwer zu entdecken.
Man muß sich nur erinnern, daß seit dem Sommer des Jahres 1790
die neue, so durch und durch unkanonische französische Kirchengesetz=
gebung Gestalt anzunehmen beginnt, daß jetzt, im März 1791, in
Straßburg die Wahl Brendels, des neuen konstitutionellen Bischofs

---

[1] Rohan an August, März 1791.

des Niederrheins, stattfand. Im leidenschaftlichen Widerstand gegen diese Neuerungen haben sich Rohan und August die Hände gereicht; die Verteidigung des letzten, größten Prinzips ihrer ganzen Stellung hat den Franzosen mit dem Deutschen geeinigt. Aus dem nämlichen Grunde erklärt sich der plötzliche lebhafte Eifer des früher ziemlich gemessenen Mainzers; erst seitdem der Erzbischof durch die Vernichtung seiner Metropolitanrechte eine tötliche Beleidigung erfahren hatte, bemerkte der Kurerzkanzler, daß das Reich geschädigt werde.

Die neue Parteigruppierung fiel auch am Reichstag auf. Haimb meinte noch einmal den alten Gegensatz zwischen protestantischen und altgläubigen Ständen wahrzunehmen, als Hannover den mainzisch-speyerischen Plänen in den Weg trat und redete aufgeregt von „Richtere protestantischer Kreation"; er glaubte wirklich, der ihm besonders widerwärtige Ompteda habe eine geheime Instruktion zur völligen Preisgebung der geistlichen Höfe.[1] In Wahrheit standen sich nur Weltliche und Geistliche gegenüber. Gerade katholische Höfe haben dem den herbsten Ausdruck gegeben. Karl Theodor in München erklärte gerade heraus, daß die geistlichen Rechte das Reich gar nichts angiengen und behauptete, recht im Sinne der alten wittelsbachischen Kirchenpolitik, daß jeder Fürst und somit auch der König von Frankreich das Recht habe, in seinem Territorium auf diesem Gebiet Änderungen vorzunehmen.[2] Der sächsische Gesandte von Hohenthal aber sprach eines Tages seinem Darmstädter Kollegen ganz eifrig zur Annahme der Entschädigung zu mit der Begründung, daß die Nationalversammlung ja nur den Geistlichen zu Leib wolle; der Landgraf würde „ein rechtschaffenes Stück Geld zu erwarten haben, womit alsdann ihr Schuldenstand vermindert werden könnte". Es mahnt an die Zeiten der kuttentragenden Diplomaten des siebzehnten Jahrhunderts, wenn Haimb allen Ernstes dazu rät, solche Stimmungen mit der Autorität des Beichtvaters zu bekämpfen.[3]

So unsympathisch indes der enge Zusammenschluß der geistlichen Herren ihren weltlichen Mitständen sein mochte, es ließ sich nicht

---

[1] Haimb an August, 20. Mai 1791.
[2] Der Fürstbischof von Regensburg und Freising an August, 22. Mai 1791.
[3] Haimb an August, 1. März 1791.

verkennen, daß sie in Regensburg eine keineswegs verächtliche Macht repräsentierten, besonders da der Kurerzkanzler keinen Anstand mehr nahm, den ganzen Einfluß seiner leitenden Stellung am Reichstag zu gunsten der Anschauung Bischof Augusts einzusetzen. Schon am 5. April erhielt der Direktorialgesandte von Strauß Befehl, dem Reichs= tag als Grundlage für die Antwort auf das täglich erwartete Kom= missionsdekret des Kaisers fünf Fragen vorzuschlagen, welche genau die Rechtsanschauung des Speyrers enthielten.[1]) Herr von Strauß, ein guter Freund des französischen Gesandten Bérenger, war von diesem Auftrag wenig erbaut; unter wechselnden Vorwänden, die dem eifrigen Haimb „entsetzlich auf die Nerven fielen", suchte er seinen Vollzug hinauszuschieben.[2])

Da erschien endlich am 26. April die lang erwartete Note, durch welche Leopold dem Reich von dem Erfolg seiner Schritte bei König Ludwig Nachricht gab.[3]) Der Kaiser schlägt in diesem überaus fried= fertigen Aktenstück ganz denselben uninteressierten Ton an, wie Fürst Kaunitz in jenem Schreiben an Mainz. Er giebt sich völlig als den Beauftragten des Reichs, welcher lediglich dessen Beschlüsse aus= geführt hat, jede Spur eigener Initiative fehlt. Ganz trocken erzählt er den Verlauf der Ereignisse seit 1789 und fordert das Reich jetzt, da seine Intervention gescheitert sei, zu dem für diesen Fall in Aussicht genommenen Reichsschluß auf. Freilich, der Schritt bedeutete doch das Gegenteil dessen, was Ludwig XVI. verlangt hatte; aber er war wie man in Frankreich selbst zugab, für den Kaiser unvermeidlich, und die Form desselben bewies deutlich, daß Leopold damit nicht mehr als das absolut nötige thun wollte: jede Andeutung, worin das weitere Vorgehen des Reiches wohl bestehen könnte, war umgangen.

Herr von Strauß konnte jetzt nicht länger vermeiden, den Stän= den die fünf Mainzer Fragen zunächst in vertraulichen Besprechungen vorzulegen.[4]) Sie fanden durchaus keine allgemeine Zustimmung. Ein

---

[1]) Mainz an Strauß, 5. April 1791; die fünf Fragen Reuß, Staatskanzley 35, 203 ff.

[2]) Haimb an August, 23. und 25. April 1791.

[3]) Reuß, Staatskanzley 35, 199 ff.

[4]) Haimb an August, 3. Mai 1791. Die einzige etwas eingehendere Erörte= rung dieser ganzen Verhandlungen findet sich bei Häusser, deutsche Geschichte I, 280 ff.

dem österreichischen Gesandten von Borié zugeschriebener Gegenentwurf
wollte unter starker Betonung der Kriegsgefahr auch die Möglichkeit
einer Entschädigung von vornherein mit zur Diskussion stellen.[1])
Preußen erklärte, seine Abstimmung vom Ausgang der nordischen
Wirren abhängig machen zu müssen. Der Hannoveraner von Ompteda
trat mit einem Vorschlag hervor, welcher auch in anderen Abschnitten
der Verhandlungen aufgetaucht ist, nämlich der Idee, einen Teil der
reichsständischen Besitzungen Frankreich völlig zu überlassen, wofür dann
der Rest ebenso vollständig zum Reich zurückkehren sollte; er nahm
die älteste Nordgrenze des Elsaß, den Selzbach, als zukünftige Scheide-
linie in Aussicht. Haimb schrieb seinem Auftraggeber empört über
dieses Projekt: „die englisch-politische Kaufmannssprache, welche in das
braunschweigische Ministerium seit geraumer Zeit eingeschlichen ist, ist
nicht von dem angenehmen Ton, daß sich hiervon deutsche Reichsfürsten gegen offenbare Friedensschlüsse und Verträge werden beein-
trächtigen lassen"; und Bischof August, der zwar seine eigenen Besitzungen gerade durch diesen Plan gesichert sah, lehnte ihn doch in
ehrlicher Treue gegen seine bisherigen Genossen ohne jedes Schwanken
ab.[2]) Fast noch verdrießlicher als die Haltung Preußens und Hanno-
vers war aber für ihn das Benehmen des bayerisch-pfälzischen Vertreters Grafen Lerchenfeld, der gegen die Aufstellung einer Reichs-
armee mit Rücksicht auf die Kosten protestierte.[3]) So wogten die
Meinungen einige Tage ziemlich wirr durcheinander. Herr von
Strauß mußte sich verschiedene Modifikationen seiner ursprünglichen
Vorlage gefallen lassen, unter welchen besonders die folgende für die
richtige Beurteilung der Stimmung unserer Versammlung von Bedeutung ist. Die vierte Frage hatte ursprünglich gelautet: „ob nicht
überhaupt Teutschland dermal ebenfalls befugt ist, alle Friedensschlüsse
für unverbindlich und aufgehoben anzusehen, wodurch ehemal so viele
Provinzen von dem teutschen Reiche gekommen sind"; sie wurde jetzt
durch die Einschaltung des Satzes „wenn den vorliegenden Beschwerden
der tentschen Reichsständen und Angehörigen nicht abgeholfen werde"
hinter „ob" amendiert. Die Wirkung dieses Zusatzes ist deutlich.

---

[1]) Reuß, Staatskanzley 35, 203 ff.
[2]) August an Haimb, 9. Mai 1791.
[3]) Kurpfalz-bayerisches Rescript an Lerchenfeld, 17. Mai 1791.

Während der Artikel zuerst die durch das Scheitern der kaiserlichen
Intercession und den bisherigen Gang der Dinge überhaupt geschaffene
Situation als unabänderlich ansah und wenig verhüllt als Kriegsfall
bezeichnete, ließ die spätere Fassung noch immer die Möglichkeit einer
Veränderung zu und hielt damit neuen Verhandlungen die Thür offen.
In dieser modifizierten, sehr erheblich gemilderten Form sind die fünf
Fragen am 9. Mai durch den Direktorialgesandten dem Reichstag
unterbreitet und dann auch wirklich von den meisten Ständen ihrer
Abstimmung zu grunde gelegt worden.[1]

Ernsthafte, offene Opposition ward in der Zwischenzeit nur noch
von einer einzigen, freilich sehr gewichtigen Stelle dagegen versucht.
Das kurbraunschweigische Ministerium bezeichnete in einer Note vom
20. Mai 1791[2] nämlich zunächst die ganze mainzisch-speyerische
Rechtsanschauung als zweifelhaft, indem es auf die hundertjährige
Dauer des thatsächlichen französischen Besitzes, die angeblichen still-
schweigenden Verzichtleistungen des Reiches und die offene Anerkennung der französischen Souveränität durch die Mehrzahl der beteiligten
Reichsstände hinwies und ferner hervorhob, daß nur die Metropolitan-
rechte Triers über die drei lothringischen Bistümer, nicht aber die
geistlichen Rechte im Elsaß unter dem Schutze der Verträge stünden.
Andererseits hielt die Note die Angelegenheit teils aus formalen
Gründen, vorzüglich aber weil noch gar nicht feststehe, ob alle
Stände sich in gleicher Rechtslage befänden und ob nicht doch „Aus-
kunfts- und Entschädigungsmittel" vorkommen könnten, überhaupt
noch nicht für hinlänglich reif zur Entscheidung durch das Reich.
„Bey den zu nehmenden Maasregeln und Beschlüssen," fuhr sie fort,
„wird überhaupt ein sorgfältiger Bedacht dahin zu richten seyn, daß
solche nicht weiter greifen, als man sie zu wirklicher Ausführung
bringen und durchzusetzen willens und im Stande ist, daß weder
das deutsche Reich kompromittirt noch die Sache auf die Spitze gestellt, und daß vornemlich den vorliegenden Kraisen und Reichsständen
solcher Landen nicht im voraus Verlegenheit und Unannehmlichkeit
erweckt und zugezogen werde". Aus diesen Motiven kam Kurbraun-

---

[1] Halmb an August, 10. Mai 1791.
[2] Rescript des hannoverschen Ministeriums an seinen Gesandten in Mainz,
20. Mai 1791; vgl. Reuß, Staatskanzley 35, 206 ff.

schweig endlich zu dem Vorschlag, das Reich möge zwar beschließen,
Frankreich gegenüber alle aus den Friedensschlüssen fließenden Rechte
aufrecht zu halten, aber gleichzeitig eine außerordentliche Deputation zur
Prüfung der Reklamationen und der damit zusammenhängenden Verhand=
lungen niedersetzen, welche dann dem Reichstag das Ergebnis ihrer
Arbeiten mitzuteilen hätte. Lediglich eine einfache Rechtsverwahrung
wünschte also der hannoverische Hof, welcher erst durch die noch bevor=
stehende Bestimmung der Rechte selbst Inhalt erlangen sollte; seine
Absicht lief darauf hinaus, den vorwärts drängenden Ständen die Waffen
durch einen ihren Ansprüchen formell genügenden, sachlich aber das Reich
zu nichts verpflichtenden Beschluß aus den Händen zu winden.

Ebenso, wie dieser Versuch, die von Speyer und Mainz geplante
Überrumpelung der Reichsstände zu verhindern, scheiterte ein anderes,
bis heute ganz unbekannt gebliebenes Unternehmen von ähnlicher
Richtung.[1] Der Leiter dieser Intrigue — denn über eine solche ist
es nicht hinausgekommen — war der Nachfolger Schöpflins an der
alten Universität zu Straßburg, der Professor Koch, ein sehr ge=
wandter, welterfahrener Gelehrter, dessen Verbindungen sich sowohl
infolge seiner Reisen, wie seiner akademischen Lehrthätigkeit —
Straßburg führte damals nicht mit Unrecht den Namen der „Diplo=
matenschule" — über die halbe Welt erstreckten.[2] Dieser Mann
war zu Anfang des Jahres 1790 als Deputierter der elsässischen
Protestanten nach Paris gekommen, um die Exemption des evange=
lischen Kirchengutes von der allgemeinen Einziehung zu bewirken,
und, obwohl nicht Mitglied der Nationalversammlung, als ein ge=
nauer Kenner des Reichsstaatsrechts und der Besonderheiten der deut=
schen Zustände überhaupt in der Elsässersache frühzeitig zu Rate ge=

---

[1] Vgl. für das folgende die Papiere Kochs im Thomas=Archiv zu Straß=
burg. — Über Kochs Leben ist in erster Linie seine Autobiographie — Papiere
Bd. 1 — zu erwähnen. Diese ist benützt in der Biographie von Schweig=
häuser, vie de Chr. G. Koch; ebenso ferner, wenn auch nicht unmittelbar im
Moment der Abfassung selbst, in der notice biographique sur M. de Koch, welche
Schöll der Neuausgabe von Kochs histoire abrégée des traités voranstellte, und
worin er auch überdies einige selbständige, auf persönlichen Mitteilungen Kochs
beruhende Notizen mitteilte. Vgl. überdies Barth, notes biograph. 86; Biogra=
phies Alsaciennes I, Nr. 13; les illustres Alsaciens, Lief. 4.

[2] Vgl. Barrentrapp, die Straßburger Universität in der franz. Revol. Zeitschr.
f. Gesch. des Oberrh. N. F. XIII, 450.

zogen worden. Vielleicht iſt er überhaupt der Vater der Entſchädi=
gungsidee geweſen, welche mir wenigſtens zuallererſt in einem ſeiner
Briefe begegnet iſt;[1] jedenfalls aber hat er eben in dem Zeit=
punkt, welchen wir hier betrachten, eine merkwürdige Rolle geſpielt.

Koch war gleichmäßig von der Möglichkeit, wie der Notwendig=
keit einer Verſtändigung zwiſchen Frankreich und dem Reich überzeugt
und ſtellte ſeinen ganzen Einfluß in den Dienſt dieſes Gedankens.
Auf der einen Seite ſtand er durch ſeinen Landsmann, den Straß=
burger Deputierten Schwendt, und einen ſeiner zahlreichen Schüler,
den Marquis de Gouy d'Arſy[2]), in Verbindung mit dem diplomati=
ſchen Ausſchuß der Nationalverſammlung; andererſeits beſaß er in
der Perſon ſeines Bruders, welcher den Biſchof von Lübeck, Herzog
von Holſtein=Oldenburg vertrat, einen Vertrauensmann in Regens=
burg. So führten durch die Hände des Straßburger Profeſſors un=
ſichtbare Fäden aus dem Saal des deutſchen Reichstages in das
Zimmer des diplomatiſchen Komitees; unaufhörlich berichtete der Ge=
ſandte in Regensburg ſeinem Bruder über alle Vorgänge in der
Verſammlung, und dieſe Depeſchen fanden dann durch Schwendt und
de Gouy ihren Weg in den diplomatiſchen Ausſchuß. Indes handelte
es ſich nicht bloß um einfache Informationen; Koch hat vielmehr
mit Hülfe dieſer doppelten Verbindung beſtimmte Vergleichsvorſchläge
in Paris und Regensburg zu lancieren geſucht. Zunächſt, im Mai
und Juni 1791, machte er für den Zuſammentritt eines Kongreſſes
Stimmung. Sein Bruder, welcher das Terrain ſondierte, hielt ſelbſt
die kaiſerlichen Geſandten dem Projekt nicht abgeneigt und ſchrieb
triumphierend, er und ſeine Miteinverſtandenen „nous autres ſoi=biſant
impériaux" hätten ſich das Wort gegeben, eine derartige Klauſel in
das Reichsgutachten hinein zu bringen. Etwas ſpäter, als die Ab=
ſtimmung ſchon begonnen hatte, dachte er mehr an ſeparate Verhand=
lungen mit den einzelnen Fürſten, zu welchen er auch den hannöver=
ſchen Antrag auszunützen gedachte. Thatſächlich machte ſein Bruder
Heſſen=Darmſtadt, auf welches Koch mit Recht beſonderes Gewicht

[1] Koch an Abbé Grégoire, 15. Februar 1790.
[2] Gouy d'Arsy, L. H. M., marquis de, geb. zu Paris 1753, Vertreter von
St. Domingo in der Conſtituante, zuletzt, 1792, maréchal de camp; enthauptet
am 5. Juli 1794. Vgl. Larousse, dictionnaire VIII, 1412.

legte, Eröffnungen dieses Inhaltes, welche möglicherweise die Ursache
der größeren Zurückhaltung Ludwigs X. gegen seinen alten Freund
August gewesen sind; erst in der zweiten Augusthälfte waren diese
Anknüpfungen wieder abgebrochen. Den Höhepunkt dieser Bestrebungen
bildete eine Denkschrift, welche durch de Gouys Vermittelung dem
diplomatischen Komitee eingereicht wurde, und worin Koch eine ver=
trauliche Verhandlung mit den Fürsten nicht durch die bisherigen
Gesandten, sondern durch eine eigene Mittelsperson vorschlug. Koch
erhielt darauf den Antrag, selbst in dieser Eigenschaft nach Regens=
burg zu gehen; allein da er weder der Mäßigung des diplomatischen
Komitees noch dem Minister Montmorin selbst und vor allem nicht
dem französischen Gesandten Bérenger in Regensburg traute, welchen
er für einen Gegner des Ausgleichs und Kontrerevolutionär hielt,
so wies er das Ansinnen ab, was das Ende dieser ganzen Episode
herbeiführte.

Kehren wir nun zu den Verhandlungen des Reichstages selbst
zurück. Als am 4. Juli im Fürstenrat die Abstimmung über das Reichs=
gutachten zur Beantwortung des kaiserlichen Kommissionsdekrets be=
gann [1]), stand die hier im Namen Bremens vortragene englisch=hannö=
versche Auffassung [2]) nahezu völlig vereinzelt — nur die beiden Mecklen=
burg schlossen sich derselben an — sodaß der bremischen Stimme nichts
übrig blieb, als ein Protest gegen „Maßregeln und Entschließungen,
welche unvorbereiteter Sache bereits weiter greifen und sowohl die
Dignität als den Ruhestand des deutschen Reichs und das reichs=
ständische Territorialinteresse zu kompromittieren vermögend sind". Alle
übrigen Stände, mit ihnen auch Preußen, billigten unumwunden die
in den fünf mainzischen Fragen angedeutete Auffassung der Rechtslage;
nur Österreich hielt sich, ohne irgendwie zu widersprechen, doch in
einer vorsichtigen, an verschiedenen Stellen unverkennbar ablehnenden
Zurückhaltung.

Keineswegs aber zeigte sich dieselbe Einmütigkeit hinsichtlich der
nun zu beschließenden weiteren Schritte des Reiches; ein doppelter

---

[1]) Für die Abstimmung vgl. die Protokolle des Reichsfürstenrats, Reuß,
Staatskanzley 35, 214 ff, 36, 1 ff.
[2]) l. c. 35, 240 ff; 36, 1 ff.

Gegensatz trat vielmehr hier zu Tage. Zunächst dauerte zwischen den unmittelbar beteiligten Ständen die alte Differenz über das Ziel der Aktion fort. Mainz, Speyer und Straßburg bestanden auf der Restitution, wie auch Darmstadt wieder that, und wollten überdies von Reichswegen jede Separatverhandlung, sowie die Annahme einer Geldentschädigung untersagt wissen; gerade umgekehrt wünschte Württemberg ohne Unterscheidung entweder die Wiederherstellung der alten Ordnung oder eine „vollgiltige Entschädigung", welch letztere nach Pfalz-Bayern nur in Land und Leuten bestehen sollte. Sodann aber war man auch über die Art des Verfahrens verschiedener Ansicht. Am extremsten benahm sich der Kurfürst von Köln, welcher hier als Hoch- und Deutschmeister zu Wort kam. Der verlangte nichts weniger, als daß das Reich alle Friedensschlüsse mit Frankreich für unverbindlich erkläre, seine Rechte auf die abgetretenen Provinzen wieder geltend mache, jede Einfuhr aus Frankreich verbiete,[1] die französischen Güter in Deutschland sequestriere; „ob . . . . ein Reichskrieg . . . . zu erklären sey", schloß die Abstimmung mit unvergleichlicher Selbstironie, „wolle man Kaiserl. Majestät und den mächtigeren Reichsfürsten überlassen, und trete man hierin allenfalls Majoribus bei". Alle übrigen waren darüber einig, daß eine erneute Verhandlung versucht werden sollte, was ja eigentlich schon in jener Modifikation der vierten Mainzer Frage lag, von welcher oben die Rede gewesen ist. Allein Mainz und sein Anhang wollten dieser zweiten kaiserlichen Verwendung die gefährliche Form eines Ultimatums geben, indem sie von vornherein dem Schreiben einen Passus einzufügen wünschten, welcher nichts als eine nur leicht verhüllte Drohung mit dem Reichskrieg war; Österreich und Preußen dagegen beantragten eine erneute einfache kaiserliche Verwendung, nach deren Ausfall erst weitere Beschlüsse zu fassen wären.

Die Frage wurde dadurch noch komplizierter, daß mitten in die Abstimmung die Flucht und Rückführung König Ludwigs hinein fiel. Man sieht aus der Haltung von Köln, wie dieses Ereignis die Hoffnung der intransigenten Partei neu belebte; während der Kurfürst

---

[1] Diese Idee regte der Kurfürst bereits in seinem Schreiben an Mainz vom 11. April 1791 an, Bivenot I, 121, Nr. 82.

zuerst unter dem Eindruck der österreichischen Abstimmung nachträglich der Fortsetzung der Verhandlungen beigepflichtet hatte, zog er diese Zustimmung jetzt mit der Begründung wieder zurück, daß es in Frankreich keine oberste Gewalt mehr gebe. Aber auch die österreichische Politik geriet dadurch einen Moment ins Schwanken. An demselben 6. Juli, an welchem die deutschen Fürsten in Regensburg votierten, that Leopold II. durch das Rundschreiben von Padua den ersten feindseligen Schritt gegen Frankreich. In dieser Stimmung wechselte das Urteil über die Beschwerden der deutschen Stände. Sie schienen jetzt dem Fürsten Kaunitz neben anderen ein geeigneter Ausgangspunkt für die projektierte Intervention, welche er ja prinzipiell nicht auf die inneren Zustände Frankreichs, sondern auf internationale Rechtstitel begründen wollte. [1] Er hielt darum für nötig, den österreichischen Gesandten in Mainz und Regensburg ausdrücklich seine Mißbilligung des bremisch-hannöverschen Antrages zu erklären und dieselben zur Annahme der fünf Mainzer Fragen anzuweisen; dem Kurfürsten selbst machte er eine ähnliche Mitteilung. [2] Es war nicht gerade genau dasselbe, was Speyer wollte, wenn der Kanzler erklärte, man müsse von Frankreich entweder die Restitution aller entzogenen Rechte oder eine vollständige Entschädigung durch völlig gleichartige Äquivalente verlangen; aber das ist nicht zu bestreiten, daß Bischof August und er sich nie zuvor gleich nahe gekommen waren. Allein dies war doch nur eine ganz vorübergehende Anwandlung der österreichischen Politik; sie ist anscheinend nicht einmal zur Kenntnis des Speyers gelangt und hat auf keinen Fall zu einer Abänderung des österreichischen Votums am Reichstag geführt.

Die Schwierigkeit, welche die Auflösung der französischen Zentralgewalt einer erneuten Verhandlung des Reichs bereitete, wurde schließlich durch den Vorschlag Bayerns überwunden, die Entscheidung sowohl über den Zeitpunkt als die Ausführbarkeit des eben vom Reich beschlossenen Schrittes dem Kaiser zu überlassen; selbst Kurköln trat demselben bei.

Das Ergebnis aller dieser Beratungen und der darauf folgenden

---

[1] l. c. I, 215.
[2] Vivenot I, 199 ff, Nr. 142—145 206, Nr. 147.

kurzen Verhandlungen mit den beiden anderen Kollegien war das
Reichsgutachten vom 6. August 1791. [1])
Vergleicht man dieses Aktenstück mit dem kurfürstlichen Kollegial=
schreiben vom 2. Oktober 1790, so ist eine erhebliche Verschärfung
des vom Reich für sein ferneres Verhalten entworfenen Programmes
unverkennbar. Gleich der erste Paragraph desselben verkündete den
Entschluß zur Aufrechterhaltung des Westphälischen Friedens und
stellte demgemäß dem Reich die Aufgabe, die französische Souveränität
unter Aufhebung aller Separatabkommen auf den ihr damals und
später nach deutscher Auslegung eingeräumten Bereich zu beschränken;
die stillschweigende Duldung des französischen Besitzstandes im Elsaß,
welche die Kurfürsten für den Fall der Wiederherstellung des Zustandes
vor dem 4. August noch fortdauern lassen wollten, sollte also jetzt
ein Ende nehmen. Da das Reich somit seine eigene Hoheit wenig=
stens über einen Teil des Elsaß als noch zu Recht bestehend ansah,
erklärte es sich weiter selbst für unmittelbar beteiligt und verletzt;
die Schlußfolgerung hieraus war, daß es sowohl im eigenen Namen
die Dekrete der Nationalversammlung für nichtig erklärte und seine
Rechte dagegen vorbehielt, als auch die unbedingte Verpflichtung zur
Unterstützung der einzelnen gekränkten Stände anerkannte. Für beide
Teile verlangte es daher Abstellung der Beschwerden, Ersatz der Rück=
stände, überhaupt „die Wiederherstellung eines friedensschlußmäßigen
Standes der Sache". Bedrohliche Worte! Ihr Sinn war kein an=
derer, als Frankreich seine Provinz Elsaß in dem Augenblick entreißen
zu wollen, in welchem es sie fester als je zuvor erfaßte, der fran=
zösischen Theorie von dem rein nationalen, ausschließlich intern fran=
zösischen Charakter der ganzen Angelegenheit die Gegenbehauptung
der Berechtigung einer auf internationale Titel begründeten Inter=
vention entgegenzuhalten und dieser Aktion im Einklang mit den Ver=
fechtern des starren, einseitigen deutschen Rechtsstandpunktes ein Ziel
zu stecken, welches himmelweit von den gegenwärtigen Bestrebungen
des regenerierten französischen Staates ablag.

Mit welchen Mitteln aber gedachte das Reich seiner weit aus=
sehenden Erklärung Nachdruck zu geben? An diesem entscheidenden

---

[1]) Reuß, Staatskanzley 36, 64 ff.

Punkte verwandelt sich das Bild vollständig. Der kühnen Doktrin folgt nicht der Entschluß zu gleich kühner That, sondern ein nach dem großartigen Anfang beschämendes und klägliches Zurückweichen. Kein weiterer Schritt ward beschlossen, als eine erneute Verwendung des Kaisers namens des gesamten Reiches bei Ludwig XVI., verknüpft mit einem Hinweis auf die bedenklichen Folgen der französischen Vertragsbrüche; und der Zeitpunkt dieser Intercession blieb noch dazu mit Rücksicht auf die innere Lage Frankreichs dem freien Ermessen Leopolds selbst anheimgestellt.

Mit dem Zustandekommen des Reichsgutachtens war nun aber der Höhepunkt der selbständigen Mitwirkung der deutschen Stände an den beginnenden Wirren erreicht. Selbst diejenigen unter ihnen, welche, wie Bischof August, „alles oder nichts" zu ihrer Devise gemacht hatten, sahen für ihre unruhige Thätigkeit keinen rechten Angriffspunkt mehr; die bis dahin in diesem Kreise so rege Korrespondenz schrumpft zusehends ein und sinkt schließlich zu vollständiger Bedeutungslosigkeit herab. Es blieb ihnen nichts übrig, als in Geduld die ihrem Einfluß gänzlich entzogene Entschließung des Kaisers abzuwarten.

Es ist hier durchaus nicht der Ort zu einer näheren Betrachtung der allgemeinen Politik Österreichs. Für unsere Zwecke genügt die Erinnerung, daß sie in demselben Maße, in welchem in Frankreich während der letzten Monate der Konstituante eine gewisse Konsolidierung der Verhältnisse Platz zu greifen schien, auf die alten Bahnen ausgesprochener Friedfertigkeit zurückkam. Mit der Annahme der Verfassung durch Ludwig XVI. entfiel für Leopold II. jeder Grund zum Krieg; er beurteilte in diesem Augenblick das Reichsgutachten vom 6. August offenbar mit der alten Abneigung gegen diesen ganzen Handel und that darum nicht den kleinsten Schritt zu seiner Ausführung.

In die so entstandene Pause der politischen Entwickelung fielen nun die letzten Wendungen der Entschädigungsverhandlung. Indem wir die Frage nach dem Verlauf derselben stellen, wenden wir uns der zweiten Gruppe der geschädigten Reichsstände zu, deren Maßregeln bisher vor dem Verfahren Bischof Augusts zurücktraten. Es ist mir nun allerdings nicht möglich, das Verhalten jedes einzelnen von ihnen

befonders zu erörtern, und vielleicht würde eine fo ausführliche Dar=
legung auch zu weit führen; es scheint hinreichend, diefe ganze Ope=
ration an einem einzigen, dazu befonders geeigneten, vorbildlichen Bei=
spiel aufzuhellen.[1] Zu den Fürsten, welche sich am tiefsten darauf
einließen, gehörte, wie wir wissen, Herzog Karl von Pfalz=Zwei=
brücken. Von den sehr erheblichen Besitzungen seines Haufes war der
jüngere Bruder des regierenden Herzogs, Prinz Maximilian, der
nachmalige erste König von Bayern, bis zur Revolution französischer
Oberst in Straßburg, mit dem ganzen oberelfäffischen Teile, der
Herrschaft Rappoltstein und Bergheim, apanagiert; nur was davon
im Unterelsaß lag, die Grafschaft Lützelstein sowie die Ämter Bisch=
weiler, Katharinenburg, Kleeburg und Selz, stand unter der unmittel=
baren Verwaltung des Herzogs selbst. Diese Abteilung hat die Ent=
schädigungsverhandlung nun wohl etwas schwerfälliger gestaltet als
ohne sie geschehen wäre, eigentlichen Nachteil aber hat sie derselben
nicht zugefügt; denn der Leiter der prinzlichen Regierung, Geh.
Rat Rabius in Rappoltsweiler und später in Straßburg, handelte stets
im Einklang mit dem dirigierenden Minister des Herzogs, Baron von
Esebeck in Zweibrücken.

Das Motiv, welches das Haus Zweibrücken von vornherein dem
Entschädigungsprojekt geneigt machte, war die Rechtslage seiner ober=
elfäffischen Herrschaften. War Rappoltstein, wie ich früher darlegte,
im Westphälischen Frieden unzweifelhaft mit dem direkten österreichischen
Besitz als Folge seiner Abhängigkeit von demselben bereits an Frank=
reich gekommen, so trafen hier die Gründe nicht zu, welche in den
übrigen damals ausdrücklich als reichsunmittelbar bezeichneten Terri=
torien jetzt gegen die Gültigkeit der französischen Gesetzgebung ange=
führt wurden; es war vielmehr umgekehrt hier, wo die französische
Souveränität vom Reich niemals bestritten worden war, die Durch=
führung der neuen Gesetze keinen größeren Bedenken als in Anjou
oder Berry unterworfen. Der Mann, welcher in dieser Krisis das
Haus Zweibrücken vorzüglich beraten hat, der Diplomat Pfeffel, ver=

---

[1] Vgl. hierfür Pfannenschmid, Pfeffels Fremdenbuch 77 ff, welcher diese
Vorgänge zuerst bekannt gemacht hat. Ich benütze im folgenden diefelben Alten,
B A O E. E. Rappoltstein. Extradition München. 1888. III. 21. 22. und verweise
ganz allgemein auf dieses geschlossene Material.

hehlte sich dieses ungünstige Sachverhältnis keinen Augenblick, wenn er auch eifrig bemüht war, dasselbe vor den neugierigen Augen Dritter hinter dem Schleier langatmiger Deduktionen über die Reichsunmittel= barkeit der Rappoltsteiner zu verbergen; gegen Ende des Jahres 1790 erklärte er Herzog Karl, es bliebe nichts anderes übrig, als sogleich auf das Dekret vom 28. Oktober einzugehen, um die Nationalver= sammlung durch diese rasche Fügsamkeit von einer genaueren Prüfung der Rechtslage abzuhalten.

Der Herzog neigte bekanntlich schon bei Ternants Sendung durchaus zur Annahme der französischen Vorschläge. In ernsthafte Unterhandlung aber war er noch im November 1790 nicht einge= treten, seine Aktion beschränkte sich auf fortgesetztes Supplizieren am Hofe; erst die französische Zirkularbepesche vom 16. Dezember und ein besonderes Schreiben, welches Montmorin an den Prinzen Max richtete, brachten die Angelegenheit wirklich in Fluß. Sowohl der Herzog als sein Bruder gaben dem Minister die förmliche Erklärung ab, sie seien bereit, auf sein Ansinnen einzugehen, und demgemäß ihre Ansprüche und Rechtstitel in Paris vorzulegen. [1]

Während nun an der Aufstellung dieser Denkschriften gearbeitet wurde, entspann sich zwischen den Dienern des Hauses Zweibrücken eine Erörterung von hoher prinzipieller Wichtigkeit. Zwei Wege eröffneten sich für die bevorstehenden Verhandlungen; man konnte sich lediglich darauf beschränken, eine Entschädigung für die aufgehobenen Rechte zu erzielen, man konnte aber auch unter Benützung des Dekrets vom 28. Oktober einen Schritt weiter gehen und den Versuch machen, die noch fortbestehenden Rechte, überhaupt das Eigentum der ganzen Herrschaft ebenfalls auf Frankreich zu übertragen und dadurch jede Beziehung zu diesem Lande zu lösen; es galt, zwischen beidem zu wählen.

Pfeffel, Esebeck und Rabius waren alle darüber einig, daß die Zustände im Elsaß, so, wie sie sich bereits zu Ende 1790 entwickelt hatten, für die Fürsten nahezu unerträglich waren. Von dem doch sehr schwer empfundenen Verlust der Ehrenrechte, des obrigkeitlichen Ansehens ganz abgesehen, war kein Zweifel, daß die Zukunft endlose

---

[1] Du Moulin-Eckart, Montgelas I, 15 scheint daher zu irren, wenn er, ver= mutlich im Anschluß an Montgelas, Denkwürdigkeiten 3, annimmt, daß Herzog Karl ein Gegner der Entschädigungspläne gewesen sei.

Rechtsstreitigkeiten der in einfache Großgrundbesitzer verwandelten Herren mit den früheren Unterthanen mit sich führen würde, für deren gesetzmäßige Entscheidung die gewählten Richter nur geringe Sicherheit zu bieten schienen; für Rappoltstein, dessen Erträgnisse größtenteils auf der Forstwirtschaft beruhten, fiel noch der voraus= sichtliche Uebergang dieses Verwaltungszweiges an die Gemeinden schwer ins Gewicht. Obwohl nun auch Pfeffel diese Gründe durchaus nicht unterschätzte, war seine Ansicht doch die, daß man sich zunächst auf eine Verhandlung über die Entschädigung für die aufgehobenen Rechte beschränken müsse. Er hielt die Möglichkeit einer Wieder= herstellung geordneter Zustände noch keineswegs für ausgeschlossen und erblickte dann im Grundbesitz eine ganz anders sichere Unterlage speziell der Stellung des Prinzen Maximilian, als sie ein noch so beträchtlicher Kaufschilling gewähren könnte, zumal er von der Fähig= keit seines leichtlebigen Prinzen, größere Geldsummen auf die Dauer beisammen zu halten, sehr pessimistisch dachte; andererseits schien ihm die Verletzung der oberlehnsherrlichen Rechte der Bischöfe von Basel und Straßburg sowie des Herzogs von Württemberg, nicht minder die Beeinträchtigung der Pfalzgräfin von Birkenfeld und der Kur= fürstin von Sachsen juristisch äußerst bedenklich. Und selbst die Ent= schädigung für die beseitigten Rechte allein wünschte er womöglich nicht in Geld zu empfangen, sondern gedachte vielmehr, ganz auf den Wegen der traditionellen Arrondierungspolitik der guten Haushalter unter den südwestdeutschen Kleinfürsten einherschreitend, gerade diese Gelegenheit noch zu einer Erweiterung der fürstlichen Großgrundherrschaft zu be= nützen. Durch den württembergischen Gesandten in Paris, Baron Rieger, erfuhr er, daß Fréteau und Lavie mit dem Prinzen Friedrich über den gänzlichen Verkauf der sieben württembergischen Herrschaften in der Freigrafschaft und der Grafschaft Horburg=Reichenweier im Oberelsaß an Frankreich um zehn Millionen Franken eins geworden seien; dieses Abkommen hätte auch die Billigung des regierenden Herzogs und seines Bruders Ludwig gefunden. Pfeffels Lieblingsidee war nun, Frankreich zur Überlassung von Horburg=Reichenweier an das Haus Zweibrücken als Entschädigung für die aufgegebenen Rechte in Rappoltstein zu bestimmen, wodurch dann Prinz Max als Besitzer einer so großen und ausgedehnten Domäne allerdings in die beste

Lage gekommen wäre. Im November 1790 schien alles vortrefflich zu stehen, Rieger stimmte Pfeffels Plänen bereitwillig zu; im Verlauf des Winters aber kam Württemberg von der Idee eines gänzlichen Verkaufes seiner Herrschaften zurück und damit war das weitaussehende Geschäft vereitelt. Gleichwohl hielt Pfeffel auch jetzt noch an seiner Abneigung gegen jede Abmachung fest, welche dem Prinzen die leichte Verfügung über größere Geldmittel beließ; er gab zu, daß von Frankreich jetzt nur noch eine Geldentschädigung zu erwarten sei, riet jedoch dringend, diese Summen teils zur Schuldentilgung, teils aber zum Ankauf günstig gelegener Nationalgüter zu verwenden. Alle seine Vorschläge liefen somit nicht auf die Abstoßung, sondern im Gegenteil auf die Erweiterung des fürstlichen Besitzes auch unter der neuen Ordnung in Frankreich hinaus; nur im äußersten Fall wollte er vom Verkauf reden hören, der ihm den Prinzen auf eine Linie mit dem „Seigneur Cerf Ber", dem berüchtigten Straßburger Geschäftsmann, zu stellen schien.

Die direkten Beamten des Herzogs und seines Bruders, Esebeck und Rabius, dachten jedoch anders. Ihnen schienen die auch von Pfeffel zugegebenen lokalen Widerwärtigkeiten allzugroß, die Hoffnung auf die Wiederkehr ruhigerer Zeiten allzu gering, um die Beibehaltung der bisherigen Besitzungen als einfache Domänen zu gestatten. Sie entschieden sich für den Verkauf der ganzen Herrschaften, sowohl im Ober= als im Unterelsaß, Grund und Boden samt den noch fort= bestehenden Rechten, an Frankreich.

Dieser Entschluß bedingte die Einleitung einer zweifachen Ver= handlung: zunächst einer solchen über die einfache Entschädigung für die aufgehobenen Rechte, dann über die vollständige Abtretung. Während das Material für die zweite gesammelt wurde, begann die erste in der That im Frühjahr 1791. Am 24. Februar erhielt Bonnard, der gemeinsame zweibrückische Agent in Paris, die von Montmorin verlangten Besitztitel nebst einer zusammenfassenden Denk= schrift überschickt. Seine Aufgabe war, sowohl über die unterelsässischen Herrschaften als über Rappoltstein zu verhandeln; ich verfolge im folgenden indes bloß die letztere Seite seiner Mission. Prinz Max beobachtete eine äußerst nachgiebige Haltung. Ohne weiteres verzichtete er auf die sämtlichen Ehren= und Hoheitsrechte, weil dieselben keiner eigent=

lichen Abschätzung fähig seien; nur die Steuerfreiheit, deren Wert ja von selbst durch die jetzt eintretende Besteuerung festgestellt wurde, war hiervon ausgenommen. Somit blieben als Objekt der Entschädigung nur die unterdrückten nutzbaren Rechte, und deren Ertrag belief sich nach der Berechnung der Denkschrift auf 96 392 L.; wurde diese Rente mit dem dreißigfachen Betrag, wie damals bei solchen Geschäften üblich, kapitalisiert, so ergab sich für Frankreich eine Ablösungssumme von 2 907 960 L.

Allein hierzu traten nun noch Ansprüche anderer Art. Seit dem August 1789 war Prinz Max thatsächlich aus dem Besitz fast aller seiner Einkünfte gesetzt, sein Eigentum, besonders die Forsten, durch zahllose Exzesse schwer beschädigt worden. Die Denkschrift verlangte hierfür Ersatz, und zwar brachte sie für Ausfälle und Rückstände in den Einkünften bis zum 1. Januar 1791 793 691 L., für Schaden an Objekten aber 171 433 L., worunter allein 127 645 L. Forstschäden, in Anrechnung. Zu der Ablösungssumme sollte also noch eine einmalige Verlustvergütung hinzutreten.

Es ist klar, daß der letztere Anspruch zu erheblichen Schwierigkeiten führte; schon Pfeffel hatte darauf aufmerksam gemacht, daß bei der im Elsaß herrschenden Anarchie ein Abschluß eigentlich unmöglich sei, vielmehr immer wieder neue Rückstände und Schäden auflaufen würden, so daß die Nationalversammlung dem Prinzen gleichsam ein fortgehendes Conto eröffnen müßte, wozu sie schwerlich Lust empfinden dürfte. Andererseits aber legten Max sowohl als Karl gerade auf die Begleichung dieser Forderungen so großen Wert, daß sie von vornherein, wenn auch nicht in der Form einer Bedingung der Verhandlungen, mit denselben an Montmorin herantraten.

Die Besprechungen nahmen indes zu Paris einen vielverheißenden Anfang. Im Mai 1791 liefen hoffnungsvolle Berichte Bonnards ein; der königliche Kommissar hatte die Rückstandsforderung zwar auf 618 000 L. reduziert, aber in dieser Höhe auch anerkannt und das Comité de liquidation gleichfalls einen günstigen Bericht erstattet. Sehr schnell aber zeigte sich der geringe Wert dieser Erklärungen; es war Bonnard ganz unmöglich, trotz wiederholter Anmahnungen, die Auszahlung auch nur eines Teiles der gar nicht mehr bestrittenen Forderung seines Hofes zu erreichen. Die Schuld lag nicht an Montmorin; der Minister verlangte wirklich eine Million zur Begleichung der Rückstände, konnte damit jedoch bei dem diplomatischen Ausschuß nicht durchdringen. In demselben Maße aber, in welchem sich die Insuffizienz der französischen Regierung deutlicher herausstellte, wuchs der Wert, welchen Herzog Karl und sein Bruder der Erledigung dieser Frage beilegten. Am 21. Juni schrieb der erstere geradezu an Max, die Bezahlung der Rückstände sei die Voraussetzung der Verhandlung mit Frankreich; da aber der französische Hof dazu seit vier Monaten keine Miene mache, so habe er Bonnard angewiesen, in dieser Angelegenheit keine weiteren Schritte mehr zu thun. Dies war der Abbruch der Verhandlungen. Vielleicht hätte sich Karl doch nicht so schnell dazu entschlossen, wenn nicht gleichzeitig die entscheidenden Beratungen am Reichstag begonnen hätten; der Herzog, welcher mit Rücksicht auf diese Vorgänge schon im März 1791 sich zur Einreichung einer Beschwerdeschrift bequemt hatte, [1] die freilich mit ängstlichster Rücksicht auf die damals noch in Paris schwebende Unterhandlung abgefaßt war, hielt es jetzt mit Hinblick „auf eine interessierte Partei", womit natürlich kein anderer als der Bischof von Speyer gemeint ist, für ganz unmöglich, länger zu schweigen und schloß sich darum der preußischen Abstimmung an, weil sie die gemäßigste von allen sei und Frankreich noch immer eine Thüre offen halte. Seine Bemühungen, einen entschiedenen Bruch mit dieser Macht zu vermeiden, ohne sich doch gänzlich vom Reich zu trennen, haben auch in der Folgezeit mehrfach Anknüpfungen ermöglicht, die aber niemals mehr einen so ernsthaften Anstrich, wie die eben geschilderte Unterhandlung trugen; erst die am 31. Januar 1793 verfügte Sequestration von Rappoltstein schnitt diese Fäden gänzlich entzwei.

Ähnlich verlief die württembergische Verhandlung; auch sie geriet bald nach der zweibrückischen ins Stocken, obwohl die alte Geneigtheit zur Verständigung bei Württemberg bis zuletzt bemerkbar blieb. [2]

Nur mit den kleinsten Herren erreichte Frankreich wirklich einen vollständigen Abschluß; am 29. April 1792, neun Tage nach der Kriegserklärung König Ludwigs an den Sohn Leopolds II., unter-

---

[1] Reuß, Staatskanzley 34, 1 ff.

[2] Papiere Kochs IV, März 1792, notte (!) présentée au pouvoir éxécutif.

zeichneten Salm und Löwenstein die Konvention, welche ihre Ent=
schädigung mit dem dreißigfachen Betrag der verlorenen Einkünfte
stipulierte. [1])

Die zusammenhängende Darstellung dieser Negociationen hat uns
bereits an die Katastrophe selbst herangeführt; treten wir indes noch=
mals einen Schritt zurück, um ihr Herannahen von einer anderen
Seite genauer zu betrachten.

Das Verhalten der Legislative, der im September 1791 zu=
sammengetretenen verfassungsmäßigen Nationalversammlung, unterschied
sich sehr wesentlich von dem einer Verständigung innerhalb des nun ein=
mal unverbrüchlich abgegrenzten Umkreises der prinzipiellen französischen
Auffassung durchaus nicht feindlichen Verfahren ihrer Vorgängerin.

Alsbald nach der Eröffnung dieser Versammlung begann die
Agitation gegen die Emigranten. Mehr und mehr verdeckten die neuen
Verwickelungen, welche sich aus diesem Grunde zwischen Frankreich
und einigen der geschädigten Fürsten entspannen — bekanntlich waren
es eigentlich ausnahmslos wieder nur Geistliche, Trier, Mainz und
der Kardinal Rohan — den ursprünglichen Gegenstand des Streites;
sie sind es gewesen, welche die Köpfe auf beiden Seiten erhitzt und
den Ausbruch des Kampfes wesentlich vorbereitet haben. Diese Vor=
gänge fallen jedoch nicht mehr in den Bereich unserer Untersuchung, deren
Gegenstand ausschließlich die „Elsasserfache" sein soll; wir sehen darum
von ihnen völlig ab und beschränken uns lediglich auf die Beobachtung
der letzten Phasen dieser Angelegenheit.

Auch die Legislative ist keineswegs so weit gegangen, die Ver=
pflichtung Frankreichs zu einer Entschädigung in Abrede zu stellen;
dasselbe Dekret vom 29. November 1791, [2]) durch welches sie die
Abordnung der großen Deputation an den König verfügte, welche um
thatkräftige Schritte gegen die Emigranten nachsuchen sollte, ordnete
die schleunige Betreibung der Entschädigungsverhandlungen an. Aber

---

[1]) l. c., rapport sur l'affaire des princes de Salm-Salm et de Lœwen-
stein-Wertheim, 1792, Mai 16. Vgl. auch den Bericht Montmorins an die Legis=
lative bei seiner Demiffion, Monit. X, 294 ff. Für Salm giebt die offizielle fürst=
liche Darstellung, „die dem Haufe Salm zugefügten Kränkungen", erschöpfenden
Aufschluß; der Entschädigungsvertrag wurde am 19. Mai von der Legislative
ratifiziert.

[2]) Arch. parl. 35, 439.

die gebieterische Sprache, welche man in der einen Angelegenheit nicht ohne Berechtigung führte, wurde ganz mit Unrecht, wenigstens von einem Teil der Versammlung, auch auf den anderen Fall angewendet; die Neigung ward bemerklich, den neumodischen, kurz angebundenen Ton der Drohung auf die Elsasserache zu übertragen.

Die Gegensätze, welche hierüber in der Vertretung des französischen Volkes bestanden und mit dem immer heftiger und erbitterter geführten Kampf der Parteien sehr innig zusammenhängen, kamen in zwei sowohl ihrem materiellen Inhalt als ganz besonders ihrer allgemeinen Anschauung nach grundverschiedenen Anträgen des diplomatischen Ausschusses zu Tage. Am 13. Dezember 1791 bestieg Rühl die Tribüne, ein Mann, dessen Laufbahn den Taumel jener Tage in merkwürdiger Weise illustriert.[1] Bis zur Revolution hatte er, wie schon berührt, im Dienste des Fürsten von Leiningen gestanden, einige Zeit die Grafschaft Dagsburg in dessen Namen verwaltet und sich alle die langen Jahre hindurch als etwas empfindlichen und hypochondrischen, aber trotzdem treuen Diener seines Herrn bewährt. Noch beobachtete er die ersten Anfänge des Umsturzes mit höhnischer Ironie; aber schnell ergriff ihn die Bewegung mit unwiderstehlicher Gewalt: aus dem Geheimen Rat ward zuletzt ein Konventskommissar und entschiedener Jakobiner, der mit den letzten echten Parteigenossen nach dem mißlungenen Aufstand vom Prärial 1795 ein gewaltsames Ende nahm. Damals, im Beginn der Tagung der Legislative, wird man ihn noch zu den Girondisten zählen müssen, deren Kriegseifer er offensichtlich teilte. Seltsam, fast widerlich klangen im Munde dieses Mannes die Invektiven, welche er an jenem Wintertag gegen die deutschen Fürsten schleuderte.[2] Sie verschärften nur die scharfen Maßregeln, welche er vorschlug. In der Form und Sprache des Gesetzes, für welches der Gehorsam selbstverständlich ist, wollte er „die vordem im Elsaß rentenbeziehenden

---

[1] Über ihn persönlich Barth, notes biogr. S. 457; Eimer, Straßburg 1789, 61, n. 1, zu berichtigen nach der Bemerkung von R [euss], revue critique 1898, S. 231, n. 1; eine Episode aus seinem Leben behandelt Corda, la Révol. Franç. 31, 261 ff. Am besten lernt man ihn aus seinen oben von mir vielfach benützten Berichten an den Fürsten von Leiningen kennen. Akten B A U E. E. 4413. 4415 u. f.

[2] Arch. parl. 36, 48 ff.

fremden Fürsten" binnen Monatsfrist zur Vorlage ihrer Besitztitel in
Paris verpflichten und damit an die Stelle der Verhandlung zwischen
Gleichberechtigten die souveräne Entscheidung des Staates über das
Benehmen seiner Unterthanen setzen, ein Verfahren, welches der
prinzipiellen Auffassung Frankreichs von seinem Verhältnis zu den
elsässischen Reichsständen wohl mehr als gerecht wurde, diese selbst
aber nur tief erbittern und zu gleich entschiedener Überspannung ihrer
These reizen konnte.

Es sah fast wie eine vorahnende Antwort auf diese heftige Rede
aus, daß Leopold II. am 10. Dezember 1791 das Reichsgutachten
vom 6. August endlich ratifiziert hatte, [1] nachdem er schon eine Woche
zuvor den darin enthaltenen Auftrag vollzogen und ein zweites Ver=
wendungsschreiben, dieses Mal im Namen des ganzen Reiches, an
König Ludwig erlassen hatte. [2] Offenbar war auch das Verhalten
des Kaisers jetzt durch die Emigrantenfrage bestimmt; in dem Maße,
in welchem diese eine gefährliche Gestalt annahm, gewann der ent=
gegengesetzte Rechtsanspruch des Reichs für ihn an Wert. An sich
dachten er und Kaunitz darüber noch viel später ebenso kühl, wie zu
Anfang der ganzen Angelegenheit. [3] Darum begnügte sich Leopold
mit der einfachen Gutheißung des Reichsgutachtens, dessen Form er
dazu noch merklich milderte, und beobachtete auch in dem Schreiben
an seinen Schwager die größte Mäßigung; dasselbe wiederholte die
frühere Ausführung, rechtfertigte die Teilnahme des Reiches und ver=
langte die Restitution der geschädigten Stände, enthielt sich aber für
den Fall der Ablehnung jeder bestimmten Drohung, und konnte somit
für nichts weniger als für ein Ultimatum gelten.

Bei der Besprechung dieser Aktenstücke in der Legislative [4] kam

---

[1] Reuß, Staatskanzley 35, 72 ff.
[2] l. c. 35, 81 ff und Vivenot I, 287, Nr. 215.
[3] Vivenot I, 328, Nr. 235, 17. Jan. 1792, Protokoll der Konferenz zu Wien,
und noch mehr der Bericht Jacobis an Friedrich Wilhelm II, 8. Februar 1792,
Hermann, Korrespondenzen 155:
"Fürst Colloredo besteht durchaus auf die Wiedereinsetzung der Fürsten des
Reichs in ihre Besitzungen und verlorenen Rechte. Der Fürst Kaunitz ist ganz ent=
gegengesetzter Ansicht. Er stellt diese Wiedereinsetzung in dieselbe Kategorie wie die
Contrerevolution. Der Kaiser.... stimmt der Meinung des Fürsten Kaunitz bei."
[4] Delessart teilte sie der Versammlung am 24. Dezember 1791 mit, Arch.
parl. 36, 352.

nun die zweite, Rühl feindliche Richtung zu Wort. Ihr Vertreter war kein anderer, als der uns schon bekannte Straßburger Professor Koch, welcher inzwischen Deputierter zur Legislative und in dieser Präsident des diplomatischen Komitees geworden war. Seine allge= meine Auffassung in welcher er sich doch mit Barnave und den Feuillants, so wenig er sich ihnen unbedingt anschließen mochte, nahe berührte, [1]) hatte sich seit dem Sommer 1791 nicht geändert. „Ich bin stets der Meinung gewesen, daß wir weder von seiten der Emi= granten noch der europäischen Mächte etwas zu fürchten haben" — so faßte er seine Ansicht damals in dem Entwurf einer ungehalten gebliebenen Rede zusammen — „und daß, wenn wir in den Krieg eintreten, dies nur darum geschehen wird, weil wir ihn gewollt haben. Ich bin ferner stets der Meinung gewesen und bin es noch, daß wir dadurch, daß wir den Frieden mit dem Kaiser erhalten, sicher sein können, ihn mit ganz Europa zu bewahren, während der Weltkrieg für uns unvermeidlich ist, sobald wir mit diesem Fürsten in Krieg geraten. Endlich habe ich gedacht, daß man dem Kaiser mit Unrecht feindliche Pläne gegen uns zuschriebe . . . . Prüfen Sie vorurteilslos die Verträge von Mantua, Pillnitz, Berlin, die an die verschiedenen Höfe Europas gerichtete Erklärung des Kaisers: Sie werden sehen, daß sie hauptsächlich Kinder der Furcht sind. Mit Unrecht haben uns daher diese Vorträge, die angebliche Koalition der Mächte Anstoß gegeben". In der von Rühl vorgeschlagenen Maßregel sah er darum nur eine ganz unberechtigte Provokation: „wollen Sie jede freundschaft= liche Verständigung", heißt es in derselben Aufzeichnung, „weit von sich weisen und den Bruch in aller Form vorbereiten? Dann setzen Sie den Fürsten einen Termin und schreiben ihnen gebieterisch das Gesetz vor!" [2])

Dieser Stimmung entsprang sein großer Bericht, welchen er der Versammlung am 1. Februar 1792 über die letzten Schritte des Kaisers erstattete. [3]) Von vornherein trennte er die Sache der Emi= granten von derjenigen der geschädigten Fürsten, betonte die reichsge= setzliche und darum für seine eigene Politik nichtssagende Natur der

---

[1]) Vgl. für Barnave Glagau, Ursprung der Revolutionskriege 146.

[2]) Réponse aux orateurs, Papiere von Koch Bd. IV, Thomas=Archiv zu Straßburg.

[3]) Arch. parl. 38, 66 ff.

Maßregeln Leopolds und schuf sich so die Möglichkeit einer leiden=
schaftslosen Erörterung.

Von den Darlegungen Merlins, mit welchen man sie zunächst
vergleichen wird, unterschied sich dieselbe vor allem durch den Ver=
zicht auf die Verwendung der zweifelhaften Sätze des revolutionären
Völker= und Staatsrechts, welche dort zur Beseitigung des Vertrags
von Münster und der aus ihm entspringenden Verpflichtungen in so
breiter Ausführlichkeit zur Anwendung gebracht worden waren. Der
Historiker verschmähte solche schlechten Advokatenkünste und bewegte
sich durchaus auf dem Boden der Friedensschlüsse. Ein solches Ver=
halten fiel ihm um so leichter, als er für den alten Satz, daß 1648
die Souveränität über ganz Elsaß an Frankreich gelangt sei, einen
völlig neuen und darum im ersten Moment äußerst schlagenden Be=
weis vorzubringen vermochte. Koch zum erstenmal machte bei dieser
Gelegenheit von der im Pariser Archiv zu seiner Kenntnis gelangten
Cessionsurkunde von Kaiser und Reich über das Elsaß[1]) Gebrauch,
indem er daraus jenen Passus vortrug, in welchem der Ausdruck
„provincias Alsatiam utramque" vom dem Objekt der Abtretung
vorkommt. Man kann die Wirkung dieser Enthüllung aus der Hal=
tung von Stupfel ermessen, welcher das Argument, weil er nicht
wußte, daß zuvor in derselben Akte zweimal die gewöhnliche Bezeich=
nung Landgraviatus superioris et inferioris Alsatiae Suntgovia, genau
wie im Hauptvertrag selbst steht, für schlechtweg entscheidend ansah
und ihm eigentlich nur den wenig verhüllten Einwand der Fälschung
entgegenzuhalten wußte.[2]) Begründete Koch so die französische Sou=
veränität über ganz Elsaß tiefer und scheinbar unwiderleglicher, als
je einem seiner Vorgänger gelungen war, so gab er andererseits auch
die Garantie der fürstlichen Rechte durch die Verträge unumwunden
zu. Freilich verstand er es, diesem Satze doch sofort wieder seine
Spitze durch den anderen abzubrechen, daß jener Schutz der Friedens=
schlüsse nur soweit reiche, als diese Rechte mit der Souveränität
Frankreichs vereinbar seien. Da nun die Feudalrechte für unvereinbar

---

[1]) Dieselbe ist abgedruckt bei Vast, les grands traités du règne de Louis XIV,
I, 58 ff. Koch hat die von ihm zitierte Stelle später in seinem abrégé de l'hist.
des traités de paix I, 154, n.** selbst zuerst publiziert; vgl. Schöll I, 403 ff.

[2]) [Stupfel], Widerlegung des gutächtlichen Vortrages, 1792.

mit derselben erklärt wurden, hat Frankreich Macht, sie aufzuheben ohne daß dem Kaiser ein Einspruch zukäme, muß jedoch die Inhaber entschädigen, soweit sie wirklich Fremde und nicht, wie Rohan oder die Reichsritter, Franzosen sind und in der Nationalversammlung mitgestimmt haben. Darum soll also, so lautete Kochs Antrag, der König die Verhandlungen fortsetzen und für eine billige Entschädigung sorgen.

Die gewandte Erörterung blieb nicht ohne Eindruck; der Deputierte Dümolard umarmte den Redner, welchen er den Lehrer der Versammlung nannte, auf der Tribüne.[1]) Aber der Beschluß wurde jetzt ebenso, wie nach Rühls Bericht vertagt. Als die Versammlung am 25. Februar und 1. März auf die Angelegenheit zurückkam,[2]) warnte nur der Abgeordnete Vaublanc, welchen Mercy seinem Chef gelegentlich ausdrücklich als eine gemäßigtere Persönlichkeit bezeichnete,[3]) im Sinne Kochs vor einer Beleidigung der Fürsten; alle übrigen Redner, Mailhe, Pastoret, Lasource hielten an der Fixierung eines Termines fest.

Ehe indes irgend etwas entschieden war, erfolgte am 20. April die französische Kriegserklärung an den jungen König von Ungarn und Böhmen. Die Entschädigungsverhandlungen sind dadurch freilich nicht sogleich abgeschnitten, sondern im Zusammenhang mit den auf die Neutralität des Deutschen Reiches gerichteten Bestrebungen z. B. mit Zweibrücken fortgesetzt worden. In dem Maße aber, in welchem der Reichskrieg näher und näher rückte, mußten sie verstummen: als eben Zweibrücken zu Ende des Jahres eine Entschädigung für seine Forstschäden forderte, antwortete der Konvent am 16. Dezember 1792 auf Thuriots Antrag mit dem Widerruf aller Entschädigungsdekrete,[4]) woran sich im nächsten Jahr die vollständige Depossedierung der Fürsten reihte. Ihre Ansprüche waren in dieser Form tot und erstanden erst wieder in ganz anderer Art in Rastatt und Lunéville.

---

[1]) Autobiographie Kochs, Papiere Bd. I.
[2]) Arch. parl. 39, 89, ff; 234 ff.
[3]) Glagau 201, n. 2.
[4]) Monit. XIV, 762.

Siebentes Kapitel.

Der Einfluß der Elsässersache auf den Ausbruch der Revolutionskriege.

Es ist gewiß kein Zufall, daß sich an alle großen Ereignisse von weltgeschichtlicher Bedeutung auch sehr tiefgreifende wissenschaftliche Kontroversen angeschlossen haben; denn für ihre Beurteilung genügt regelmäßig die Betrachtung im einzelnen nicht, sie nötigen den Historiker, seine ganze Weltanschauung an ihnen zu entfalten und führen dadurch zu Gegensätzen, bei welchen eine Verständigung unter den unmittelbar Beteiligten für gewöhnlich ausgeschlossen ist, weil ihre Ansichten untrennbar mit ihrer Persönlichkeit selbst zusammenhängen und darum kein Teil den anderen zu widerlegen und zu überzeugen vermag.

Ich glaube freilich nicht, daß die Meinungsverschiedenheit, welche zwischen Ranke und Sybel über den Ausbruch der Revolutionskriege entstand, in Wahrheit so unausgleichbar war, wie sie damals dem Meister der neueren deutschen Geschichtschreibung und seinem größten Schüler vorkommen wollte, obwohl es leicht begreiflich ist, daß ihnen selbst dieser Eindruck überwog.

Sybels Auffassung [1]) gewinnt ihre Bedeutung hauptsächlich als Reaktion gegen die französische liberale Theorie der ersten Hälfte des Jahrhunderts; indem er die Legende von dem legitimistischen Komplott der europäischen Kabinette gegen die unschuldige Jugend der konstitutionellen französischen Monarchie zerstörte und sich selbst und anderen ein dem bisher gewohnten ganz entgegengesetztes Bild entwarf, stand er persönlich unter dem starken Eindruck dieser Entdeckung; die Folge

---

[1]) Vgl. darüber auch die Einleitung Parrentrapps zu Sybel, Vorträge und Abhandlungen, 61 ff.

war, daß er sie überall in die schärffte Formulierung kleidete und der geschlagenen, überwundenen Ansicht überhaupt keine Berechtigung und folglich auch in seiner Darstellung keinen Raum mehr gönnte. Uns Nachlebenden ist es ein leichtes Verdienst, die schwache Seite an Sybels Satz einzusehen, daß die Eröffnung der Revolutionskriege ein Akt freien Willens der französischen Gewalthaber allein gewesen sei. Offenbar bleibt dabei das erregende Bewußtsein des Gegensatzes, in welchem sich das neue französische Staatswesen zu Europa setzte, ganz unberücksichtigt; und doch ist kein Zweifel, daß sich die Nation eben dadurch aufrichtig bedroht glaubte, daß sie aus dem Rahmen des alten Systems so vollständig und nach Prinzipien allgemeinster Natur heraus= getreten war: der Gedanke der Repression von seiten der alten Ge= walten lag ihr nicht ferner und konnte ihr nicht unnatürlicher erscheinen, als die Idee der eigenen Propaganda.

Einem Manne, wie Ranke, der so durchaus in der Anschauung der allgemeinen Gegensätze lebte, war es unmöglich, diese Seite der Frage zu übersehen; um so unmöglicher, da die Auffassung der einzelnen Persönlichkeit als ausschließlich treibende Kraft in der Geschichte auch seinen grundsätzlichen Begriffen nicht entsprach. Und so entstand jenes Buch, dessen Tendenz niemand besser charakterisiert hat, als der Gegner, welchen es bekämpfte. Auch die Meinung Rankes ist doch nicht, wie er mit wohlberechtigtem Selbstgefühl hatte hoffen mögen,[1]) die allgemein= gültige, über den Streit der Parteien hinausgehobene Ansicht geworden, sondern ihrerseits ebenfalls ein Widerspruch geblieben und darum der Gefahr der Einseitigkeit nicht entgangen; so fast willenlos, dem Schick= sal folgend, stießen die beiden Gewalten doch nicht aufeinander, wenn man auch die Folgen noch so hoch anschlägt, welche der Bruch mit allen Traditionen der Vergangenheit in Frankreich nach sich ziehen mußte.

Offenbar haben Ranke und Sybel nicht so sehr einander aus= schließende, sondern sich vielmehr innerlich ergänzende Gedanken vor= gebracht; ein Gefühl, das sie selbst vielleicht bisweilen ebenfalls empfinden mochten, das aber praktisch bei der überaus scharfen Fassung beider Ansichten so gut, wie wirkungslos blieb. Es war Sorel beschieden, beide Auffassungen bis zu gewissem Grad in sich zu ver=

---

[1]) Ranke, Ursprung der Revolutionskriege, Vorrede; vgl. Barrentrapp l. c. 145.

föhnen. Ganz entschieden überwiegt aber in diesem Prozeß bei ihm Rankes Einfluß [1] und nicht zum wenigsten gerade in der Frage, welche uns hier besonders beschäftigt. Sorel ist der einzige, welcher ihrer Einwirkung auf den Ausbruch der Revolutionskriege besonders nach= gegangen ist.[2] Ihm scheint dieselbe eine ganz außerordentlich große zu sein. Er erblickt in dem Streit der Reichsfürsten mit Frankreich einen Zwist, der mit Notwendigkeit zum Kriege führen mußte; denn beide Parteien trennte ebensowohl eine unvereinbare Rechtsauffassung, das Vermächtnis früherer Jahrhunderte, als jetzt, in der Gegenwart, ein grundverschiedener Staatsbegriff und durchaus heterogene Grund= lagen des öffentlichen Lebens.

Auf das Verhalten der Stände angewendet, führt diese Meinung — Sorel selbst hat die Konsequenz nicht gezogen, weil die Nuancen der ständischen Politik von der Höhe seines allgemeinen Standpunktes ihm mit Recht verblaßt erschienen — ich sage, Sorels Ansicht führt zu einer entschiedenen Billigung der Politik Bischof Augusts von Speyer. War der Gegensatz wirklich so unversöhnlich, dann hat der streitbare Prälat allein richtig gehandelt, als er jedes Abkommen zu= rückwies, welches nicht einfach die Dinge auf den Stand vor dem 4. August 1789 zurückversetzte, und den Krieg dem Kompromiß vorzog.

Werden wir aber selbst auf Grund einer genaueren Kenntnis der elfäffischen Entwickelung und besonders der thatsächlichen Lage der Stände beim Ausbruch der Revolution Sorel beipflichten können?

Zwei Betrachtungsweisen müssen hier, so scheint es mir wenig= stens, von Anfang an streng geschieden werden, die formal juristische und die politische.

Die Rechtsfrage lag sicherlich zu gunsten der Mehrzahl der klage= führenden Stände und der von August verfochtenen Prinzipien. Wenn es richtig· ist, daß Frankreich niemals vor der Revolution einen völkerrechtlich unanfechtbaren Rechtstitel auf ganz Elsaß zu erlangen vermochte, und daß ferner die Unterwerfung der Stände eine freiwillige und bedingte war, dann scheint der Widerstand der Reichsfürsten gegen die Revolution rechtlich durchaus begründet. Die Lettres

---

[1] Barrentrapp, l. c. 146.
[2] Sorel, l'Europe et la révolution française, vor allem II, 77—81; 95—99 u. ö.

patentes enthielten freilich die Klausel, daß der König die ständischen
Rechte nur unbeschadet seiner Souveränität, und nur so weit sie mit
derselben vereinbar wären, bestätigte; aber auf der anderen Seite
folgt doch gerade aus dem Wesen dieser Abmachungen, daß die könig=
liche Souveränität niemals mit jenen Rechten in ihrem vollen Um=
fang als grundsätzlich unverträglich gelten sollte. Grenzstreitigkeiten
waren zwischen König und Ständen möglich, ein Kampf um Sein
oder Nichtsein aber ausgeschlossen. Vielleicht tritt darum Sorel den
Ständen doch etwas zu nahe, wenn er mit beißendem Spott den
Kontrast zwischen ihrer Unterwürfigkeit gegen Frankreich, so lange es
ihre Rechte beobachtete, und ihrem in Not und Gefahr plötzlich hell
aufbrennenden deutschen Reichspatriotismus hervorhebt. Nicht die
einzelnen südwestdeutschen Höfe darf man dafür verantwortlich machen;
sie waren das Opfer ihrer Lage: zwischen Frankreich, das sie bedrohte,
und dem Reich, welches sie nicht mehr schützte, eingeklemmt, mußten
sie entgegengesetzte Anschauungen so gut als möglich zu vereinigen,
übrigens aber jedes Mittel zu ihrer Erhaltung zu gebrauchen suchen.

Erklärt sich die Unterwerfung und hernach der Protest der Fürsten
auf diese Weise widerspruchslos, so ist auch die Haltung der National=
versammlung durchaus durchsichtig. Sie gab sich ganz den Ideen
der französischen Souveränität über die Provinz hin; Ludwig XIV.
lebte darin in seinen Todfeinden fort, sein Geist redete gleichsam von
der Tribüne dieses Hauses, welches sein Werk als ganzes in Trümmer
schlug. Es ist, wie Sorel sagt: die Versammlung glaubte ganz
innerhalb der Grenzen Frankreichs zu bleiben, wenn sie ihre Dekrete
auch im Elsaß vollziehen ließ. Den Inhalt derselben so zu bestimmen,
wie sie wirklich that, hielt sie sich eben kraft der Souveränität für
berechtigt, welche in diesem Augenblick in Frankreich vor allem als
das Recht der freien nationalen Selbstbestimmung in den Fragen des
öffentlichen Rechtes gegenüber dem Ausland erschien.

Und hier gab es auch keinen vermittelnden Ausweg. Es ist die
Lehre, welche wir aus den Ereignissen seit 1787 und dem Verhalten
schon der Provinzialversammlung, noch mehr aber ihrer Zwischen=
kommission zu ziehen haben, daß für die deutschen Reichsstände kein
Raum mehr innerhalb der französischen Grenzen blieb. Das Kom=
promiß, welches sie einst mit der Monarchie eingegangen waren, löste

sich, da deren ganze feudale Organisation selbst zerfiel; mit den ersten Vorboten der nahenden Revolution erhebt sich auch der alte Streit um das Elsaß von neuem.

Hielten beide Parteien fest an dem, was sie Recht nannten, so war keine Verständigung denkbar. Mußten sie dies aber notwendig nach der Lage ihrer Interessen thun, oder durften sie nicht auch politischen Erwägungen Raum verstatten?

Vergegenwärtigen wir uns, um eine Antwort auf diese Frage zu finden, nochmals einen Augenblick, was die Revolution im Elsaß zu gewinnen, die Stände und Ritter dort zu verlieren hatten!

Frankreich erhob den Anspruch, die Provinz unbedingt und unmittelbar in den nämlichen Formen zu beherrschen, welche soeben für das ganze Königreich aufgestellt worden waren. Und in der That, wurde einmal der französische Staat nach den Grundsätzen der reinen politischen Vernunft neu aufgerichtet, dann war eine Ausnahme von den allgemein gültigen Institutionen an irgend einem Punkte schlechthin undenkbar; die Revolution konnte Frankreich, ohne sich selbst untreu zu werden, nur bis in das letzte elsässische Dorf oder gar nicht beherrschen. Was Ternant einst Edelsheim erwiderte, war Wort für Wort unwiderleglich und wahr; keine französische Regierung war stark genug dazu, das Königreich einer revolutionären Umgestaltung zu unterwerfen und doch gleichzeitig die Feudalrechte im Elsaß zu schützen. Im Grunde genommen erstrebte aber Frankreich damit, wenn auch vielleicht in diesem Augenblick sich selbst nicht völlig klar bewußt und sozusagen auf einem Umwege, doch erst das Ziel, welches der Nationalversammlung selbst allerdings, wie berührt, bereits erreicht schien, den Abschluß des von Ludwig XIV. thatsächlich unvollendet hinterlassenen Werkes. Die förmliche Anerkennung der französischen Herrschaft durch die Reichsstände war einst dem König und seinen Nachfolgern wichtig genug gewesen, um dafür die unmittelbare Bethätigung ihrer Souveränität in mannigfacher Weise einzuschränken; so schwach jene Gewalten auch waren, sie bildeten doch ein Jahrhundert lang noch ein letztes Bollwerk gegen die Assimilierung der Provinz mit Frankreich. Jetzt vergaß die Konstituante diese bedingte Grundlage der französischen Oberhoheit, sie glaubte sie gleichsam resorbiert in der großen, gewaltigen Thatsache eines hundertjährigen

Besitzes. Indem sie in dieser Überzeugung die garantierten Rechte der Stände und Ritter vernichtete, galt ihr Streich in erster Linie auch hier nur dem Feudalstaat; aber der Stoß drang, wie Hamlets Degen= stich, durch diese dünne Decke und traf dahinter die Hauptsache selbst, die deutsche Sonderstellung eines großen Teiles der alten Provinz Elsaß im ancien Regime. Eine starke Empfindung wenigstens davon gieng auch durch die Reihen der Nationalversammlung, sie fühlte als das Resultat ihres Thuns die völlige Einverleibung der Land= schaft in das Königreich.

War nun das Opfer, welches Frankreich hiermit den Fürsten zumutete, wirklich so unermeßlich, so empfindlich für ihre ganze Existenz? Auf den ersten Blick möchte es freilich so scheinen. Ihre Gerechtsame flossen ganz überwiegend aus der Gerichtsherrschaft und der Territorialhoheit; gerade diese aber zertrümmerte die Revolution, welche von den drei Grundpfeilern der patrimonialen Gewalt nur einen einzigen, die Grundherrschaft, halb aufrecht ließ, sie, die echte Vollstreckerin des Testaments jener Physiokraten, deren Ruf stets Tod der persönlichen, außerstaatlichen Abhängigkeit, aber Ehre und Schutz dem Eigentum gelautet hatte. Es schien, wie ein Stoß in den Mittel= punkt der Herrschaft unserer Stände; aber es schien nur so. Wir erinnern uns, daß von einer eigentlich selbständigen obrigkeitlichen Stellung bei ihnen nicht mehr die Rede sein konnte; schon die abso= lute Monarchie hatte sie unter die unbedingte Botmäßigkeit der Be= amten gebracht. Die Klarblickenden unter ihnen verbargen sich das Ende ihrer alten Machtstellung nicht: ein Hinabsteigen von der Höhe der gesetzgebenden Gewalt auf deren tiefste Stufe nannte Zweibrücken jene vielfach beengte Verordnungsbefugnis, deren sich der Pfalzgraf noch erfreute; [1] der badische Geheime Rat Schlosser aber sprach nur mit Verachtung von den „honorifica, die nicht honorifique, sondern vielmehr unter der fürstlichen Dignität herabgewürdigt sind". [2] In

---

[1] „c'étoit descendre du haut de l'echelle de la législation à l'échelon le plus bas que d'être borné à de simples reglements de police qui encore resteront sans force à moins d'être discutés avec les gens du Roi et homo- logués ensuite en pleine assemblée du Conseil Souverain de Colmar", Akten B A O E. E. Rappoltstein. Extrad. Münch. 1888. III. 19. g.
[2] P C K F I, 300, Nr. 346.

der That war den Fürsten auch von ihren öffentlich=rechtlichen Be=
fugnissen nur der nutzbare Teil wirklich geblieben.

Allerdings hatte diese in allen Fällen gleichmäßig gegebene That=
sache doch nicht überall die nämliche Bedeutung; vielmehr unterschied
sich die Lage der Reichsfürsten im engeren Sinn ganz außerordentlich
von derjenigen der im Elsaß residierenden Stände und der Reichsritter.
Die elsässischen Besitzungen der ersten Gruppe bildeten nur ein An=
hängsel ihrer unzweifelhaft dem Reich angehörigen Territorien, auf
denen ihre politische Stellung beruhte. Die im Elsaß residierenden
Stände und die Ritter dagegen waren thatsächlich weit schwerer be=
troffen, sie erlitten eine vernichtende Veränderung ihrer Gesamtlage,
wenn sie aufhörten, Gerichtsherren zu sein: aber sie waren wieder
dem Reich so total entfremdet, daß sich für den Abt von Murbach
und den Bischof von Straßburg oder auch für die Wurmser und
Zorn allein in Regensburg nie eine Feder geregt hätte.

Es bleibt kein Zweifel, daß das von der Konstituante verfolgte Ziel
politisch als das weitaus besser berechtigte erscheint. Mochte die Be=
seitigung der reichsständischen und ritterlichen Rechte landes= und ge=
richtshoheitlicher Natur samt der ganz nichtssagenden Leibeigenschaft
immerhin einen formalen Rechtsbruch bedeuten, sie entsprach doch dem
Gang, welchen die Entwickelung bisher im Elsaß eingeschlagen hatte,
und deren Tendenz offenbar zunächst, in jener Epoche, die vollständige
rechtliche Vereinigung der Landschaft mit Frankreich war; es waren
innerlich abgestorbene, ihrer Bedeutung zumeist entkleidete Rechte,
welche der neu belebten nationalen Kraft Frankreichs hier zum Opfer
fielen.

Wenn nun die reellen Interessen beider Teile so beschaffen waren,
wie eben dargelegt wurde, welche Konsequenzen mußten dann daraus
entspringen?

Offenbar war Frankreich eher in der Lage, mit einem in Neben=
punkten entgegenkommenden Vermittelungsplan aufzutreten, als die
Stände; diese Einsicht hat sich auch in Paris ziemlich bald Bahn
gebrochen und zu dem Entschädigungsanerbieten geführt. Die Ver=
sammlung legte mit diesem Beschluß dem Land ein Opfer auf, welches
zwar den eben herrschenden Grundsätzen völlig widersprach, mit dem
sie aber in der Hauptsache den Sieg gewann und zugleich einen Krieg

vermied, welchen wenigstens zur Zeit des ersten Auftretens dieses Planes auch in Frankreich noch niemand ernstlich wünschte. Viel mehr ließ sich gegen den Vorschlag von deutscher Seite ein= wenden. Selbst wer die schweren Bedenken unterdrückte, welche die sonderbare Lehre der französischen Politiker von der Rechtsgültigkeit internationaler Verträge jedem Staatsmann einflößen mußte, und seine Kritik nur auf die eben vorliegende Frage beschränkte, mußte daran Anstoß nehmen, daß die Annahme so, wie das Anerbieten geschehen war, die prinzipielle Anerkennung der französichen Souveränität in sich schloß, wenn auch nur in dem Moment, da man sich ihren Griffen wieder entwand; die ganze Wucht der so lange mühsam aufrecht er= haltenen, viele Jahre schlummernden, jetzt neu belebten deutschen Rechts= ansicht von der Illegitimität der französischen Herrschaft im Elsaß fiel dagegen schwer ins Gewicht. Und die Zusage bedeutete weiter auch die Gutheißung der Revolution, welche jener Souveränität eben einen neuen Inhalt gab. Ich weiß aber doch nicht, ob man insbesondere den letzten Umstand für so entscheidend halten muß, wie er Sorel erschienen ist. Der Fall des Feudalsystems in Frankreich hat auf Deutschland unmittelbar keine sehr erschütternde Wirkung ausgeübt; in den Bruchsaler Unruhen und einigen wenig erheblichen Aufläufen im Badischen entlud sich die ganze hier vorhandene revolutionäre Leidenschaft, das Treiben der Mainzer Klubbisten und der Pfälzer Patrioten wagte sich erst unter dem Schutz der französischen Waffen an den Tag. Ob nun eine Nachgiebigkeit der Reichsstände hinsichtlich ihrer elsässischen Besitzungen die Erregung in ihren deutschen Territorien wirklich ge= steigert hätte, scheint durchaus zweifelhaft. Andererseits darf man vielleicht im Gegenteil daran erinnern, daß einen Teil wenigstens von dem, was die Revolution jetzt in Frankreich durchführte, die Beseitigung ständischer Privilegien, einen reineren und energischeren Begriff des Staates, eine ganze Generation geistreicher Fürsten auch auf deutschem Boden schon längst erstrebt hatte und in diesem Sinn die Revolution in Deutschland bei ihrem Beginn entschiedene Sympathie fand. Ohne Zweifel gab es allerdings von Anfang an einige Umstände, welche auch jene Herrscher bedenklich machen mußten. Bei aller theoretischen Vorliebe für freie, sittlich verantwortliche Staatsbürger war, um nur eines hervorzuheben, auch ein Regent, welcher die typischen Züge seines

Zeitalters so vollständig in seinem Wesen vereinigte, wie der badische Karl Friedrich, doch ein sozusagen naiver, selbstverständlicher Absolutist, welcher das demokratische Element der Bewegung, sobald es sich aus Thesen der gelehrten Spekulation in praktische Säße des öffentlichen Rechtes umwandelte, nicht viel weniger entschieden von sich wies, als Landgraf Ludwig IX. dereinst jene Attentate der Zwischenkommission.

Allein alledem stand die auch in den Kreisen unserer Fürsten sehr verbreitete und tief eingewurzelte Überzeugung von der über= wältigenden Kraft der Revolution gegenüber. Immer wieder stößt man in ihren Briefen auf überraschend richtige und einsichtige Urteile über die Zwangslage der französischen Regierung, wie der National= versammlung selbst, und die Notwendigkeit, ihr Rechnung zu tragen. Und so ganz fremdartig konnte den Ständen schließlich das ihnen angesonnene Projekt nicht erscheinen! Wenn die Fälle des Verkaufs einzelner Territorialsplitter im achtzehnten Jahrhundert auch nicht mehr besonders zahlreich sind, so kommen sie doch immer wieder da und dort vor; und etwas anderes, als den Verkauf ihrer Herrschaften mutete ihnen Frankreich ja nicht zu. Daß der König der Operation bald diese Ausdehnung geben wollte, bedeutete sogar eine erhebliche Erleichterung derselben für die Fürsten. Solange nur von einfacher Entschädigung für die aufgehobenen Rechte die Rede war, welche sie als bloße Großgrundbesitzer unter französischer Hoheit zurückließ, konnten sie bei der demokratischen Zusammensetzung der neuen französischen Behörden viele Unannehmlichkeiten voraussehen, welche ihnen das ganze Projekt entleiden mochten; der Verkauf der Herrschaften selbst schnitt das alles ab.

Und welche Unterstützung fand diese Betrachtungsweise in der allgemeinen Lage der Dinge! An ihrer eigenen materiellen Ohnmacht haben die Stände ehrlicherweise nie gezweifelt, sie zitterten insgeheim alle vor der Kriegsgefahr.

Ebenso erkannten sie frühzeitig die Abneigung der deutschen Groß= mächte gegen eine nachdrückliche Verteidigung ihrer Rechte. Daß weder Preußen noch vollends Österreich, von Hannover=England ganz zu geschweigen, die Elsässersache an sich zum Kriegsfall zu machen wünschten, ist wohl unbestreitbar. Kaunitz' erster Gedanke war ge= wesen, diese Verwickelung so schnell als möglich abzuschneiden, und zu diesem Zweck war dem Staatskanzler, sowie Mercy das Entschädigungsprojekt als ein durchaus geeignetes Mittel erschienen. Überall hatte er dann zur Ruhe gemahnt und erst in dem Augenblick, als allgemeine politische Erwägungen zum Zusammenstoß zu treiben schienen, der Klage der Fürsten eine momentane Aufmerksamkeit geschenkt, welche sich charakteristischer Weise mit der Abnahme der Konfliktsgefahr sogleich wieder verlor. Etwas temperamentvoller in Einzelheiten und ermutigenden Versicherungen hatte doch auch die Regierung Friedrich Wilhelms II. im Wesentlichen die nämliche Linie eingehalten.

Konnten die Geschädigten darum auf keinen fremden Beistand rechnen, so war umgekehrt auch nicht anzunehmen, daß das Reich ihnen bei einer friedlichen Behandlung der Streitfrage von sich aus in den Arm fallen würde; dies geschah erst, als es von einigen der Beteiligten dazu gezwungen wurde. Seine Rechte waren wohl ein Mittel für andere, es in den Kampf hineinzuziehen, aber keine Nötigung zu diesem Entschluß; so gut die früheren Verträge und die Annahme der Lettres patentes ignoriert worden waren, konnte auch ein neues Abkommen gebuldet werden, wenn schon zugegeben werden muß, daß dieses das früher immer noch erhalten gebliebene Objekt des deutschen Anspruches jetzt zerstört hätte. Verbarg man sich doch auch im Reich die Gewalt der einfachen Thatsache nicht, daß Frankreich seit einem Jahrhundert über das Elsaß eine immerhin illegitime, aber gänzlich unbestrittene Herrschaft ausgeübt hatte, wie Edelsheim gelegentlich dem speyerischen Nachbar unverblümt zu bedenken gab![1]

Es ist gar nicht zu leugnen, daß die ruhige Abwägung dieser Momente und die nüchterne Beurteilung der eigenen Interessen bei unseren Fürsten einen ungewöhnlich vorurteilslosen Sinn, Blick für die wirklichen Machtverhältnisse und nicht zum wenigsten die Kraft der politischen Selbstüberwindung voraussetzte; denn schließlich blieben sie doch der verlierende Teil und jedermann kennt die Macht der Tradition gerade in diesen Kreisen. Ich meinerseits möchte derartige Fähigkeiten einem Manne, wie dem Herzog Karl Eugen von Württemberg, oder auch der vorsichtigen Natur Karl Friedrichs von Baden an sich wohl zutrauen. Doch sind wir zum Glück nicht auf ein stets

---

[1] P C K F I, 372, Nr. 365; vgl. das S. 188 Anm. 2 zitierte Gutachten Schlossers vom 19. Juni 1790.

subjektives Urteil über Charaktere angewiesen, sondern vermögen uns auf Thatsachen zu berufen.

Das entscheidende ist, daß die weltlichen Stände mit Ausnahme des ebenfalls nicht gleichmäßig unerschütterlichen Landgrafen von Darmstadt und des unschlüssig schwankenden, innerlich die Verständigung gleichfalls herbeisehnenden Baden dem Entschädigungsplan in Wirklich=keit nicht bloß eine freundliche Aufnahme bereiteten, sondern fast sämtlich im vollen Ernst in die Verhandlung eintraten und dieselbe in einigen Fällen sogar zum Abschluß brachten. Ohne Zweifel sind sie selbst die besten Richter über die Möglichkeit oder Unmöglichkeit einer Verständigung: wenn ihr Urteil im ersteren Sinne lautet, haben wir kein Recht mehr, zu widersprechen.

Freilich ist nun die Entschädigungsverhandlung in den meisten Fällen vollständig gescheitert. Aber dieser Ausgang zeugt nicht gegen sie, sondern ist wesentlich durch das geringe Geschick herbeigeführt worden, mit welchem Montmorin, freilich unter Umständen von un=gewöhnlicher Schwierigkeit, die Angelegenheit betrieben hat. Während offenbar alles an einem schnellen Abschluß gelegen war, welcher der einmal überwundenen gefühlsmäßigen Betrachtungsweise keine Zeit mehr zum neuen Erstarken ließ, steifte sich der Minister darauf, daß die prinzipielle Zustimmung der Stände der sachlichen Erörterung vorausgehen müsse. Darüber verfloß die Zeit, auf beiden Seiten wuchs im Gegenteil eine allgemeine Erregung heran, man ward sich des allgemeinen Gegensatzes immer lebhafter bewußt, der Zustand der französischen Finanzen wurde täglich hoffnungsloser und damit die Wahrscheinlichkeit, daß Frankreich die Entschädigung wirklich leisten könnte, stets geringer.

Das Wichtigste aber war, daß dadurch die Gegenaktion Bischof Augusts Zeit gewann, sich zu kräftigen und zu entfalten. Ich habe oben nur von der weltlichen Seite der Frage gesprochen; wie aber die Revolution durch den freilich schwer zu vermeidenden Umsturz der Kirchenverfassung in fast tragischer Weise vergiftet worden ist, so hat diese Erweiterung der Bewegung auch die Elsässer Sache kompliziert. Für alle Gerechtsame war Ersatz denkbar, nur nicht für die Ver=stümmelung der bischöflichen und der Metropolitanrechte; die Mit=wirkung des Heiligen Stuhles, welche allein den Konflikt verhindern

konnte, war der Natur der Sache nach ausgeschlossen. Man mag es
auch hier beklagen, daß der Fortbestand des geistlichen Fürstentums
in Deutschland ohne weiteres die direkte Verwendung politischer, welt=
licher Machtmittel zur Verteidigung kirchlicher Institutionen gestattete;
persönlich aber wird man Bischof August keinen Vorwurf daraus
machen dürfen, daß er sich dieser Kombination bediente, denn ein
solches Verfahren lag in der Natur der Position, die er einnahm,
und der Ideen, in denen er lebte und leben mußte. Kein Bischof,
auch der kühlste Rechner nicht, war in der Lage, über die Civil=
verfassung des Klerus und die Einziehung des Kirchenguts mit der
Revolution zu paktieren; vielmehr führte hier, bei den geistlichen
Fürsten, die politische Betrachtungsweise zu dem nämlichen Resultat,
wie die formal rechtliche, zu der Ablehnung der Entschädigung.

Krieg nun aber Bischof August mächtig genug, seinen Standpunkt
zum Reichswillen zu erheben, und, weil es für ihn selbst keine Ver=
söhnung gab, auch den übrigen Ständen ein Abkommen zu verwehren?
Wir wissen, daß viel daran fehlte. Wohl erreichte er eine theoretische
Sanktion seiner Doktrin durch das Reich; aber in der Entscheidung
über dessen Handeln siegten Stärkere als er, die deutschen Großmächte.

Die Folge war, daß der ganze Streit im Herbst 1791 einen
ausgesprochen stagnierenden Charakter annahm. Die wichtigsten Ent=
schädigungsverhandlungen stockten, andere aber wurden fortgesetzt, und
auch die ersteren waren nicht in einer Weise abgebrochen worden,
daß eine erneute Anknüpfung schlechthin undenkbar gewesen wäre.
Das Reich hatte zugunsten der unbedingten Restauration jene an=
scheinend kräftige Entschließung getroffen, welche jedoch in Wahrheit
infolge der Passivität der Großmächte nur eine höchst unschädliche
und leere Demonstration darstellte. Man kann zugeben, daß trotzdem
die Entschädigungsverhandlung nach dem Reichsgutachten vom 6.
August schwieriger war, als vorher, und zwar für beide Teile. In
Frankreich konnte dasselbe nur verstimmend wirken, viele Franzosen
mochten sich wirklich durch die tönenden Sätze bedroht glauben, und
eine Gruppe von Politikern fand darin ein bequemes Mittel zur
Steigerung der Leidenschaften; aber es fehlte auch bis zuletzt nicht
an Männern, welche, wie Koch dies that, unermüdlich auf die Be=
deutungslosigkeit der Schritte des Reiches hinwiesen und auf das

Bestimmteste jede Gefahr eines fremden Angriffes in Abrede stellten. Andererseits nötigte in Deutschland der in jener Krise immerhin unliebsam empfundene Vorwurf mangelnder deutscher Reichsgesinnung die Freunde der Verständigung zu einer gewissen Zurückhaltung, wenn sie auch die dem Mainzer von Albini suggerierte Idee, den Reichsfiskal gegen ihre hochverräterische Politik aufzubieten, schwerlich so tragisch aufnahmen, als sie gemeint war.[1]) So lange das Reichsgutachten nicht vom Kaiser bestätigt war, bot doch auch dieser Gruppe das Reichsstaatsrecht selber noch die Möglichkeit zu freier Bewegung dar, und der Fortgang der lokalen Ereignisse im Elsaß sorgte dafür, daß sie immer wieder auf diesen Ausweg zurückkehrten. Täglich steigerten sich die Einbußen, welche sie in ihren elsässischen Besitzungen durch Einnahmeausfälle und Sachschäden erlitten, und immer deutlicher wurde gleichzeitig die geringe Aussicht auf eine Änderung dieser Zustände. Hierin, in den materiellen Verlusten der Stände, lag, wenn ich mich nicht irre, der entscheidende Umstand, welcher ohne den Eintritt anderer Komplikationen auf die Dauer doch den Sieg des Entschädigungsprojektes hätte herbeiführen müssen; denn aus eigener Macht vermochten die Stände Frankreich nicht zur Restauration zu zwingen, fremde Mittel wurden nicht für sie in Bewegung gesetzt, die Nachteile des bestehenden Zustandes aber vermochten sie nicht anhaltend zu ertragen.

Da erhob sich der Streit über die Emigranten. Ranke hat die Aufnahme und Unterstützung derselben in einigen deutschen Territorien als die direkte Folge des Elsässerhandels bezeichnet;[2]) die dort betroffenen Fürsten hätten damit an der ihnen so feindlichen französischen Staatsgewalt gleichsam eine Repressalie üben wollen. Allein die Auswanderer fanden durchaus nicht bei allen, sondern nur bei dreien der beteiligten Höfe Aufnahme. Der eine davon, der Kardinal Rohan, war selbst Emigrant und sein Verhalten darum ganz selbstverständlich; die beiden anderen waren Mainz und Trier, also Stände, welche vorwiegend oder sogar ausschließlich geistliche Rechte verteidigten. Weit weniger die Elsässersache im engeren Sinn als die französische

---

[1]) Vgl. das Schreiben von Nablus an Esebeck vom 8. März 1791. B A O E. E. Rappoltstein. Extrad. Münch. 1888. III. 21.
[2]) Ursprung der Revolutionskriege 125, 156.

Kirchenpolitik hat somit deren Handlungsweise bestimmt, wenn dieselbe wirklich allein dem von Ranke vermuteten Motiv folgte. Gerade der sonst so unversöhnliche Feind der Entschädigungsidee, Bischof August von Speyer, hat sich dagegen von der Unterstützuug der Emigranten im Ganzen durchaus fern gehalten, Darmstadt handelte ähnlich, und ein Staat, wie Württemberg, betrieb die Entfernung dieser lästigen Gäste aus dem schwäbischen Kreise mit größtem Eifer. Ich kann somit nicht finden, daß die Verbindung zwischen den geschädigten Fürsten und der Gegenrevolution eng genug war, um zu der Ansicht zu berechtigen, die Elsässersache habe, sozusagen unter dieser Ver= kleidung, dennoch am letzten Ende, wiewohl indirekt, zum Kriege geführt.

So ist das Ergebnis unserer ganzen Betrachtung dieses Bruch= teiles des großen Problems, um zu der eingangs angestellten Er= örterung zurückzukehren, doch wesentlich im Sinne der allgemeinen Auffassung Sybels ausgefallen. Die Elsässersache war wohl eine schwierige Streitfrage, und dies um so mehr, als beide Parteien ihre Stellung nicht erst frei zu wählen vermochten, sondern durch die Tradition bereits aufs genaueste vorgezeichnet fanden, aber sie war in der Hauptsache kein unlösbarer Konflikt; eine Verständigung war, die gegebenen Menschen und Verhältnisse, wie sie waren, in Betracht gezogen, nicht unmöglich. Daß sie nicht erreicht wurde, lag nicht so sehr an den Bemühungen derjenigen Partei, welche ihr thatsächlich entgegenarbeiten mußte, als an dem freien Verhalten der übrigen Beteiligten, welche freilich auch ihrerseits unter dem großen Druck der Verhältnisse standen.

Ich möchte darum die Angelegenheit der Stände im Elsaß nicht geradezu eine untergeordnete nennen; [1] sie war doch gewiß ein Rei= bungspunkt zwischen den beiden großen Nationen, und wenn ihr Ver= lauf in weit höherem Grad durch den allgemeinen Gang der Dinge bestimmt worden ist, so hat sie ihn doch auch ihrerseits reizend und verbitternd beeinflußt. Noch viel weniger freilich wird man Pfister zustimmen können, [2] der, völlig ins andere Extrem verfallend, mit

---

[1] So neuerdings Glagau, die französische Legislative und der Ursprung der Revolutionskriege, 100.

[2] Pfister, l'Alsace sous la domination française, 25: ils [les possessionés] remplissent l'Allemagne de leurs clameurs; en leur nom, pour leurs intérêts

ungewöhnlich durchsichtiger Tendenz den ganzen Revolutionskrieg mit tönenden Worten als den Befreiungskampf hinstellt, welchen Frankreich für die feudallastbeschwerten, geknechteten Elsässer gegen ihre Ty= rannen ausficht, ein Irrtum, für welchen der Hiftoriker billig die Schuld auf den Politiker Pfister wird abwälzen dürfen. Vielmehr lagen in Wahrheit die Dinge so, daß die Elsässersache durch ihr eigenes Schwergewicht wohl nie zum Zusammenstoß geführt hätte, in der Kombination der allgemeinen Umstände aber den auf ein solches Ergebnis gerichteten Bestrebungen auf beiden Seiten als Werkzeug gedient hat. Nicht Schickung zumeist trieb Frankreich und das Reich gerade in dieser Frage wenigstens gegeneinander, sondern weit mehr die Menschen.

---

lésés, l'Autriche et la Prusse déclarent en 1792 la guerre à la France (!). La France se lève pour défendre l'Alsace contre ces rapacités; c'est pour la délivrance des Alsaciens que tonne le canon de Valmy. Oh! ce jour de Valmy, la fusion est faite. L'Alsace que la France a sauvée de l'oppression féodale lui doit trop pour ne pas l'aimer.

Beilagen.

1.

Die wichtigsten Paragraphen des Westphälischen Friedens über die Abtretung des Elsaß.

§ 73 (75). Tertio, Imperator pro se totaque Serenissima Domo Austriaca, itemque Imperium, cedunt omnibus iuribus proprietatibus .... quae hactenus sibi, Imperio et familiae Austriacae competebant in Oppidum Brisacum, Landgraviatum superioris et inferioris Alsatiae, Suntgoviam, Praefecturamque provincialem decem Civitatum Imperialium in Alsatia sitarum, scilicet Hagenaw, Colmar, Schlettstatt, Weissenburg, Landaw, Oberenhaim, Roshaim, Munster in Valle Sancti Gregorii, Kaisersberg, Turinckhaim, omnesque Pagos et alia quaecunque Iura, quae a dicta Praefectura dependent eaque omnia et singula in Regem Christianissimum, Regnumque Galliarum transferunt, ...

§ 74 (76) [ita ut] Itemque dictus Landgraviatus utriusque Alsatiae et Suntgoviae, tum etiam Praefectura provincialis in dictas decem Civitates et loca dependentia, itemque omnes vasalli, landsassii, subditi .... absque ulla reservatione cum omnimoda jurisdictione et superioritate, supremoque dominio a modo in perpetuum ad Regem Christianissimum Coronamque Galliae pertineant et dictae Coronae incorporata intelligantur ....

§ 87 (89). Teneatur Rex Christianissimus non solum Episcopos Argentinensem et Basileensem cum Civitate Argentinensi, sed etiam reliquos per utramque Alsatiam Romano Imperio immediate subjectos Ordines, Abbates Murbacensem et Luderensem, Abbatissam Andlaviensem, Monasterium in Valle sancti Gregorii Benedicti Ordinis, Palatinos de Luzelstain, Comites et Barones de Hanaw, Fleckenstain, Oberstain, totiusque Inferioris Alsatiae Nobilitatem. Item praedictas Decem Civitates Imperiales, quae Praefecturam Haganoënsem agnoscunt in ea libertate et possessione immedietatis erga Imperium Romanum, qua hactenus gavisae sunt, relinquere: Ita ut nullam ulterius in eos Regiam superioritatem praetendere possit, sed iis juribus contentus maneat, quaecunque ad Domum Austriacam spectabant, et per hunc Pacificationis Tractatum Coronae Galliae ceduntur. Ita tamen, ut praesenti hac declaratione nihil detractum intelligatur de eo omni supremi dominii jure, quod supra concessum est.

2.

Die wichtigsten Geldeinkünfte in den elsässischen Ämtern des Bischofs von Straßburg.¹)

Amt²)	Jahr	Beständ. Renten	Unbeständ.	Judenschutz Bürgergeld	Kapaunen und Hühner	Obergeld loda et reales	Abzug	Frongeld	Todfall	Bußen	Zehnteversteig.	Salz und Eisen	Verkauftes Getreide ec.	Justizgeld	Best	Rückstände	Total
Hohenburg	1782	475	588	—	64	290	—	—	—	1	228	—	13844	—	—	335	15778
Schirmed	1795	200	—	973	—	2624	—	5200	82	267	36	2160	3095	394	762	6957	24664
Zabern u. Rodersbern . . .	1764	308	2215	366	409	12081	—	14640	18	415	—	4930	2798	1357	2537	12938	65419
Dachstein	1788	1068	2444	440	—	9288	—	14751	96	605	—	400	38500	1470	—	42517	119919
Wartolsheim	1780	keine Geldrenten	—	—	4020		—	5805	—	103	—	1400	9026	345	859	3988	25464
Wanzenau	1788	713	—	42	410	6125	—	6300	—	173	—	2	—	1058	479	1976	28377
Benfeld	1788	426	729	845	301	22575	—	25425	42	927	9689	500	27159	1816	4666	14699	114012
Obere Mundat	1764	—	—	—	—	9000	—	14550	—	468	17065	—	—	1506	1645	—	70269

¹) Die Summen verstießen sich in Livres.

²) Vgl. Akten B A U E. G. 266, 295, 2294, 2294, 2526, 2521, 2580, B A O E. G. Ober-Mundat Ausoch. Rechnungen A° 1764.

Die wichtigsten Geldeinkünfte in den größeren unterelsässischen Besitzungen des Hauses Pfalz-Zweibrücken.¹)

Amt²)	Jahr	Beständ. Renten	Unbeständ. Renten	Judenzins Bürgergeld	Kapaunen und Hühner	Ohmgeld et lodes et ventes	Abzug	Brongeld	Zobzoll	Bußen	Zehnte	Salz und Eisen	Verkauftes Getreide ic.	Schatzung	Vert	Rückstände	Total fl.
Büchsweiler	1781	4159	—	21	100	3602	123	2276	78	—	2389	1386	623	1374	569	717	20805
Klee- u. Katharinenburg	1780	1029	—	134	312	25	281	2444	695	268	1403	—	108	—	73	3578	13535
Lützelstein	1788	6908	—	587	300	1621	82	3856	18	32	—	Salz 3320	1	2051	78	1945	37310

In den Ämtern Kleeburg und Lützelstein findet sich überdies noch Manumissionstage im Betrag von 1148 resp. 75 fl. Außerdem ergiebt die Forstrechnung in Lützelstein eine Einnahme von 11506 fl.

¹) Die Summen verstehen sich in Gulden.
²) Vgl. Akten B A U E. E. 388, 405, 492.

4.

Die Einkünfte des Pfalzgrafen in der Grafschaft Rappoltstein und der Herrschaft Bergheim.[1]

Exercices des droit épiscopaux sur les protestans. . .	500 l.
Droit de subsides et les subsides accordés pour Bergheim	6 000 „
Don gratuit pour le mariage des Seigneurs.	1 150 „
Amendes.	10 879 „
Droit du sceau.	1 844 „
Droit de marque des bas	13 „
Reception des bourgeois et manans	622 „
Entrée et sortie à Jebsheim	1 „
Reception et manance des anabatistes	128 „
Reception et protection des juifs	1 949 „
Droit d'émigration	376 „
Droit de tailles	15 722 „
Droit de bourgeoisie à Ste. Marie . . . . , . . .	113 „
Supériorité des musiciens	907 „
Poules de carneval ou de fumée.	584 „
Droit de corvées . . . . :	27 322 „
Droit de péage et pontenage les frais déduits	1 027 „
Droit de lods et ventes	17 427 „
Droit de foires, marchés et fêtes . . . . . . , .	300 „
Droit d'étaux des boucheries	234 „
Droit d'enseigne ou de bouchon	92 „
Droit d'Ohmgeld sur le vin, la bière	7 477 „
Droit de bauvin	491 „
Droit de dépôt et de messurage des grains à Ribeauviller	347 „
Droit du débit de sel	352 „
Droit du chute d'eau	72 „
Droit de chasse	3 464 „
Produit de la canardière de Guemar	648 „
Droit de pêche	1 568 „

---

[1] Vgl. Akten B A O E. E. Rappoltstein. Extrabition München. 1888. III. 19. g. Memoire von 1795. Die Summen verstehen sich in Livres und sind unter Weglassung von Sols und Deniers auf ganze Zahlen abgerundet. Naturgemäß waren hier alle Angaben über in der Revolution erlittene Verluste wegzulassen.

Redevance de pêche appelée Fischweid . . . . . . 12 l.
Droit sur les minéraux. . . . . 3 760 „
  et sur les houilles. . . . . 374 „
Rente d'une carrière à chaux à Ste. Marie . . . . . 6 „
Vente de terre et pierres sur le Communal de Zellenberg 155 „
Produit du fouillage des trufles . . . . 150 „
Droit de glandée dans les forêts communales . . . . 63 „
Dixmes en grains, foins, trefles, navettes. . . . . . 63 113 „
Dixme du sang . . . . 19 „
Droit de bergerie et de colombier . . . . 1 009 „
Droit de colonge. . . . . 61 „
Censes et rentes foncières. . . . . 12 845 „
Fossés des villes . . . . 619 „
Louage de la place à danse à Guemar . . . . . . 34 „
Rente d'une blancherie à Jebsheim. . . . . 44 „
Revenues à Balgan et Rustenhard . . . . 32 „
Cuisson de salin ou Potasse à Thannenkirch . . . . 35 „
Droit de paturage au Val de Ste. Marie et d'Orbei . . 483 „
Herbes et maisons communales à Jebsheim . . . . . 13 „

Verzeichnis
der gedruckten und der ungedruckten Quellen.

A. Ungedruckte Quellen.

I. Akten und Rechnungen.

Bei dem ziemlich großen Umfang der benützten Aktenmasse muß von einer Aufzählung der einzelnen Faszikel Umgang genommen werden; doch soll die folgende Übersicht wenigstens die Verteilung auf die verschiedenen Archive veranschaulichen.

1. Bez. Archiv des Unterelsaß.

Sér. A. Actes du pouvoir souverain.
Sér. C. Intendance d'Alsace.
Sér. E. Comté de Hanau-Lichtenberg; Deux-Ponts; Linange-Dabo; Linange-Oberbronn; directoire de la Noblesse; familles nobles.
Sér. G. Évêché de Strasbourg.

2. Bez. Archiv des Oberelsaß.

Sér. E. Ribeaupierre, insbesondere Extradition München 1888; duché de Mazarin.
Sér. G. Obere Munbat Rufach.
Sér. H. Murbach.
Enregistrement-Protokolle des Hohen Rats.

3. Gen.-Landes-Archiv zu Karlsruhe.

Abteil. Baden. Generalia. Ausland. Beinheim.
Abteil. Bruchsal. Generalia.

4. Archiv des Stiftes zu St. Thomas in Straßburg.

Papiere von Koch.

II. Handschriften.

1. Aus der Kais. Universitäts- und Landesbibliothek. Elsaß.
Hschr. Kat. Barack.

Nr. 408. Mémoires sur l'Estat d'Alsace dressez par Ordre de M. Colbert de Croissy en 1656 et 1657—1660. Kopien.

Nr. 439. Schweighäuser, J., mémoire abrégé sur l'Estat de la province d'Alsace avec une Table chronologique des Intendans de la dite province, depuis qu'elle est Sous la domination de Sa Majesté très chretienne.

Nr. 1013. Beschreibung der Grafschaft Dagsburg . . . . . . den 2ten Januarii ao 1671 durch Mich, Alexander Veithen Kriegsmann, Hochgr. Leining. Hartb. Amtsverwaltern und Ober Fauthen et Notarium. Kopie, Orig. im Dep. Archiv zu Nancy.

2. Aus der Stadt-Bibliothek zu Straßburg. Alsat. Kat. Reuß.

Nr. 38. Mémoire [sur] les baillages de la Basse Alsace que l'on appelle encore baillages contestés.

B. Gedruckte Quellen.

I. Allgemeine Litteratur.

Alsaciens, les illustres. Portraits en photographie avec notes biographiques. Strasbourg 1864 ff.

Archives parlementaires de 1787 à 1860. Recueil complet des débats législatives et politiques des chambres françaises. Paris 1879 ff.

Arneth, A. de et Flammermont, J., correspondance secrète du comte de Mercy-Argenteau avec l'empereur Joseph II. et le prince de Kaunitz. 2 Bde. Paris 1889—91. (Collect. de documents inédits sur l'histoire de France.)

Auerbach, B., la question d'Alsace à la diète de Ratisbonne. (1663—73.) Annales de l'Est III, 309 ff, 1889.

Bachmann, J. H., Pfalz-Zweibrückisches Staats-Recht. Tübingen 1784.

Baquol - Ristelhuber, l'Alsace ancienne et moderne ou dictionnaire topographique, historique et statistique du Haut et du Bas Rhin. 3. Aufl. Strasbourg 1865.

Barth, É., notes biographiques sur les hommes de la révolution à Strasbourg et les environs. Strasbourg 1885. (Extrait de la Rev. d'Als.)

Beaulieu, Dugas de, le comté de Dagsbourg, aujourd'hui Dabo (ancienne Alsace). Paris 1858, 2. Aufl.

Becker, J., die Wirksamkeit und das Amt der Landvögte des Elsaß im 14. Jahrhundert. Zeitschr. f. Gesch. d. Oberrheins. N. F. X, 311 ff.

Beschreibung, geographisch-statistische, der nach dem Friedensvertrag zu Luneville von Deutschland an Frankreich abgetretenen Länder. Regensburg 1803.

Beschreibung, geographische, der Grafschaft Hanau - Münzenberg. Hanau 1782.

Block, M., dictionnaire de l'administration française. 2. Aufl. Paris 1877.

Bobungen, A. v., die vormalige Grafschaft Lützelstein. Straßburg 1879.

Bongeant, P. S. I., histoire des guerres et des négociations qui précédèrent le traité de Westphalie. Paris 1727. 2. Aufl. 1751. 2 Bde.
— histoire du traité de Westphalie. Paris 1751. 4 Bde.

Brindmeler, E., genealogische Geschichte des Hauses Leiningen und Leiningen-Westerburg. Braunschweig, 1890—91. 2 Bde.

Cherest, Aimé, la chute de l'ancien régime. (1787—1789.) 3 Bde. Paris 1884.

Clamageran, J.—J., histoire de l'impôt en France. Paris 1867—76. 3 vol.

Collection générale des decrets rendus par l'Assemblée Nationale. Paris s. a.

Corda, A., le représentant Ruhl à Vitry-le-François. La Révolution Française XXXI, 261 ff, 1896.

Correspondenz, politische, Karl Friedrichs von Baden. 1783—1806. Herausgegeben von der badischen historischen Commission, bearb. von B. Erdmannsdörffer und K. Obser. 4 Bde. 1888—96.

Troilius, G. Chr., Denkmal Carl August Friderichs des Einzigen . . . . mit vorläufigen Beschreibungen der Herrschaft Bischweiler. Zweibrücken 1784—85.

Darmstädter, P., die Befreiung der Leibeigenen (Mainmortables) in Savoyen, der Schweiz und Lothringen. (Abh. a. d. staatswissenschaftlichen Seminar zu Straßburg i. E. Herausgegeben von G. F. Knapp. Heft XVII.) Straßburg 1897.

Darstellung der Verrichtungen der Zwischenkommission der Provinz Elsaß und ihres Einflusses auf den Betrag der Auflagen vom Jahr 1789. Straßburg 1789.

Dumont, J., corps universel diplomatique du droit des gens. Amsterdam und Haag. 1726—31, 8 Bde. Supplement, 5 Bde. 1739.

Eimer, M., die politischen Verhältnisse und Bewegungen in Straßburg im Elsaß im Jahre 1789. Straßburg 1897. (Beitr. z. Landes- u. Volkskunde v. Elsaß-Lothringen. XXIII. Heft.)

Erdmannsdörffer, B., deutsche Geschichte vom Westphälischen Frieden bis z. Regierungsantritt Friedrichs d. Gr. 1648—1740. 2 Bde. Berlin 1892—93.

Esser, J. G., die Waldberechtigungen in der ehemaligen Grafschaft Dagsburg. Straßburg 1894. 2 Bde.

Fischer, D., étude sur l'organisation municipale de Saverne sous la domination des évêques de Strasbourg. Revue d'Alsace. XVI, XVII, 1865—6.
— le conseil de la régence de l'évêché de Strasbourg. Revue d'Alsace XVI, 1865 und sep.
— Recherches sur les revenus de l'évêché de Strasbourg et état de ses recettes et dépenses. Revue d'Alsace N. S. IV, 1875 und sep.
— die ehemalige Herrschaft Romansweiler und Cosweiler im Kreis Molsheim. Zabern 1877.
— Ochsenstein, les châteaux et la seigneurie. Saverne 1878.
— le comté de la Petite Pierre sous la domination palatine. Revue d'Alsace N. S. VIII, IX, 1879, 80 und sep.

Gasser, A., histoire d'une petite ville de la Haute-Alsace. Soultz et son ancien bailliage. Revue d'Alsace 1892 ff.

Gatrio, A., die Abtei Murbach in (!) Elsaß. 2 Bde. Straßburg 1895.

Geschichte und Abhandlungen oder Protokoll der Elsässischen Provinzialversammlung i. J. 1787. Straßburg 1788. (Amtliche Veröffentlichung.)

Glagau, H., die französische Legislative und der Ursprung der Revolutionskriege. 1791—1792. Berlin 1896.

Göcke, R., zur Geschichte französischer Herrschaft am Rhein. 1792. 1793. 1797. Forschungen zur deutschen Geschichte. Bd. 25, S. 203 ff. 1885.

Goepp, Bürger-Ordnung zu Berstett. Alsatia 1854—55, 231 ff.

Goutzwiller, Ch., le comté de Ferrette. 2. Aufl. Altkirch 1868.

Hanauer, les constitutions des campagnes de l'Alsace au moyen-âge. Colmar 1865.

Häuffer, L., deutsche Geschichte vom Tode Friedrichs d. Gr. bis zur Gründung des deutschen Bundes. 4. Aufl., bes. v. H. v. Treitschke. 4 Bde. Berlin 1869.

Helß, J. H., die Dinghöfe im Elsaß, Alsatia 1854—55. 21 ff.

Heitz, F. Ch., l'Alsace en 1789. Strasbourg 1860.

Heitz, F. C., la contre-révolution en Alsace de 1789 à 1793. Strasbourg 1865.

Herrmann, E., diplomatische Korrespondenzen aus der Revolutionszeit 1791—1797. Gotha 1867.

Hoffmann, Ch., la Haute-Alsace à la veille de la révolution. Revue cathol. d'Alsace N. S. III, 593, 700, 721; 1884—5. IV, 43, 128; 1885.

— le droit de nommer les officiers seigneuriaux dans la Haute-Alsace avant la Révolution. Revue catholique d'Alsace N. S. IX, 99, 213, 257, 321, 385; 1890.

Horrer, dictionnaire géographique historique et politique de l'Alsace. Strasbourg 1787.

Häckel, B., histoire des forêts de l'Alsace. Revue d'Alsace 1886—7.

Häffer, H., diplomatische Verhandlungen aus der Zeit der französischen Revolution. 3 Bde. u. 1 Ergänz.-Bd. Bonn 1868—79.

Jacob, K., Die Erwerbung des Elsaß durch Frankreich im Westphälischen Frieden. Straßburg 1897.

Ingold, A., le comté de Thann et la prévôté de Traubach. Bulletin du Musée historique de Mulhouse 1881.

Isambert, Decrusy, Jourdan, recueil général des anciennes lois françaises depuis l'an 420 jusqu'à la révolution de 1789. Paris s. a.

Kiefer, L. R., Steuern, Abgaben und Gefälle in der ehemaligen Grafschaft Hanau-Lichtenberg. Straßburg i. E. 1891.

— Geschichte der Gemeinde Balbronn. Straßburg 1894.

Kirchner, M., Elsaß im Jahre 1648. Ein Beitrag zur Territorialgeschichte. Mit einer Spezialkarte im Maßstab 1 : 320 000. Duisburg 1878. 1880. (Karte.)

Koch, abrégé des traités de paix entre les puissances de l'Europe depuis la paix de Westphalie. Basel 1796. 4 Bde.

Koch, C. G. de, histoire abrégée des traités de paix entre les puissances de l'Europe depuis la paix de Westphalie. Ouvrage entièrement refondu .... par F. Schöll. Bruxelles 1837.

Krug-Basse, M. J., l'Alsace avant 1789 ou État de ses institutions provinciales et locales. Paris 1876.

Lacontrie, D'Agon de, ancien statutaire d'Alsace. Colmar 1825.

Laguille, le P. Louis, S. J., histoire de la province d'Alsace depuis Jules César jusqu'au mariage de Louis XV. Strasbourg 1727.

La Roque, L. de, et Barthélémy, E. de, catalogue des gentilshommes d'Alsace, Corse, Comtat-Venaissin qui ont pris part ou envoyé leur procuration aux assemblées de la noblesse pour l'élection des députés aux Etats-Généraux de 1789. Paris 1865.

Laurain, E., essai sur les présidiaux. Nouvelle revue historique de droit français et étranger. Bd. XIX, XX. 1895, 96.

Lavergne, L. de, les assemblées provinciales sous Louis XVI. Paris 1864.

L[ebebur], L. v., Mittheilungen aus den nachgelassenen Papieren eines preußischen Diplomaten. Bd. 1. Berlin 1868. (Aufzeichnungen von Fr. v. Schladen).

Legrelle, A., Louis XIV. et Strasbourg. Essai sur la politique de France en Alsace. 4mo édition. Paris 1884.

Lehmann, J. G., urkundliche Geschichte der Grafschaft Hanau-Lichtenberg. Mannheim 1862. 2 Bde.

— vollständige Geschichte des Herzogthums Zweibrücken und seiner Fürsten. München 1867.

Lenz, M., ein deutscher Kleinstaat in der französischen Revolution. Preuß. Jahrbücher. Bd. 70, 671 ff, 1892.

Lettres patentes du roi confirmant les privilèges de la Noblesse de la Basse-Alsace en 1779. 1798.

Lorenz, O., u. Scherer, W., Geschichte des Elsasses von den ältesten Zeiten bis auf die Gegenwart. Berlin 1871.

Loyson, A. G., l'Alsace féodale. 1632—1790. Publ. p. E. Reneker, Revue d'Alsace, N. S. I, 41 ff, 145 ff, 1887.

Luçay, de, les assemblées provinciales sous Louis XVI. et les divisions administratives de 1789. Paris 1871.

Ludwig, H., (von Jan), Straßburg vor hundert Jahren. Ein Beitrag zur Kulturgeschichte. Stuttgart 1887.

— die letzte Huldigung des Hanauer Ländels an seinen Landesherrn. (27. bis 29. Mai 1790.) Straßburg 1890.

Ludwig, Th., der badische Bauer im achtzehnten Jahrhundert. (Abh. a. d. staatswissenschaftl. Seminar zu Straßburg i. E. Herausgeg. v. G. F. Knapp. Heft XVI.) Straßburg 1896.

Mards, E., Legrelle, Louis XIV. et Strasbourg, 4. Auflage, Göttinger gelehrte Anzeigen 1885, 114 ff.

Meyer, A., biographies Alsaciennes. 1re—5me série. Colmar 1883 ff.

Mittheilungen, statistische, Heft XXVII, herausg. von dem statistischen Bureau des Kaiserlichen Ministeriums für Elsaß-Lothringen. Die alten Territorien des Elsaß nach dem Stande vom 1. Januar 1648.

Moniteur, l'ancien, réimpression de, depuis la réunion des états-généraux jusqu'au consulat. Paris 1843.

Mossmann, X., la France en Alsace après la paix de Westphalie. Revue histor. 51, 53, 1892.

Mülenheim-Rechberg, H., Frhr. v., die Annexion des Elsaß durch Frankreich und Rückblicke auf die Verwaltung des Landes vom Westphälischen Frieden bis zum Ryswicker Frieden (1648—1697). Straßburg 1887. 2. Aufl. Straßburg 1896. In „Beiträge zur Landes- und Volkskunde von Elsaß-Lothringen", 22. Heft.

Rey, C. E., Geschichte des heiligen Forstes bei Hagenau im Elsaß. (Beitr. z. Landes- u. Volkskunde von Elsaß-Lothringen Heft 8, 12.) Straßburg 1888, 1890. 2 Bde.

Notes d'arrêts du Conseil souverain d'Alsace. Colmar 1742.

Obrecht, U., Alsaticarum rerum prodromus. Argentorati 1681.

Ohl, L., Geschichte der Stadt Münster und ihrer Abtei im Gregorienthal. Vorbruck—Schirmeck 1897.

Doermann, A., die Reichsritterschaft im Unterelsaß bis zum Beginn des dreißigjährigen Krieges. Zeitschrift f. Gesch. b. Oberrh. N. F. XI, 570 ff, XII.

Pfannenschmid, H., G. K. Pfeffels Frembenbuch. Colmar 1892.

Pfeffel, Chr. H., commentarii de limite Galliae. 1785.

Pfister, Ch., le comté de Horbourg et la seigneurie de Riquewihr sous la souveraineté française. (1680—1793.) Paris 1889.

— l'Alsace sous la domination française. Nancy 1893.

— un mémoire de l'intendant Colbert sur l'Alsace 1663. Rev. d'Als. N. S. IX, 1885, 196 ff.

Pillot et Neyremand, de, histoire du conseil souverain d'Alsace. Paris 1860.

Précis des opérations de la commission intermédiaire provinciale d'Alsace jusqu'au quinze février 1789. Strasbourg 1789.

Pribram, A. F., Franz Paul Freiherr von Lisola — 1613-1674 — und die Politik seiner Zeit. Leipzig 1894.

Radius, C. H., de origine, dignitate, juribus etc. illustrissimae comitum Rappoltsteinensium domus. Argentorati 1745.

Ranke, L. v., Ursprung und Beginn der Revolutionskriege 1791 und 1792. 2. Aufl. Leipzig 1879. S. W. Bd. 45.

Rathgeber, J., die Herrschaft Rappoltstein. Straßburg 1874.

— elsässische Geschichtsbilder aus der französischen Revolutionszeit. Basel 1886.

— das Elsaß bei dem Ausbruch der französischen Revolution. Jahrbuch des Vogesenklubs V, 57 ff. Straßburg 1889.

— der letzte deutsche Fürst von Hanau-Lichtenberg. Straßburg 1890.

Recueil d'ordonnances du Roy et règlements du Conseil souverain d'Alsace de 1657—1737. Colmar 1738.

— des édits, déclarations, lettres patentes, arrêts du conseil d'état et du conseil souverain d'Alsace, ordonnances et règlements concernant cette province, avec des observations, par M. de Boug, premier président du conseil souverain d'Alsace. 2 Bde. Colmar 1775.

— des instructions données aux ambassadeurs et ministres de France depuis les traités de Westphalie jusqu'à la révolution française. Tome I. Autriche. p. A. Sorel. Paris 1884.

— de documents relatifs à la convocation des états-généraux de 1789. p. p. A. Brette. (Collect. de doc. inéd.) Paris 1894—1896. 2 Bde.

Reuß, J. A., teutsche Staatskanzley. Bd. 24, 25, 26, 28, 29, 30, 32, 33, 34, 35, 36, 37. Ulm 1790—1799.

Reuss, R., l'Alsace pendant la révolution française. I, II. (Bd. I auch in der revue d'Alsace, nouv. série, Bd. III, IV, 1879, 1880.) 1880, 94.

— Louis XIV. et l'église protestante de Strasbourg. (1685—1686.) Paris 1887.

— la cathédrale de Strasbourg pendant la révolution. Paris 1888.

— documents relatifs à la situation légale des protestants d'Alsace au XVIIIe siècle. Paris 1889.

— l'Alsace au XVIIe siècle. Bd. 1. Paris 1898.

Risler, D., histoire de la vallée de Sainte-Marie-aux-Mines. Sainte-Marie-aux-Mines 1873.

Röhrich, J. W., Mitteilungen aus der Geschichte der evangelischen Kirche des Elsasses. Paris u. Straßburg 1855. 3 Bde.

Rühl, recherches historiques et généalogiques sur la maison de Linange-Dabo. Strasbourg 1789.

Scheid, E., histoire des Juifs d'Alsace. Paris 1887.

Schneider, J., die elsässische Kirche zur Zeit der französischen Revolution. 1892.

Schöpflini, J. D., Alsatia diplomatica, ed. A. Lamey. 2 Bde. Mannheim 1772, 75.

Schott, Th., die Kirche der Wüste. 1715—1787. (Schriften des Vereins für Reformationsgeschichte Nr. 43, 44.) Halle 1893.

Schricker, A., ein Blick in die französische Verwaltung des Elsaß in den Jahren 1716—21. Straßburg 1879.

Schweighäuser, J. G., vie de Chr. G. Koch, redigée au nom du séminaire protestant. Strasbourg s. a.

Sigrist, F., histoire de l'abbaye de Marmoutier et des institutions bénédictines en Alsace. Revue catholique d'Alsace. N. S. 1., 1882/3 — V, 1886.

Sorel, A., l'Europe et la révolution française. 4 Bde. Paris 1893 ff.

Spach, L., le comté de Hanau-Lichtenberg. 1860.

Statuts et priviléges de la noblesse franche et immédiate de la basse Alsace. Strassburg 1713.

Stieve, die Grafschaft Ober-Salm in den Vogesen. Jahrbuch für Geschichte, Sprache und Litteratur Elsaß-Lothringens XI, 7 ff. 1895.

Stouff, L., le régime colonger dans la Haute-Alsace et les pays voisins. Nouvelle revue historique de droit français et étranger. XVII, 45 ff. 1893.

Strobel, A. W., vaterländische Geschichte des Elsasses. (Fortgesetzt von 1789—1815 von L. H. Engelhardt.) 2. Aufl. Straßburg 1851.

Sybel, H. v., Geschichte der Revolutionszeit von 1789—1800. 4. Aufl. 5 Bde. Frankfurt a. M. 1882.

Sybel, H. v., Deutschlands Rechte auf Elsaß und Lothringen. 1871. (Kleine historische Schriften III.)

— Vorträge und Abhandlungen. Mit einer biographischen Einleitung von C. Varrentrapp. (Hist. Biblioth. hrsg. v. d. Redakt. d. Hist. Zeitschr. Bd. 3.) München u. Leipzig 1897.

Tocqueville, A. de, l'ancien régime et la révolution. Paris 1866.

Vauhuffel, M., documents inédits concernant l'histoire de France. Paris 1840.

Varrentrapp, C., die Straßburger Universität in der Zeit der französischen Revolution. Zeitschr. f. Gesch. des Oberrheins, N. F. XIII. 448 ff. 1898.

Vast, H., les grands traités du règne de Louis XIV. (Coll. de textes pour servir à l'étude et à l'enseignement de l'histoire.) Paris 1893.

Véron-Réville, essai sur les anciennes jurisdictions d'Alsace. Colmar 1857.

— histoire de la révolution française dans le département du Haute-Rhin 1789—1795. Paris et Colmar 1865.

Bivenot, A. v., und Zeißberg, H. v., Quellen zur Geschichte der deutschen Kaiserpolitik Oesterreichs während der französischen Revolutionskriege. 1790 bis 1801. Wien 1873—1890. 5 Bde.

Weiszber, H., l'Alsace au commencement du XVIIIe siècle d'après un mémoire inédit de l'intendance. Rev. d'Als. N. S. XI, 433 ff, 1897; XII, 26 ff, 1898.

Weiß, E. Th., Geschichte der rechtlichen Stellung der Juden im Fürstbistum Straßburg. Bonn 1895.

Wenck, Fr. A. G., codex iuris gentium recentissimi. 3 Bde. Leipzig 1781.

Wolf, A., Leopold II. und Marie Christine. Ihr Briefwechsel 1781—92. Wien 1867.

X..., les premières municipalités dans la Haute-Alsace. Rev. cath. d'Als. N. S. XIV, 665 ff, 738 ff. 1895.

II. Bibliographie der publizistischen Litteratur über die Elsässersache.

Ich stelle im folgenden die Titel der mir bekannt gewordenen Nummern, ohne Anspruch auf absolute Vollständigkeit zu erheben, in alphabetischer Anordnung zusammen. Die übergroße Mehrzahl derselben befindet sich auf der Kaif. Universitäts= und Landesbibliothek und stammt hier aus der bekannten Sammlung Heiß; einige wenige Stücke, die auf der Stadtbibliothek Straßburg zum Vorschein kamen, sind durch Zusatz der Chiffre St. B. Str. kenntlich gemacht.

Alsata, Junius, aux membres des départements, districts et municipalités du Haut et du Bas-Rhin. Février 1791. Seconde lettre 1791. Anwendung der Grundsätze unserer vorgeblichen Landesverbesserer. s. L. 1791. St. B. Str.

[Bachmann], Betrachtungen über die dermaligen Verhältnisse im Elsaß, insbesondere in Rücksicht auf die Pfalz=Zweibrückische Besitzungen unter Königlich französischer Hoheit. Von einem Pfälzischen Patrioten. Franki. 1791. Auch französisch unter dem Titel: Considérations importantes sur les droits et les devoirs respectifs de la France et des Etats de l'empire d'Allemagne possessionés en Alsace; et particulièrement sur les rapports des possessions Palatines de Deux-Ponts, sous la souveraineté de la France. Par un publiciste du Palatinat, traduites de l'allemand, par M.... Paris 1792.

Beeinträchtigungen, über die, und Rechtsschmälerungen des unmittelbaren deutschen Reichsadels der drei Ritterkreise, besonders des Ortenauischen Bezirks, von Seiten der französischen Nation. s. l. 1796.

Bemerkungen eines vaterländisch gesinnten Elsässers über die von dem fürstlich=speierschen Hofrathe Herrn Stupfel 1789 herausgegebene Broschüre: Considérations... (Vgl. unter Stupfel.)

nebst flüchtigen Betrachtungen über die gegenwärtige Lage der Elsaßer Angelegenheiten und einige Vorsichten, welche erforderlich sein dürften, um den Beschwerden der betheiligten Reichsstände eine zweckmäßige Abhilfe zu verschaffen. Colmar 1793.

Besitzungen, die, der deutschen Reichsfürsten, Kirchen und Körper im Elsaß vertheidigt gegen die Beschlüsse der französischen National=Versammlung in Betreff der Aufhebung oder Auslösung der aus dem Lehensfystem herrührenden Rechte und Einziehung der geistlichen Güter 2c. 2c. In einer Untersuchung über die Abtretung des Elsasses an die Krone Frankreich. Les possessions.... défendus.... [deutsch und französisch]. Nürnberg und Leipzig 1790.

Betrachtungen über die Zulässigkeit der abseiten einzelner Reichsstände anzugebenden Entschädigungs= oder sonstiger Vergleichs=Unterhandlungen, in Betreff der ihnen im Elsaß und Lothringen zustehenden — und durch die bekannten Beschlüsse der französischen National=Versammlung geschmälerten Rechte, Freiheiten und Besitzungen. Regensburg im Dezember 1791.

Briefe über das Elsaß. s. l. 1792.

Coup d'oeil sur l'ouvrage intitulé: [Rühl] Exposé analytique des faits et des actes publics qui établissent la domination absolue du roi sur l'universalité des terres et habitans de la haute et basse Alsace. Strasbourg 1790.

[Maurus?] Darstellung, kurze, unparteyische aller Traktaten und Verträge, auf welche Frankreich seine dermaligen Angriffe auf das deutsche Reich zu gründen sucht. Von einem Freunde der Wahrheit. Regensburg 1791.

Doléance d'un Alsacien, sur la discordance des observations d'un de ses compatriotes avec les véritables intérêts de la province. s. l. et a. Handschriftl. als aus 1789 bez.

Eclaircissements importants pour les princes d'Allemagne qui possédent des terres régaliennes en Alsace; et pour les autres seigneurs territoriaux de cette province. 1790. s. l.

Flachslanden, compte rendu par le bailli de, député aux Etats-Généraux, à toute la province d'Alsace, et particulièrement aux bailliages réunis de Haguenau et Wissembourg. Protestation contre les décrets de l'assemblée prétendue nationale... 1790.

[S. M.] Frage: Sind die im Elsaß gelegenen Besitzungen, Rechte und Privilegien der deutschen Fürsten und Stände in den bekannten Beschlüssen der französischen Nationalversammlung vom 4., 6., 7., 8. und 11. August und 2. November 1789 mitbegriffen? Oder sind solche durch die Friedensschlüsse und andere Verträge gesichert, und davon ausgenommen? Beantwortet von einem Unpartheyischen. Wien 1791.

Gespräch zwischen einem Pfarrherrn, einem Schultheißen und einem Syndic der neuen Municipalität eines Dorfs im Elsaß. 1789 s. l.

'P. S. C., Saul, B.?] Gespräch zweier französischer Flüchtlinge aus dem Elsaß und eines badischen Schulmeisters aus der Herrschaft Rötteln über die Ur-

sachen des gegenwärtigen Aufruhrs in Frankreich. Frankfurt 1789.

[P. S. C.] Gespräch eines Schweizer und Lotharinglischen Bürgers über die französischen Unruhen. Frankfurt a. M.

Gespräch zwischen einem alten Syndic der Gemeinde zu D.... und einem Distrikt-Boten. Schlettstadt und Straßburg 1790.

Gespräch zwischen Meister Funkus, Dorfschmidt und Herrn Urian, Stifts-Schaffner. Straßburg. s. a.

Kommentar und Text der Deliberations-Punkte über das kaiserliche Kommissions-Dekret vom 26. April 1791, mit Noten. Worms, im zweyten Jahre der Freiheit. Clerici a Laicis quandoque merito reprehenduntur. St. B. Str.

Kränkungen, die durch französische National-Schlüsse dem fürstlichen Hause Salm-Salm zugefügten, Friedens-und Vertragsbrüchigen, dagegen nothbringlich ergriffenen Maßregeln, und endlich geschehene gewaltsame Bemächtigung des Reichsunmittelbaren Fürstenthums Salm und seiner in Frankreich gelegenen Herrschaften. 1793. s. l.

Leist, J. Ch., tractatus juris publici. de pacis Ryswicensis articulo quarto ordines ac status reliquosque in Alsatia immediatos maximam partem Galliæ suprematui transcribente. Göttingæ 1796.

Lettre à l'auteur des considérations sur les droits particuliers et le véritable intérêt de la province d'Alsace. Strasbourg 1789.

Lettre à Louis-René-Edouard de Rohan, soi-disant Landgrave d'Alsace, qui a été évêque de Strasbourg, qui enrage de ne l'être plus et qui ne le redeviendra jamais, quoi qu'il fasse, proviseur de Sorbonne, puisque la Sorbonne avilie y consent, etc. etc. St. B. Str.

Nachricht an meine Mitbürger im Elsaß oder Betrachtungen über einige

Artifel der Erklärung der Rechte des
Menschen. s. l. März 1791. St. B. Str.
Nachricht, dritte, an meine Mitbürger
im Elsaß und ein Paar Worte zur
Antwort auf den Rathschluß der pro-
visorischen und gesetzwidrigen Verwaltung des Niederrheinischen Departements, vom Mittwoch, dem 13ten
Heumonat. Heumonat 1791. Im dritten und letzten Jahr des Umsturzes
der Römisch-Katholisch-Apostolischen
Religion, und des französischen Königreichs.
Observations impartiales sur le
mémoire imprimé sous le nom de
la commission intermédiaire provinciale d'Alsace. 1788.
Observations très-importantes pour
la maison Palatine de Deux-Ponts.
Observations d'un Alsacien sur
les droits et les intérêts de sa province relativement à la convocation des Etats généraux. Strasbourg
1789.
Observations sur la réponse au
mémoire de la noblesse immédiate
de la basse Alsace. 1789. s. l.
Observations pour MM. les Princes
Frédéric et Louis de Bade, co-sei-
gneurs de la seigneurie de Koutzen-
hausen en basse Alsace. 1790. s. l.
Précis des mémoires des princes
à la diète générale de l'Empire
contre les decrets de l'Assemblée
Nationale de France qui sont at-
tentatoires à leurs droits et possessions en Alsace, et aux droits de
la souveraineté. s. l. Octobre 1790.
St. B. Str.
Précis pour la noblesse immédiate
de la basse Alsace. s. a. [1798].
Réflexions sommaires et impartiales sur l'effet que doit produire
dans la province d'Alsace le décret
de l'Assemblée Nationale relatif à
la destruction de la féodalité. 1789.
Réflexions sur les affaires du tems.
Strasbourg le 16 mai 1791. St. B. Str.

Réflexions sur le vrai sens de l'article IV du traité de Ryswick touchant les droits de l'Empire en Alsace avec un examen des arguments
employés par M. Leist, professeur
à Göttingue, pour donner au même
article une interprétation contraire.
Vienne 1797.
Réponse d'un bourgeois franco-al-
sacien aux mémoires, protestations
et prétentions des princes de l'Empire... des financiers, des usuriers
et de tous les aristocrates et op-
presseurs du pauvre peuple, datée
du 1er décembre 1789.
Révolutions d'Alsace. 1789.
[Rühl], Exposé analytique des faits et
des actes publiques qui établissent
la domination absolue du Roi sur
l'universalité des terres et habitans
de la Haute et Basse-Alsace. Strasbourg 1790.
Schreiben des Herrn Doyen, in seinem
Leben allgemeiner Stell-Vertreter (sub-
délégué) des Intendanten von Straßburg an Herrn Doyen, ehemaligen
Amtmann der dem Prinzen von
Rohan-Guemené angehörigen Frey-
herrschaft Fleckenstein, nunmehr aber
Vice-Präsident des nieder-rheinischen
Direktoriums. Ignoscenda quidem,
scirent si ignoscere manes. 10. Win-
term. 1791. St. B. Str.
[Stupfel], Considérations sur les
Droits particuliers et le véritable
intérêt de la province d'Alsace...
Strasbourg 1789.
[Stupfel], Réponse à la lettre adres-
sée par un citoyen d'Alsace à l'auteur des considérations sur les droits
particuliers et le véritable intérêt
de cette province. Strasbourg 1789.
[Stupfel], Questions d'Etat décisi-
ves, résultant pour la province d'Alsace des decrets rendus par l'Assemblée nationale. 1790. s. l.
[Stupfel], Archives d'Alsace ou recueil des actes publiques concernans

cette province pour servir de pièces justificatives aux considérations et aux questions d'état sur la même province s. l. 1790.

[Stupfel], Deckel, der, von dem Hafen oder das Elfaßer Lehrbuch für die gegenwärtigen Zeiten. Straßburg 1790; 2. Aufl. 1791.

[Stupfel], Impossibilité de l'exécution du décret de l'Assemblée Nationale du 28 octobre de 1790 concernant l'indemnité des princes et états d'Empire possessionnés en Alsace démontrée par la comparaison de ce décret avec les remontrances du collége électoral à Sa Majesté Impériale du 12 du même mois. Suite des questions d'état sur la même province. En Novembre 1790.

[Stupfel], Oberherrschaft, bie, und Oberlehenherrlichkeit Kaisers und Reichs über die Reichsständischen Landen, unmittelbare Territorien und Reichsstädte in Elfaß und Lothringen bloß aus öffentlichen Akten und Friedensschlüssen bewiesen mit praktischen Anmerkungen über das Reichsgutachten vom 6. August 1791. Teutschland im November 1791.

[Stupfel], Wiberlegung des gutächtlichen Vortrages bei der franzöfischen Nationalverfammlung vom 1. Februar 1792 über das Schreiben Kaiferlicher Majeftät Leopolds II. glorreichsten Andenkens an des Königs von Frankreich Majeftät in der bekannten Elfaßer und Lothringer Streitsache vom 3. Dez. 1791. Schließlicher Anhang zu der jüngst erschienenen Abhandlung über die noch bestehende Oberlehenherrlichkeit Kaisers und Reichs in beträchtlichen Teilen von Elfaß und

Lothringen. April 1792. s. l. [Noch vor der Kriegserklärung erschienen.]

[Türkheim], Mémoire de droit public sur la ville de Strasbourg et l'Alsace en général. Strasbourg 1789.

Warnung, letzte, eines treumeinenden Elfäffers. s. l. 1790.

Was ist das deutfche Reich zu thun schuldig? und wozu ist es noch weiter berechtigt? in Abficht fowohl auf die Befchwerden deutfcher Unmittelbarer und Mittelbarer gegen Frankreich als auf die franzöfifche Staatsrevolution überhaupt, nach dem deutfchen Staats- und allgemeinen Völkerrecht erörtert von einem deutfch-patriotifchen Rheinländer. 1791. s. l.

Nur dem Titel nach find mir die folgenden Stücke bekannt geworden:

Hock, prétensions des princes possessionés.

Mémoire, touchant la situation où se trouve la Maison de Hanau. s. a.

Mémoire pour le prince de Hesse-Darmstadt. s. n.

Mémoire à consulter et consultation. 1789.

Observations pour M. le landgrave de Hesse-Darmstadt. 1789.

[Reubel], Réponse d'un Français au mémoire de la noblesse immédiate d'Alsace. 1789.

[Stupfel]. Betrachtungen, flüchtige, über die Churbraunfchweigifche Minifterial-Note vom 19. Mai 1791 in Betreff der Elfaßer Angelegenheiten des deutfchen Reichs. Frankfurt und Leipzig 1791.

Der Verfaffer ist nach Réflexions fur le vrai fens de l'article IV du traité de Ryswick S. 11 unt. Stupfel.

Druck von M. DuMont-Schauberg in Straßburg.